21世纪普通高等院校 物流工程 专业系列教材

朱卫锋 主编
吴计生 参编

LOGISTICS AUTOMATION
TECHNIQUES AND APPLICATIONS

物流自动化技术及应用

华中科技大学出版社
http://www.hustp.com
中国·武汉

内容简介

本书系统介绍了物流自动化系统的概念、技术和应用实验方法,从技术、系统、应用实验三个层面进行阐述。物流系统中的自动化技术包括 PLC 及其编程技术、现场总线技术、自动标志与数据采集技术、监控组态软件技术、自动分拣技术、自动导引小车、工业机器人;典型的物流自动化系统包括自动化立体仓库、物料搬运系统、生产物流自动化系统;物流自动化系统应用及实验设计则包括铜冶炼生产物流自动化系统、西安制药厂自动化立体仓库、高校物流自动化实验系统及实验设计内容。

本书适用于普通高等院校和高等职业技术院校物流工程和物流管理等相关专业的教学和实验,也可作为物流从业人员的参考用书。

图书在版编目(CIP)数据

物流自动化技术及应用/朱卫锋主编. —武汉:华中科技大学出版社,2013.4(2023.12重印)
ISBN 978-7-5609-8764-4

Ⅰ.①物… Ⅱ.①朱… Ⅲ.①物流-自动化系统 Ⅳ.①F253.9

中国版本图书馆 CIP 数据核字(2013)第 056613 号

物流自动化技术及应用　　　　　　　　　朱卫锋　主编

策划编辑:王红梅
责任编辑:余　涛
封面设计:三　禾
责任校对:张　琳
责任监印:周治超

出版发行:华中科技大学出版社(中国·武汉)　　电话:(027)81321913
　　　　　武汉市东湖新技术开发区华工科技园　　邮编:430223
录　　排:武汉市洪山区佳年华文印部
印　　刷:武汉市洪林印务有限公司
开　　本:787mm×1092mm　1/16
印　　张:18
字　　数:422 千字
版　　次:2023年12月第1版第7次印刷
定　　价:43.80 元

本书若有印装质量问题,请向出版社营销中心调换
全国免费服务热线:400-6679-118　　竭诚为您服务
版权所有　侵权必究

前言

随着现代物流业的快速发展,自2000年以来,我国许多高校纷纷设立了物流管理和物流工程专业。自2004年开始,华中科技大学在控制科学与工程系(2013年更名为自动化学院)新增了物流管理(系统工程方向)专业,并以物流信息化和物流自动化作为培养方向。作为一个新专业,相应的课程体系和教材建设是一项重要的任务,这对于实现培养目标至关重要。物流自动化是物流工程专业课程体系中的一门核心专业课,其教学目标是通过学习物流装备的分类及特点、物流自动化系统的结构及控制方式等知识,掌握物流自动化系统的构造方法,包括物流装备选择、监控组态软件设计、系统集成等内容。自2007年开始,编者负责该门课程的教学和实验任务,至今已经完成了6届学生的教学任务,形成较为成熟的知识传授体系。

本书包括技术篇、系统篇、应用及实验篇3部分。技术篇里系统阐述了主要的物流自动化技术,包括PLC及其编程技术、现场总线技术、自动标志与数据采集技术、监控组态软件技术、自动分拣技术、自动导引小车、工业机器人;系统篇里包括自动化立体仓库、物料搬运系统、生产物流自动化系统;应用及实验篇包括铜冶炼生产物流自动化系统、西安制药厂自动化立体仓库、高校物流自动化实验系统及实验设计。

本书是在华中科技大学控制科学与工程系物流专业建设的背景下编写的,感谢一起参与专业建设的王红卫教授、陈学广教授、沈轶教授、赵勇教授、刘振元副教授、谢勇副教授、曾伟副教授、余明晖副教授、周洪涛副教授、祁超副教授、郭敏副教授、陈曦副教授、王剑副教授、周剑岚副教授等,他们为本书的编写提供了灵感和思路。罗文康、易成、张远斌三位物流08级本科生,将课件PPT转换成Word文档,并作了部分整理;硕士生胡陈、张艳琼、文翠萍、戴海波、李国薇、李梦芸、段芳、章邢对后期书稿作了修改、补充和校正;在此表示感谢。本书在编写过程中,引用了专家学者和同行的相关成果,在此表示衷心的感谢。本书得到了华中科技大学教材建设基金的支持。

本书由朱卫锋主编,第1~13章由朱卫锋编写,第14章由朱卫锋、吴计生合作编写。因水平有限,错误之处在所难免,敬请读者批评指正。

编 者
2012年8月6日于武汉

目 录

第一篇 技 术 篇

1 绪论 (1)
　1.1 自动化与物流自动化系统的基本概念 (2)
　1.2 物流自动化系统的结构及其特点 (2)
　1.3 物流自动化发展趋势及其先进技术 (5)
　习题1 (13)
2 PLC及其编程技术 (14)
　2.1 概述 (14)
　2.2 PLC系统与继电器系统的比较 (19)
　2.3 PLC组成 (22)
　2.4 PLC工作原理 (26)
　2.5 PLC的特点及分类 (28)
　2.6 PLC的发展趋势 (30)
　2.7 PLC编程软件 (31)
　习题2 (44)
3 现场总线技术 (45)
　3.1 现场总线的概念 (45)
　3.2 现场总线分类及标准 (49)
　3.3 现场总线比较和选择 (59)
　3.4 工业以太网现场总线技术 (61)
　3.5 西门子S7-300及MPI/Profibus组网 (65)
　习题3 (71)
4 自动标志与数据采集技术 (72)
　4.1 条形码技术 (72)
　4.2 无线射频技术 (84)
　4.3 全球定位系统技术 (94)
　4.4 地理信息系统技术 (99)
　习题4 (110)
5 监控组态软件技术 (111)
　5.1 监控组态软件的概念 (111)
　5.2 组态软件的发展 (111)
　5.3 监控组态软件的体系结构 (113)
　5.4 监控组态软件的通信机制 (114)
　5.5 监控组态软件的主要功能 (116)
　5.6 监控组态软件的主流产品及其特点 (117)

5.7　WinCC 使用简介 …… (119)
习题 5 …… (132)

6　自动分拣技术 …… (133)
6.1　分拣概念及人工分拣方式 …… (133)
6.2　分拣配货作业 …… (135)
6.3　自动分拣系统的基本概念 …… (137)
6.4　自动分拣装置结构及特点 …… (139)
6.5　分拣控制系统 …… (142)
6.6　自动分拣系统设计 …… (143)
习题 6 …… (147)

7　自动导引小车 …… (148)
7.1　自动导引小车概述 …… (148)
7.2　自动导引小车的基本结构 …… (151)
7.3　自动导引小车的基本原理 …… (153)
7.4　AGVS 的控制方式 …… (154)
7.5　AGV 的主要技术参数 …… (156)
习题 7 …… (156)

8　工业机器人 …… (157)
8.1　工业机器人基本概念及分类 …… (158)
8.2　工业机器人基本组成 …… (160)
8.3　机械手臂 …… (162)
8.4　生产工具 …… (165)
8.5　机器人控制系统 …… (166)
8.6　机器人在自动化领域中的应用 …… (169)
8.7　机器人的选择准则 …… (171)
习题 8 …… (172)

第二篇　系　统　篇

9　自动化立体仓库 …… (173)
9.1　自动化立体仓库概述 …… (173)
9.2　自动化立体仓库的分类 …… (176)
9.3　自动化立体仓库的发展 …… (181)
9.4　自动化立体仓库设备 …… (185)
9.5　自动化立体仓库的设计 …… (205)
9.6　自动化立体仓库管理与控制系统 …… (214)
习题 9 …… (220)

10　物料搬运系统 …… (221)
10.1　物料搬运系统概述 …… (221)
10.2　物料搬运系统设计原则 …… (224)
10.3　现代物料搬运系统的目标 …… (227)

10.4　物料搬运路线的选择 …………………………………………… (229)
　　10.5　物料搬运设备 …………………………………………………… (230)
　　10.6　物料搬运系统的设计方法 …………………………………… (231)
　　10.7　仿真技术在物料搬运系统设计中的应用 ……………………… (235)
　　习题 10 ……………………………………………………………………… (236)

11　生产物流自动化系统 ……………………………………………………… (237)
　　11.1　生产自动化的发展历史 …………………………………………… (237)
　　11.2　生产物流自动化的相关概念 ……………………………………… (237)
　　11.3　柔性制造系统 ……………………………………………………… (238)
　　11.4　生产物流自动化控制系统 ………………………………………… (239)
　　习题 11 ……………………………………………………………………… (242)

第三篇　应用及实验篇

12　铜冶炼生产物流自动化系统 ……………………………………………… (243)
　　12.1　工程介绍 …………………………………………………………… (243)
　　12.2　现场总线控制系统的网络结构及配置 …………………………… (243)
　　12.3　现场总线设计和安装以及组态 …………………………………… (246)
　　12.4　应用中遇到的问题 ………………………………………………… (248)
　　习题 12 ……………………………………………………………………… (249)

13　西安制药厂自动化立体仓库 ……………………………………………… (250)
　　13.1　西安制药厂库存系统概况 ………………………………………… (250)
　　13.2　自动化立体仓库参数设计 ………………………………………… (251)
　　13.3　自动化物流管理中心的系统设计 ………………………………… (252)
　　13.4　自动化物流管理系统软硬件体系结构 …………………………… (252)
　　13.5　系统运转原理及作业程序 ………………………………………… (255)
　　13.6　西安制药厂自动化立体仓库的特点 ……………………………… (257)
　　习题 13 ……………………………………………………………………… (257)

14　高校物流自动化实验系统及实验设计 …………………………………… (258)
　　14.1　物流自动化实验系统需求分析 …………………………………… (258)
　　14.2　实验系统布局与设备选型 ………………………………………… (259)
　　14.3　控制系统结构 ……………………………………………………… (265)
　　14.4　实验设计 …………………………………………………………… (266)

参考文献 …………………………………………………………………………… (280)

第一篇 技术篇

1

绪论

物流泛指物资实体及其载体的场所或位置的转移和时间的占用,即物资实体的物理流动过程。物流管理的目标是以最少的成本,在"正确"的时间(right time)、"正确"的地点(right location)、"正确"的条件(right condition),将"正确"的商品(right goods)送到"正确"的顾客(right customer)手中,通过物的流动,衔接供需关系,满足顾客需求,实现物流的时空效益。进入 21 世纪,制造企业和分销企业面对的客户订单,越来越呈现订单小、频繁、个性化需求显著等特点,这些都要求企业有高效的物流能力,以实现为客户提供个性化物流服务,产生更高的服务价值,提高客户满意度,提升企业品牌的目的。为此,在物流运行和管理过程中,要不断提高库存管理能力,加强运行柔性,规划出集成度更高的物流过程,使得企业及仓库的物流和信息流更加畅通和高效。供应链管理、供应链全球化、虚拟企业、电子商务、绿色物流、战略合作伙伴、新型管理原则已经成为国际物流业的七大发展趋势,全球物流业进入一个快速发展的时期。

同时,随着计算机科学和技术、自动化科学和技术的快速发展,出现了自动化物流设备和物流管控系统,物流管理方式也从人工方式发展到自动化或智能化方式。自动化物流系统是典型的机械和电子计算机相结合的系统,由各种自动化程度不一的物流装备、控制装置、通信网络和计算机管控系统组成。系统中的物流装备及控制装置通过通信网络与管控系统进行信息交换,根据指令完成规定的动作,并反馈执行情况及设备运行状态。智能化物流设备或控制装置具有一定的自主性,能更好地识别路径和周边环境,甚至本身就带有一定的数据处理功能。自动化物流设备是在计算机科学和电子技术的基础上,结合传统的机械学科发展起来的机电一体化设备。从物流管控系统来看,通信网络和数据库技术是整个系统自动化运行的基础。仿真技术尤其是可视化仿真技术的发展和应用,可极大地提高物流自动化系统设计的科学性和正确性。自动化物流系统已经成为计算机集成制造系统(CIMS)的重要组成部分。

物流自动化是物流工程学科的一个重要研究方向,其以系统论、信息论和控制论为理论基础,以物流系统为研究对象,以计算机、网络、控制装置、物流设备、信息化技术和集成技术为工具,以提高物流系统运行效率和可靠性为目标,其本质是加强物流管理的 5 个"正确"。

1.1 自动化与物流自动化系统的基本概念

1.1.1 自动化科学技术

随着人类社会的进步和科学技术的发展,人类面临的系统构造中的各种挑战日趋复杂。我们面临的往往是比较明确的需求,而现实的客观条件却是对信息资源的被动使用,以及多种复杂因素的相互影响。无论是自动控制还是信息处理都面临着复杂性的挑战,即

(1) 研究对象日益增长的复杂性;

(2) 周围环境的不确定性和复杂性;

(3) 信息技术工具本身的复杂性;

(4) 人类自身行为及其与系统间的相互作用关系的复杂性等。

这种多方面复杂性的相互影响和综合处理是自动化学科独具的特征。自动化科学技术主要研究运用各种信息技术延伸人的信息获取、处理和决策控制的能力,是为了解决人类面临的各种问题以达到改造世界的目的。自动化科学可概括为建立自动化系统的各种理论和技术的综合,用来处理人类、客观物理对象、信息系统工具三大因素间的关系,是系统论、控制论、信息论、决策和博弈论,以及通信、计算和信息处理等技术手段和相关的交叉学科。

1.1.2 物流自动化系统

物流自动化系统具有现代自动化学科的显著特点,是集机、光、电、液为一体的大型复杂系统,包括所需输送的物料和相关设备、输送工具、仓储设施、人员及通信联系等若干相互制约的动态要素,能够实现物料运输、识别、分拣、堆码、仓储、检索、发售等各个环节的全过程自动化作业,是现代物流装备、计算机及其网络系统、信息识别和信息管理系统、智能控制系统的有机集成。其主要包括自动化高架立体仓库、自动存储和分发系统(AS/RS)、自动化输送机运输系统、自动导引车系统(AGV)、可编程逻辑控制系统(PLC)和计算机集成管理系统等。

1.1.3 物流自动化技术

物流自动化技术是现代自动化学科技术的一个分支,研究物流自动化系统的建模、分析、设计、优化和控制、决策等问题。近20年来,物流自动化技术在欧美、日本及韩国等国家和地区得到迅猛发展。

1.2 物流自动化系统的结构及其特点

1.2.1 物流自动化系统的基本组成

物流自动化系统可以分为仓储物流自动化系统和生产物流自动化系统两大类,其物流过程如图1-1所示,前者包括配送中心、大型仓库等,通过自动化手段完成收货、

库存管理、发货等作业;后者属于生产自动化的范畴,完成生产过程中上、下游工序间的物料搬运。

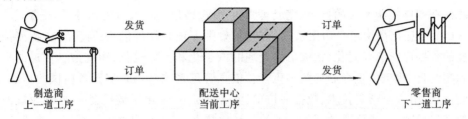

图 1-1　物流自动化系统物流过程

仓储物流自动化系统包括货架、自动识别设备、自动搬运设备、输送设备、码垛设备、信息管理和控制系统等,其作用是存储物料、协调供需关系,它是流通领域的"调节阀"。

生产物流自动化系统用于实现生产中不同场地、不同工序或不同设备之间的物料或工具的自动传送。

传统的物流自动化系统的结构一般由物流机械装置和一些简单的电气控制设备构成,往往只用于实现比较单一的功能,也缺乏与其他设备和系统的协调与协同,如带式传输装置、叉车、分拣设备、包装设备等。现代物流设备的复杂性则大大增加,除了功能更强,使用更多新型的机械与电气设备,采用更多先进的信息技术以外,更注重整个物流系统的系统化、网络化、数据共享和智能化。典型的物流自动化系统结构如图 1-2 所示,主要由 6 个部分组成。

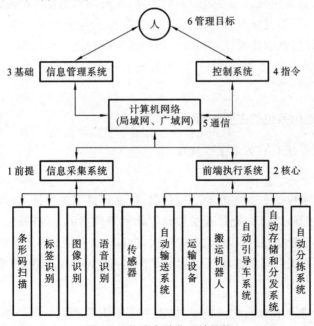

图 1-2　物流自动化系统结构

(1) 信息采集是实现物流自动化的前提。通过条形码、语音、射频、图像等自动识别系统收集和记录流通实物的相关数据信息,以实现实物流动的自动化控制。自动识别与数据采集技术的核心内容在于能快速、准确地将现场的、庞大的数据有效地登录到计算机系统的数据库中,从而加快物流、信息流、资金流的速度,提高企业的经济效益和客户服务水平。

（2）前端执行系统是物流自动化系统的核心，具有机电一体化系统的典型特征。系统根据智能控制系统的指令，完成实物的存取、搬运、输送、运输、分拣等任务。

（3）信息化是物流自动化系统的基础，集中表现为物流信息的商品化、物流信息收集的数据库化和代码化、物流信息处理的电子化和计算机化、物流信息传递的标准化和实时化、物流信息存储的数字化等。信息管理系统利用终端设备提供的可靠、翔实的信息，引入条形码技术、数据库技术、电子订货系统、电子数据交换、快速反应及有效的客户反映、企业资源计划等先进的信息化技术，实现信息在物流系统中快速、准确和实时的流动，使企业能动地对市场作出积极的反应，从而实现商流、信息流、资金流的良性循环。物流信息管理就是对物流信息的收集、整理、存储、传播和利用的过程。物流自动化系统集成化是其是否具有强大的信息管理的重要标志。

（4）物流作业过程大量的运筹和决策，如库存水平的确定、运输（搬运）路径的选择、自动导引车的运行轨迹和作业控制、自动分拣系统的运行、物流配送中心经营管理的决策支持等问题，都需要借助于大量的知识才能解决。智能控制系统的任务是以尽可能低的成本为顾客提供最好的服务。此外，监控组态软件也属于控制系统的范畴，主要用来实现对物流系统的实时监控。

（5）物流领域的网络化有两层含义。一是物流配送系统的计算机通信网络，包括物流配送中心与供应商或制造商的联系要通过计算机网络通信，另外与下游顾客之间的联系也要通过计算机网络通信。物流配送中心通过计算机网络收集下游客户的订货的过程也可以自动完成。二是组织的网络化，即所谓的企业内部网（Intranet），完成企业内部不同部门、不同场所、不同设备之间的数据交换和共享。应用各种先进的网络和通信技术，我们就能建成没有地域限制的超大型物流自动化系统。

（6）整个物流自动化系统是在"人"的指挥下运转的，系统存在大量的人机交互过程，以实现"人"的管理目标。

1.2.2　物流自动化系统的主要特点

物流自动化系统具有如下主要特点。

1. 系统化

物流自动化系统是一个将光、电、机、控制、信息等诸多先进技术组合在一起的复杂系统，包含多个环节，具有多元性、相关性及整体性等典型的系统特征，必须利用系统科学的思想和方法来建立、分析和优化系统结构，合理定义和划分各子系统的功能和任务，科学配置和协调系统内部参数，使系统具有最高运行效率和可靠性，即整体性最优。

2. 集成化

随着物流专业化和社会化的发展，物流企业提供的功能和服务不断地增加，制造业和商业企业的物流不断地转移，特别是在现代供应链的运作方式下，物流的含义从传统的仓储和运输延伸到采购、制造、分销等诸多环节。物流功能的增加必然要求对物流环节或过程进行整合集成，通过集成，优化物流管理，降低运营成本，提高客户价值。另外，由于科学技术的发展及其在物流领域的广泛应用，物流自动化系统在提高物流管理水平的同时，也面临着各种技术之间的集成问题。因此，集成化至少包括两个方面的内容：管理集成和技术集成。由于现代物流管理越来越依赖于先进的技术，因此，还会出现管理和技术交叉的集成问题。

3. 自动化

物流自动化是指物流作业过程的设备和设施的自动化，包括运输、装卸、包装、分拣、识别等作业过程的自动化，如自动识别系统、自动检测系统、自动分拣系统、自动存取系统、自动跟踪系统等。物流自动化可以方便物流信息的实时采集与跟踪，提高整个物流系统的管理和监控水平等。物流自动化的设施包括条形码自动识别系统、自动导引车系统、货物自动跟踪系统（如 GPS）等。

4. 智能化

伴随着科学技术的发展和应用，物流管理从人工化的手工作业，到半自动化、自动化，直至智能化，这是一个渐进的发展过程，从这个意义上讲，智能化是自动化的继续和提升。因此，可以这样理解，自动化过程中包含更多的机械化的成分，而智能化中包含更多的电子化成分，包括集成电路、计算机硬件和计算机软件等。智能化在更大范围内和更高层次上实现物流管理的自动化。智能化不仅用于作业，而且用于管理，如库存管理系统、成本核算系统等。智能化不仅可以代替人的体力，而且可以运用或代替人的脑力。因此，与自动化相比，智能化更大程度地减轻了人的脑力和体力劳动。

5. 网络化

这里的网络既包括由计算机和电子网络技术构成的进行物流信息交换和系统控制的电子网络，又可指交通运输网络、公司业务网络和在此基础上形成的全国性的、区域性乃至全球性的分销和物流配送网络。

6. 信息化

电子商务时代，物流信息化是电子商务的必然要求。物流信息化表现为物流信息收集的数据库化和代码化、物流信息处理的电子化和计算机化、物流信息传递的标准化和实时化、物流信息存储的数字化等。

1.3 物流自动化发展趋势及其先进技术

1.3.1 物流系统技术现状和发展趋势

1. 多维仿真技术

要实现对设备和物流工艺更加有效的布局规划，目前可以使用的一个重要工具是仿真软件，运用仿真软件可将凭经验猜测的结果从物流系统设计中去除，这对设计一个复杂的工艺流程而言特别有效。在屏幕上，通过不同的生产能力对各种物流方案进行评价，操作者可以观察不同的场景，并可以假设一些条件，观察可能发生的情况。

我们可以根据给定的物流自动化系统的需求和工艺流程，在物流仿真软件上进行物流自动化系统的设计和实验，给出系统配置方案，并通过仿真给出运行性能指标。目前，主要的物流可视化仿真软件有 Flexsim、Witness 和 Em-plant 等三种。

多维仿真属于微观物流仿真的范畴，通常遵循以下几个仿真步骤：① 建立仿真模型，主要工作是根据某个自动化物流系统的需求和工艺流程建立系统的计算机仿真模型,并确立系统基本设备的运行参数;② 编写逻辑控制程序,主要工作是根据系统的工艺流程和系统的逻辑控制关系,以及物料流动过程中设备处理某物料所需的时间等,编写逻辑控制程序;③ 运行仿真系统,主要工作是根据物流系统的需求流量,计算出物料出现的时间频率,把这个频率值输入系统,运行此仿真系统,仿真运行时间可以根据实际物流系统的生产班次决定,也可按照最大物流量来进行模拟;④ 对仿真结果进行分析和优化,根据仿真运行结果,分析系统是否存在"瓶颈",流程是否畅通,物流量能否满足需求。如果系统仿真运行后,结果有不理想之处,则要根据相应的原因,调整方案或者改变参数,直至满足物流系统的生产需求为止,最后生成三维动画输出结果及仿真报告。

2. 集成化物流系统技术

在国内,随着立体仓库数量的增加,立体仓库技术的普及,很多企业已经开始考虑如何使自动存储系统与整个企业的生产系统集成在一起,形成企业完整的合理化物流体系。在国外,这种集成的趋势表现在将企业内部的物流系统向前与供应商的物流系统连接,向后与销售体系的物流系统集成在一起,使社会物流(宏观物流)与生产物流(微观物流)融合在一起。

3. 柔性化物流

随着市场变化的加快,产品寿命周期正在逐步缩短,小批量、多品种的生产已经成为企业生产的关键。目前,国外许多适用于大批量制造的刚性生产线正在逐步改造为小批量多品种的柔性生产线,主要有以下几个趋势:① 工装夹具设计的柔性化;② 托盘与包装箱设计的统一和标准化;③ 生产线节拍的无级变化,输送系统调度的灵活性;④ 柔性拼盘管理。

4. 物流系统软件的开发和研究

从对制造执行系统的分析可以看出,企业对储运系统与生产系统的集成要求越来越高,由于两个系统的集成主要取决于软件系统的完善与发展,因此目前物流系统的软件开发与研究有以下几个趋势:① 集成化物流系统软件向深度和广度发展;② 物流仿真系统软件已经成为虚拟制造系统的重要组成部分;③ 制造执行系统软件与物流系统软件合二为一,并与ERP系统集成;④ 物流系统软件信息安全技术及应用。

5. 虚拟物流

随着全球卫星定位系统(GPS)的应用,社会大物流系统的动态调度、动态存储和动态运输将逐渐代替企业的静态固定仓库。由于物流系统的优化目的是减少库存直到零库存,这种动态仓储运输体系借助于全球卫星定位系统,充分体现了未来宏观物流系统的发展趋势。随着虚拟企业、虚拟制造技术的不断深入,虚拟物流系统已经成为企业内部虚拟制造系统的一个重要组成部分。虚拟物流以计算机网络技术进行物流运作与管理,实现企业间物流资源共享和优化配置的物流方式。它可以将分布于全球的企业仓库虚拟整合为一个大型物流支持系统,以完成快速、精确、稳定的物资保障任务,满足物流市场的多频度、小批量订货需求。

虚拟物流本质上是"即时制"在全球范围内的应用,是小批量、多频度物资配送过程。它能使企业在世界任何地方以最低的成本跨国生产产品,以及获得所需物资,以赢得市场竞争速度和优势。虚拟物流管理模式的另一个好处就是,可以在较短的时间内,通过外部资源的有效整合,实现对市场机遇的快速响应。但是,由于虚拟物流并没有改变各节点企业在市场中的独立法人属性,也没有消除其潜在的利益冲突,因此,虚拟物流也给各联盟企业带来了一些新的风险问题。

6. 绿色物流

随着环境恶化程度的加深,人类生存和发展的威胁越来越大,因此人们对资源的利用和环境的保护越来越重视。在物流系统中,消耗托盘、包装箱、货架等较大的环节出现了以下几个方面的趋势:① 包装箱采用可降解材料;② 托盘的标准化使得其可重用性提高;③ 供应链管理的不断完善,大大提高了托盘和包装箱的使用效率。

7. 信息集成和共享技术

为实现最短上市时间(time to market),供应商、制造商、批发商、代理商、零售商应高度合作,致力于将正确的产品在正确的时间以正确的价格送到正确的地点。现代与将来的市场必将是以消费者为中心的买方市场。各方只有通过互相合作才能达到最大互利,物流与信息流在这样的配合中起到衔接各方和各个过程的作用。要物流能适应于先进生产技术的需求,就缺少不了信息的集成和共享。通过它能够建立和支撑起遍及供应链的商务处理能力和响应。通过网络技术,企业与物料供给部门(供应链的各个参与方,包括专业的运输方)可以将需求、供给信息在网络上进行发布,经由查询、匹配和优化,物流信息的提交与处理可以在短时间得以完成,实现资源的节省,为生产节约了成本,缩短了上市时间,提高了企业的竞争力。

8. 电子商务物流业

企业通过互联网加强了企业内部、企业与供应商、企业与消费者、企业与政府部门的联系和沟通、相互协调、相互合作。消费者可以直接在网上获取有关产品或服务信息,实现网上购物。这种网上的直通方式使企业能迅速、准确、全面地了解需求信息,实现基于顾客订货的生产模式(build to order,BTO)和物流服务。此外,电子商务物流可以在线追踪发出的货物、在线规划投递路线、在线进行物流调度、在线进行货运检查。信息化、全球化、多功能化和一流的服务水平,已成为电子商务下的物流企业追求的目标。

1) 多功能化——物流业发展的方向

在电子商务时代,物流发展到集约化阶段,一体化的配送中心不仅能提供仓储和运输服务,还必须开展配货、配送和各种提高附加值的流通加工服务项目,也可按客户的需要提供其他服务。现代供应链管理通过从供应者到消费者供应链的综合运作,使物流达到最优化,企业也可追求整个供应链系统的综合效果。

作为一种战略概念,供应链也是一种产品,而且是可增值的产品,其目的不仅是降低成本,更重要的是提供用户期望以外的增值服务,以产生和保持竞争优势。从某种意义上讲,供应链是物流系统的充分延伸,是产品与信息从原料到最终消费者之间的增值服务。在经营方式上,采取合同型物流。这种配送中心与公用配送中心不同,它是通过签订合同,为一家或数家企业(客户)提供长期服务,而不是为所有的客户服务。这种配送中心有由公用配送中心来管理的,也有自行管理的,但主要是提供服务;也有可能所有权属于生产厂家,交专门的物流公司进行管理。

供应链物流系统完全适应了流通业经营理念的全面更新,以往商品经由制造、批发、仓储、零售各环节间的多层复杂途径,最终到消费者手里,而现代流通业已简化为由制造厂家经配送中心直接送到各零售店。它使未来的产业分工更加精细,产销分工日趋专业化,大大提高了社会的整体生产力和经济效益,成为整个国民经济活动的中心。另外,在这个阶段有许多新技术,如准时制工作法(just in time)、销售时点(point of sale)信息管理系统。零售店将销售情况及时反馈给工厂的配送中心,有利于厂商按照市场调整生产,并协同配送中心调整配送计划,使企业的经营效益跨上一个新台阶。

2) 一流的服务——物流企业的追求

在电子商务时代,物流业是介于供货方和购货方之间的第三方,以服务作为第一宗旨。从物流业的现状来看,物流企业不仅要为本地区服务,还要进行长距离的服务,因为客户不仅希望得到很好的服务,而且希望服务点不是一处,而是多处。因此,如何提供高质量的服务便成了物流企业管理的中心课题。应该看到,物流企业——配送中心离客户最近,联系最密切,商品都是通过它送到客户手中。

配送中心应更多地考虑"客户要我提供哪些服务",从这层意义讲,它是"拉(pull)",而不是仅仅考虑"我能为客户提供哪些服务",即"推"(push),在概念上进行变革,实现由"推"到"拉"的转变。越来越多的生产厂家把所有物流工作全部委托配送中心去干,从根本意义上讲,配送中心的工作已延伸到生产企业里去了。

如何满足客户的需要把货物送到客户手中,就要看配送中心的作业水平了。配送中心不仅与生产厂家保持紧密的伙伴关系,而且直接与客户联系,能及时了解客户的需求信息,并沟通厂商与客户双方,起着桥梁作用。物流企业不仅为生产企业提供优质的服务,而且要具备运输、仓储、进出口贸易等一系列功能,实现全方位服务。优质和系统的服务使物流企业与生产企业结成战略伙伴关系(或称策略联盟),一方面有助于生产企业的产品迅速进入市场,提高竞争力,另一方面物流企业有稳定的货源;对物流企业而言,服务质量和服务水平正逐渐成为比价格更为重要的选择因素。

3) 信息化——提供最佳服务的前提

在电子商务时代,要提供最佳的服务,物流系统必须有良好的信息处理和传输系统。良好的信息系统能提供极好的信息服务,以赢得客户的信赖。在大型的配送公司,往往都建立 ECR 和 JIT 系统。所谓 ECR(efficient customer response),即有效客户信息反馈。它是至关重要的,有了它,就可以做到客户要什么就生产什么,而不是生产出东西等顾客来买。利用客户信息反馈系统可使仓库的吞吐量大大增加。利用 JIT(just in time)系统,可从零售商店很快地得到销售反馈信息。配送不仅实现了内部的信息网络化,而且增加了配送货物的跟踪信息,从而大大提高了物流企业的服务水平,降低了成本,增强了竞争力。

在电子商务环境下,由于全球经济的一体化趋势,当前的物流业正向全球化、信息化、一体化发展。EDI(电子数据交换)与 Internet 的应用,使得物流效率的提高更多地取决于信息管理技术的发展水平。计算机的普遍应用提供了更多的需求和库存信息,提高了信息管理科学化水平,使产品流动更加容易和迅速。

4) 全球化——物流企业竞争的趋势

目前许多大型制造部门正在朝着"扩展企业"的方向发展。这种所谓的"扩展企业"基本上包括了把全球供应链上所有的服务商统一起来,并利用最新的计算机体系加以控制。

全球化的物流模式,使企业面临着许多新问题,如仓库建设问题、运输问题、设计合适的配送中心问题、如何提供良好服务的问题、寻找素质好水平高的管理人员问题等。还有一个最重要的问题是信息共享问题。很多信息涉及生产企业内部的秘密,物流企业很难与之打交道,因此,如何建立信息处理系统,及时获得必要的信息,对物流企业来说,是个难题。同时,将来的物流系统,能否做到尽快将货物送到客户手里,是提供优质服务的关键之一。

全球化战略的趋势,使物流企业和生产企业更紧密地联系在一起,形成社会大分工。生产厂集中精力制造产品、降低成本、创造价值;物流企业则花费大量时间、精力从事物流服务。

1.3.2 物流自动化系统中的先进技术

1. 自动标志与数据采集

自动标志与数据采集指的是不用键盘输入而直接将数据输入到计算机系统或其他微处理器中的技术,主要包括条形码、射频标签识别与射频数据通信、磁条、语音和视觉系统、光学字符识别等。

1) 条形码

条形码是利用光电扫描阅读设备来实现数据输入计算机的一种代码,它由一组规则排列、黑白相间的线条组成,每条线条的宽窄不同,代表不同的数据、字母信息和某些符号。条形码系统是现代物流系统中基础信息系统的一个重要组成部分。它可以满足大量、快速采集信息的要求,能适应物流大量化和高速化要求,从而大幅度提高物流效率。

条形码应用Ⅰ——销售点的应用:销售点中打上条形码的商品经光笔扫描,自动计价,并同时做销售记录;公司可利用这些记录作统计分析、预测未来需求和制订进货计划。

条形码应用Ⅱ——加工制造业的应用:在加工制造业中,物料监控人员能够准确跟踪带有条形码信息的原材料或产成品的搬运、存储、装卸和入库。

条形码应用Ⅲ——流通流域的应用:商品出入仓库的查验处理和在库保管,均可采用条形码技术进行识别、标签、定位入格等;在物流配送加工中心,采用条形码技术进行识别分拣、出货检验等。

2) 射频标签识别系统

射频标签识别系统的主要功能是对运动的或静止的标签进行不接触的识别。它对贴在物流对象上的标签用射频技术进行电磁波射频扫描,把物流对象的相关信息从标签上识别并进行直接读/写,或经过计算机网络将信息传输。射频标签识别系统的最重要优点是非接触作业。它可在雪、雾、冰、尘垢等条形码无法使用的恶劣环境下阅读标签,而且阅读速度非常快,大多数情况下,可用于流程跟踪或者维修跟踪等交互式业务。

3) 销售时点信息系统

销售时点信息系统是指通过能够自动读取信息的设备,在销售商品时,直接读取和采集商品销售的各种信息,然后通过通信网络或计算机系统将读取的信息传输至管理中心进行数据的处理和使用。一般来讲,应用该系统最多的自动读取设备是商店在结算时所用的收银机,又称 POS 机。按照经营管理者的要求,所读取的数据可以事先指定,并且将数据压缩在条形码中。通过该系统,商品基础信息可以不遗漏地全面收集,并有不失真的特点。

2. EDI 系统及其应用

EDI 系统是对信息进行交换和处理的网络自动化系统,是将远程通信、计算机及数据库三者有机结合在一起,实现数据交换和共享的一种信息系统。EDI 系统的主要功能是利用计算机广域网,进行远程、快速的数据交换和自动处理。对于物流领域,该系统很容易远程获取物流数据,从而推动物流管理水平的提升,在物流国际化趋势下,这个系统成为支撑经济全球化和物流国际化的重要手段。

EDI 系统的应用范围非常广泛,在各个领域都有应用。在金融、保险和商检领域,可实现对外经贸的快速循环和可靠的支付,降低银行间转账所需的时间,增加可用资金的比例,加快资金的流动,简化手续,降低作业成本。在外贸、通关和报关领域,可加速货物通关,提高对外服务能力,减轻海关业务的压力,防止人为弊端,实现货物通关自动化和国际贸易的无纸化。税务领域,利用 EDI 系统开发电子报税系统,实现纳税申报的自动化,既方便快捷,又节省人力物力。制造领域,利用 EDI 系统能充分理解并满足客户的需要,制订供应计划,达到降低库存,加快资金流动的目的。运输领域,采用 EDI 系统能实现货运单证的电子数据传输,充分利用运输设备、仓位,为客户提供高层次和快捷的服务。仓储领域,利用 EDI 系统可加速货物的提取及周转,减缓仓储空间紧张的矛盾,从而提高利用率。

传统的贸易方式是买方向卖方提出订单来进行贸易的。卖方得到订单后,进行它内部的纸张文字票据处理,准备发货。纸张票据包括发货票等。买方在收到货和发货票之后,开出支票,寄给卖方,卖方持支票至银行兑现,银行再开出一个票据,确认这笔款项的汇兑。而作为采用 EDI 系统的生产企业则把上述买卖双方在贸易处理过程中涉及的所有纸面单证通过 EDI 系统通信网来传送,并由计算机自动完成全部(或大部分)处理过程。企业收到一份 EDI 订单后,就应用 EDI 系统自动处理该订单,检查订单是否符合要求;符合要求后通知企业内部管理系统安排生产、向零配件供销商订购零配件等;向有关部门申请进出口许可证、通知银行并给订货方开出 EDI 发票、向保险公司申请保险单等,从而使整个商贸活动过程在最短时间内准确地完成。

一个真正的 EDI 系统,是将订单、发货、报关、商检和银行结算合成一体,大大加速贸易全过程的系统。因此,EDI 系统对企业文化、业务流程和组织机构的影响是巨大的。采用 EDI 系统可以降低作业成本,包括降低与印刷、邮寄及处理书面交易有关的劳动和物料成本,减少电话、传真等通信费用,减少抄写成本,提高生产率,改善物流渠道关系,从而提高国际竞争力。

美国 NIKE 公司采用 EDI 方式与其供应商联系,直接将成衣的款式、颜色和数量等以 EDI 方式下单,并将交货期缩短至 3~4 个月。它同时要求供应布料的织布厂先给美国总公司上报新开发的布样,由设计师选择合适的布料设计为成衣款式后,再下单给成衣厂商生产。这样,NIKE 公司给予成衣厂商订布的时间缩短,成衣厂商的交货期也就越来越短,从以往的 180 天缩短为 120 天甚至 90 天。

美国是世界上最早运用 EDI 系统的国家。其最初的应用系统都是基于 ANSI X.

12标准开发的,目前在美国国内商贸业务中有相当一部分实际商务单证、文件和票据都是通过EDI系统在网络上进行的。据美国海关统计,EDI电子商贸系统处理的业务量占海关申报货物的93%,占放行货物的92%。电子资金托收占日均托收的49%。美国海关规定对于用EDI系统方式的报关手续将给予优先处理,对未采用EDI系统方式的报关手续将被推迟处理。

加拿大也是世界上使用EDI系统较早的国家之一,最初其EDI系统采用美国标准,20世纪90年代以后开始参照EDIFACT标准重新规划和开发。系统业务范围包括申报、检验、通关放行、承运、货物数据分类、信息统计、资金转账、关税和国内税的电子支付等。目前,加拿大每年进出口交易中经由该系统的业务量达50%以上。

日本、新加坡和韩国是亚洲最早开发利用EDI系统的国家。韩国从1991年开始开发和逐步推广应用其贸易网络系统。该系统包括海关、银行、保险公司、运输、大型工业集团等,41个部门的主要单证交换业务。功能首先从单一的单证报文数据交换开始,并逐步向预申报处理、仓单编排、货物分类、电子资金转账、统计分析等领域发展。

在中国,1990年国家技术监督局与经贸部计算中心合作,翻译整理了联合国《贸易数据元目录》和《用于行政管理、商业、运输领域的电子数据交换规则》两本EDI标准的基本文献,并在此基础上拟定《经贸部EDI标准化体系表》。

1991年8月,由原国务院电子信息系统推广应用办公室牵头,成立了由国家科委、经贸部、海关总署、国家技术监督局、中国人民银行、保险公司、交通部、国家商检局、中国贸促会等部门参加的"促进EDI应用协调小组"(CEC),并以该组织的名义加入了"亚洲EDIFACT理事会",随后成立了中国EDIFACT理事会秘书组和EDI标准化组。

1992年5月,又召开了"中国EDI发展战略与标准化"研讨会,草拟了"中国EDI发展战略总体规划建议"。同时决定建立国家EDI试验系统(海关总署、中国远洋运输集团公司),地区EDI试验系统(广东、山东、江苏、上海、福建)和行业EDI试验系统(山东抽纱企业集团公司、中国电子工业总公司行业EDI试点工程)等。

1993年,我国提出了"四金工程",从整体上确立了我国的信息化框架。目前,EDI系统已在我国远洋运输、海关和外贸企业中得到一定程度的应用。

EDI系统的功能模型如图1-3所示,包括4个模块:联系模块、报文生成及处理模块、格式转换模块、通信模块。

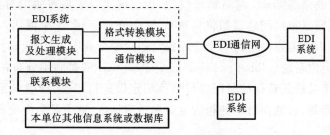

图1-3 EDI系统功能模型

(1)联系模块。

联系模块是EDI系统和本部门内的其他信息系统和数据库的接口,联系模块的EDI用户接口,为用户提供友好的接口和良好的人机界面。电子数据处理(EDP)系统是一个企业自身业务的计算机化系统,它是EDI系统应用的前提。使用企业内的其他信息系统或数据库,一方面可向 EDI 系统提供数据元、报文和各类资料,另一方面可将 EDI 系统的有关结果通知信息系统,并完成数据库存储。

EDI 系统不是将贸易单证直接传递或简单印出,而是在单证审核、生产组织、货运安排、海关手续办理等业务的 EDI 处理后,将有关结果传送给企业内部的 EDP 系统,或输出必要的文件进行物理归档的。

(2) 报文生成及处理模块。

该模块将来自用户或其他信息系统的命令与信息,按 EDI 标准方式,产生订单、发票或其他 EDI 报文,由"通信模块"发送给其他 EDI 用户,或将其他 EDI 系统经"通信模块"转来的 EDI 报文,按不同类型的要求进行处理,以适应本单位内其他系统处理要求。据统计,不同公司或企业交换的商业文件,约有70%的内容需经二次处理。

(3) 格式转换模块。

该模块将各种 EDI 报文,按照 EDI 结构化的要求进行结构化处理,根据 EDI 语法规则进行压缩、重复和嵌套,以及代码转换和语法控制,然后提交给"通信模块",发送给其他 EDI 用户系统。对经过"通信模块"接收到的结构化的 EDI 报文进行非结构化的处理,以便本单位内部的信息管理系统做进一步处理,使之成为日常工作文件。

(4) 通信模块。

该模块是 EDI 系统与 EDI 通信网的接口,其作用为扫描呼叫、自动转发、地址转换、差错检测和报文传送等。接收 EDI 用户的报文后,进行审核和确认。

3. GIS、GPS 原理与应用

地理信息系统(geographic information system,GIS)是面向空间相关信息,采集、存储、检查、操作、分析和显示地理数据的系统,其主要功能是将表格型数据转换为地理图形显示,及时提供多种空间的和动态的地理信息。

GIS 主要由两部分组成:① 桌面地图系统;② 数据库,用来存放地图上的特征点、线、面所相关数据。单击地图上的相关部位,可以立即得到相关的数据;反之,通过已知的相关数据,也可以在地图上查询到相关的位置和其他信息。借助 GIS,可以进行路线的选择和优化,可以对运输车辆进行监控,可以向司机提供有关的地理信息等。

地理信息系统应用模型分为:① 车辆路线模型,用于解决一个起始点、多个终点的货物运输中,如何降低物流作业费用,并保证服务质量的问题,包括决定使用多少车辆,每辆车的行驶路线等;② 网络物流模型,用于解决寻求最有效的分配货物路线问题,也就是物流网点布局问题。如将货物从 N 个仓库运到 M 个商店,每个商店都有固定的需求量,因此需要确定由哪个仓库提货送给哪个商店,总的运输代价最小。

全球卫星定位系统(global positioning system,GPS)是利用分布在约 20 000 km 高空的多颗卫星对地面目标的状况进行精确测定以进行定位、导航的系统,它主要用于船舶和飞机导航、对地面目标的精确定时和精确定位、地面及空中交通管制、空间与地面灾害监测等。

基于 GPS 和 GIS 的车船监控系统可广泛应用于车船定位、跟踪调度、海陆救援、航线测定、交通运输管理、精密进场着陆、航路导航和监视等众多领域。

4. PLC 编程技术

PLC(可编程控制器)是当前最主要的控制装置,是物流系统自动化的核心设备。

针对不同厂商提供的PLC产品,应用专门的开发平台,对PLC编写控制软件,用于接收监控机的控制指令,驱动物流设备运行。PLC编程技术是实现控制目标的核心技术。

5. 现场总线控制系统技术

现场总线是构造物流自动化网络系统的基础,不同的总线类型,其控制系统结构和组网方法也不相同。

6. 监控组态软件开发技术

基于监控组态软件开发平台,开发监控软件。监控软件可对物流自动化系统中的各种设备运行组态实时显示,同时,可以给物流设备发送作业指令。

习 题 1

1-1 简述物流自动化系统的结构及其特点。
1-2 现代物流发展的新趋势对物流设备和物流技术的发展提出了哪些要求?哪些新的物流设备和物流技术在未来有较大的发展前景?
1-3 物流自动化的先进技术有哪些?
1-4 通过查阅资料或实地调查,介绍一个实际的物流自动化系统,分析系统构成和运行原理,说明该系统使用了哪些新技术。

2

PLC 及其编程技术

2.1 概述

2.1.1 PLC 的定义

可编程控制器(programmable logic controller,PLC)简称 PC 或 PLC,是一种工业控制装置。PLC 是在继电器控制技术和计算机技术的基础上开发出来的,并逐渐发展成为以微处理器为核心,将自动化技术、计算机技术、通信技术融为一体的新型工业控制装置。

国际电工委员会(IEC)于 1987 年颁布了可编程控制器标准草案第三稿。在草案中对可编程控制器定义如下:"可编程控制器是一种数字运算操作的电子系统,专为在工业环境下应用而设计。它采用可编程序的存储器,用来在其内部存储执行逻辑运算、顺序控制、定时、计数和算术运算等操作的指令,并通过数字式和模拟式的输入和输出,控制各种类型的机械或生产过程。可编程控制器及其有关外部设备,都应按易于与工业系统联成一个整体,易于扩充其功能的原则设计"。

近年来,可编程控制器发展很快,几乎每年都推出不少新系列产品,其功能已远远超出了定义的范围。

2.1.2 PLC 的产生与发展

1. 世界上第一台 PLC

1968 年,美国通用汽车公司(GM)为了适应汽车型号不断更新、生产工艺不断变化的需要,实现小批量、多品种生产,希望能有一种新型工业控制器,它能做到尽可能减少重新设计和更换继电器控制系统及接线,以降低成本,缩短周期。继电器控制系统的缺点是体积大、可靠性低、接线复杂、不易更改、查找和排除故障困难,对生产工艺变化的适应性差,其优点是简单易懂、价格便宜。而计算机的优点则是功能强大、可编程、通用性好,缺点是编程困难(需要专业的程序员来编写程序)、价格相对较高等。1969 年,美国数字设备公司(DEC)根据美国通用汽车公司的要求,吸取继电器和计算机两者的优点研制出世界上首台可编程控制器。该机器采用面向控制过程、面向问题的"自然语言"进行编程,使不熟悉计算机的人也能很快掌握使用。这种"自然语言"就是梯形图,将原有电气控制系统输入信号及输出信号作为PLC的I/O点,原来由继电器-接触器硬件完成的逻辑控制功能由PLC的软件——梯形图及程序替代完成。

2. 可编程控制器的发展

20世纪70年代初期的可编程控制器,仅有逻辑运算、定时、计数等顺序控制功能,只是用来取代传统的继电器控制,通常称为可编程逻辑控制器(programmable logic controller,PLC)。20世纪70年代中期,微处理器技术应用到PLC中,使PLC不仅具有逻辑控制功能,还增加了算术运算、数据传送和数据处理等功能。20世纪80年代以后,随着大规模、超大规模集成电路等微电子技术的迅速发展,16位和32位微处理器应用于PLC中,使PLC得到迅速发展。PLC不仅控制功能增强,可靠性提高,功耗、体积减小,成本降低,编程和故障检测更加灵活方便,而且具有通信和联网、数据处理和图像显示等功能。

近年来,集三电(电控、电仪、电传)为一体的PLC发展迅速,性价比高,可靠性强,已成为自动化工程的核心设备。PLC已经成为具备计算机功能的一种通用工业控制装置,其使用量高居首位。PLC成为现代工业自动化的三大技术支柱(PLC、机器人、CAD/CAM)之首。就全世界自动化市场的过去、现在和可以预见的未来而言,PLC仍然处于一种核心地位,尽管对PLC的未来发展有着许多不同的意见,但在最近出现在美国、欧洲各国和国内有关探讨PLC发展的论文中,这个结论是众口一词的。

在全球经济不景气的时候,PLC的市场销售仍然坚挺;PC控制有了引人注目的进展,但毕竟只能对高端的PLC产品形成竞争;小型、超小型PLC的发展势头令人刮目相看;PLC和PC控制在今后可能相互融合。

自从第一台PLC出现以后,日本、德国、法国等国相继开始研制PLC,并得到迅速发展。各国的PLC都有自己的特色。世界上PLC产品按地域可分成三大流派:美国产品、欧洲产品和日本产品。德国的西门子(Siemens)公司、AEG公司,法国的TE公司都是欧洲著名的PLC制造商;美国是PLC生产大国,有100多家PLC厂商,著名的有A—B公司、通用电气(GE)公司、莫迪康(Modicon)公司、德州仪器(TI)公司、西屋公司等;日本的小型PLC最具特色,在小型机领域中颇具盛名,某些用欧美的中型机或大型机才能实现的控制,日本的小型机就可以解决,在开发较复杂的控制系统方面明显优于欧美的小型机,所以格外受用户欢迎。日本有许多PLC制造商,如三菱(Mitsubishi)、欧姆龙(Omron)、松下(Panasonic)、富士(Fuji)、日立(Hitachi)、东芝(Toshiba)等,在小型PLC市场上,日本产品约占有70%的份额。

3. 我国PLC发展情况

在20世纪70年代末和80年代初,我国随着进口国外成套设备、专用设备而引进了不少国外的PLC。在传统设备改造和新设备设计中,PLC的应用逐年增多,取得良好效果。PLC在我国的应用越来越广泛。我国不少科研单位和工厂在研制和生产PLC。目前,国内PLC生产厂家有30余家,如辽宁无线电二厂、无锡华光电子公司、上海香岛电机制造公司、厦门A—B公司等。有迹象显示,更多的原PLC应用的技术人员准备加入到小型PLC开发的行列。但在目前上市的众多PLC产品中,还没有形成规模化的生产和名牌产品。

从技术角度来看,我国与国外在小型 PLC 上的差距正在缩小。如无锡信捷、兰州全志等公司生产的微型 PLC 已经比较成熟,有些国产 PLC(如和利时、科迪纳)已经拥有符合 IEC 标准的编程软件,并支持现场总线技术。

面对国际厂商几十年的规模化生产和市场管理经验,国内厂商更多地只停留在小批量生产和维系生存的起步阶段,离真正批量生产、市场化经营乃至创建品牌还有很长的路要走。与此同时,国产 PLC 的低价优势也正在受到新的挑战。

4. 中国 PLC 市场品牌覆盖率

据《2012 中国 PLC 市场研究报告》得到的样本分析(见表 2-1),大型 PLC 市场的主要供应商是罗克韦尔、施耐德和西门子。罗克韦尔大型 PLC 业务在 2011 年的市场占有率为 33.63%;施耐德作为大型 PLC 的老牌供应商,在大型 PLC 市场依旧占有一席之地,2011 年的市场占有率为 23.53%;西门子大型 PLC 在 2011 年市场占有率为 21.70%。如表 2-2 所示,在中型 PLC 市场,西门子以其产品出色的性能

表 2-1　2011 年中国大型 PLC 市场份额

品　　牌	销售金额/百万元	市 场 份 额
Rockwell(罗克韦尔)	513	36.63%
Schneider(施耐德)	359	23.53%
Siemens(西门子)	331	21.70%
GE(通用电气)	135.8	8.90%
Omron(欧姆龙)	135.2	8.82%
Mitsubishi(三菱)	32.4	2.12%
LS 产电	5	0.33%
其他	14	0.92%
合计	1525.4	100%

表 2-2　2011 年中国中型 PLC 市场份额

品　　牌	销售金额/百万元	市 场 份 额
Siemens(西门子)	1279.7	62.90%
Omron(欧姆龙)	244.4	12.03%
Schneider(施耐德)	135.9	6.69%
Mitsubishi(三菱)	154	7.58%
GE(通用电气)	107.3	5.27%
Rockwell(罗克韦尔)	94.9	4.67%
其他	16	0.79%
合计	2032.2	100%

和准确的市场定位,占有统治地位。如表 2-3 所示,目前在小型 PLC 市场上占有领先地位的厂商是西门子、三菱和欧姆龙,台达也在积极开拓市场,是少有的增长较为快速的厂家。

表 2-3　2011 年中国小型 PLC 市场份额

品　牌	销售金额/百万元	市　场　份　额
Siemens(西门子)	935	31.38%
Mitsubishi(三菱)	751.4	25.22%
Omron(欧姆龙)	340.5	11.43%
Delta(台达)	320.5	10.76%
Koyo(光洋)	91	3.05%
Panasonic(松下)	89	2.99%
LS 产电	65	2.18%
Schneider(施耐德)	56.3	1.89%
Rockwell(罗克韦尔)	18.8	0.63%
GE(通用电气)	0	0.00%
其他	14	0.47%
合计	2979.8	100%

造成这种品牌分布的原因大致可以有以下几种。

(1) 产品覆盖范围:排在最前的三个品牌有最丰富的产品系列,而且没有偏重,用户很容易得到恰当的产品;其他品牌如富士、LG 则以小型和微型产品为主,通用电气和施耐德以中大型产品为主。虽然 A—B 公司拥有出色的技术和全面的产品系列,但是高价格使用户却步。

(2) 中国市场的历史:西门子、三菱和欧姆龙都是中国市场上传统的供应商,在很多领域占了先机,相对应的是通用电气(其实莫迪康进入中国也比较早,但没有完整的销售和服务体系)和 LG 这些后来者虽然得到快速增长,但距先行者仍有一定的差距。

(3) 行业分布:某些品牌会侧重于一些行业,如施耐德更加注重电力行业,罗克韦尔在冶金行业表现出众。

《2012 中国 PLC 市场研究报告》表明:① 作为目前国内控制市场上的主流控制器,PLC 市场的国内参与者却需要尴尬地面对这样一个局面,即在高达 65 亿元的 PLC 市场总需求中,国产 PLC 占不到整个市场份额的 1%;② 在按照 I/O 数量划分的市场总量中,小型 PLC(256 点以下)的市场巨大,占据市场总额的 30.8%,而国产 PLC 的市场贡献恰恰就在小型 PLC 的市场中。

在最近的经济发展中,中国以其制造业发展的迅猛及范围的广泛为人瞩目,使

PLC 在某些自动化领域增长超过了 20%。中国的 PLC 市场在未来的 5 年内,将以 14.1% 的综合年增长率增长。

5. 流行新词汇:可编程自动化控制器

PAC(programmable automation controller)由 ARC(automation research corporation)咨询集团(ARC Advisory Group)市场调查公司高级研究员 Craig Resnick 首先提出,他认为:PLC 相当活跃,而且发展良好,具有很强的生命力。然而,PLC 这个工业的有效工具正在许多方面不断改变,不断增加其魅力。自动化供应商正不断致力于 PLC 的开发,以迎合市场和特殊用户的需求。功能的增强促使了新系列的系统浮出水面。PAC 基于开放的工业标准,具有多领域功能、通用的开放平台以及高性能。

通用电气没有丝毫犹豫,立刻接受了 PAC 的概念,而且在 2003 年汉诺威展上公开宣布,其新的旗舰控制产品的名称为 PACSystems。通用电气使用了这个名称,表达了其产品综合了传统 PLC 和 PC 硬件的优点,具有通用编程环境。

2003 年 11 月,罗克韦尔宣布,作为 PAC 技术的领导厂商,其产品 Control Logix 和 Compact Logix PLC 事实上就是 PAC。罗克韦尔认为,随着技术的不断发展,PAC 将采用大量的方法以处理数据,并具有升级性,而在多项目控制、集成商务系统分析和生命周期成本管理等方面也能大踏步地前进。2004 年以后,PAC 逐步取代 PLC 和 PC,但 PLC 在很多领域还将存在。三者性能对比如图 2-1 所示,PC 软件功能强大,PLC 可靠性强,而 PAC 则两者兼具,不仅软件功能强大,而且可靠性也很高。

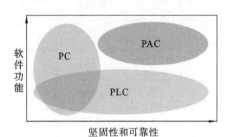

图 2-1　PAC、PLC 与 PC 对比图

2.1.3　PLC 的应用领域

目前,PLC 在国内外已广泛应用于冶金、石油、化工、建材、机械制造、电力、汽车、轻工、物流、环保及文化娱乐等各行各业。随着 PLC 性能价格比的不断提高,其应用领域不断扩大。

PLC 从应用类型看,大致可归纳为以下几个方面:开关量逻辑控制、运动控制、过程控制(PID 闭环控制)、数据处理、通信联网(构成分散控制系统 DCS、现场总线控制系统 FCS)。

PLC 的应用范围已从传统的产业设备和机械的自动控制,扩展到以下应用领域:中小型过程控制系统、远程维护服务系统、节能监视控制系统,以及与生活相关的机器、与环境相关的机器,而且有急速上升的趋势。

值得注意的是,随着 PLC、DCS 相互渗透,两者的界线日趋模糊,PLC 的应用从传统的离散的制造业向连续的流程工业扩展。

图 2-2 所示的是各个领域几种常见的 PLC 产品。

图 2-2 常见 PLC 产品图

2.2 PLC 系统与继电器系统的比较

2.2.1 继电器控制系统组成

任何一个继电器控制系统都是由输入部分、输出部分和控制部分组成的,如图2-3所示。

其中,输入部分由各种输入设备,如按钮、位置开关及传感器等组成;控制部分是按照控制要求设计的,是由若干继电器及触点构成的具有一定逻辑功能的控制电路;输出部分由各种输出设备,如接触器、电磁阀、指示灯等执行元件组成。电器控制系统根据操作指令及被控对象发出信号,由控制电路按规定的动作要求决定执行什么动作或动作的顺序,然后驱动输出设备去实现各种操作。由于控制电路是采用硬接线将各

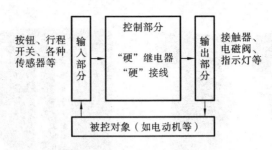

图 2-3 继电器控制系统组成

种继电器及触点按一定的要求连接而成的,所以接线复杂且故障点多,同时不易灵活改变。

2.2.2 PLC 控制系统组成

由 PLC 构成的控制系统也是由输入部分、输出部分和控制部分组成的,如图 2-4 所示。从图 2-4 可以看出,PLC 控制系统的输入部分、输出部分与电器控制系统的输入、输出部分基本相同,但控制部分是采用"可编程"的 PLC,而不是实际的继电器线路。因此,PLC 控制系统可以方便地通过改变用户程序来实现各种控制功能,从根本上解决了电器控制系统控制电路改变较为困难的问题。同时,PLC 控制系统不仅能实现逻辑运算,还具有数值运算及过程控制等复杂的控制功能。

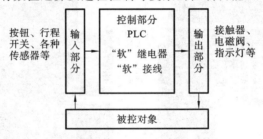

图 2-4 PLC 控制系统组成

2.2.3 PLC 等效电路

从 PLC 控制系统与继电器控制器系统比较可知,PLC 的用户程序(软件)代替了继电器控制电路(硬件)。因此,对于使用者来说,可以将 PLC 等效为许许多多各式各样的"软继电器"和"软接线"的集合,而用户程序就是用"软接线"将"软继电器"及其"触点"按一定要求连接起来的"控制电路"。

为了更好地了解这种等效关系,下面通过一个例子来说明。图 2-5 所示的为三相异步电动机单向运行继电器控制系统。其中,由 SB_1、SB_2、FR 的触点构成系统的输入部分,由系统的输出设备 KM 构成系统的输出部分。

如果用 PLC 来控制这台三相异步电动机,组成一个 PLC 控制系统,根据上述分析可知,系统主电路不变,只需将输入设备 SB_1、SB_2、FR 的触点与 PLC 的输入端相连,输出设备 KM 线圈与 PLC 的输出端相连,就构成 PLC 输入/输出硬件线路。而控制线路则由 PLC 的用户程序来实现,其等效电路如图 2-6 所示。

图 2-6 所示电路中,输入设备的 SB_1、SB_2、FR 与 PLC 内部的"软继电器"X_0、X_1、X_2 的"线圈"相对应,由输入设备控制相对应的"软继电器"的状态。输出设备 KM 与

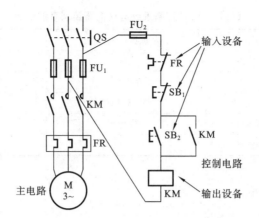

图 2-5 三相异步电动机单向运行继电器控制系统

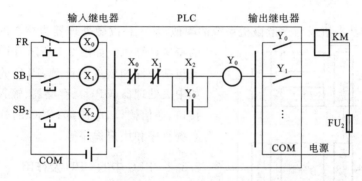

图 2-6 三相异步电动机单向运行 PLC 控制系统

PLC 内部的"软继电器" Y_0 对应,由"软继电器" Y_0 控制对应的输出设备 KM 状态。因此,PLC 用户程序要实现的是如何用输入继电器 X_0、X_1、X_2 来控制输出继电器 Y_0。当控制要求复杂时,程序还要采用 PLC 内部其他类型的"软继电器",如辅助继电器、定时器、计数器等,以达到控制要求。

2.2.4 PLC 控制系统与继电器控制系统的联系与区别

这是实现自动控制所采用的两种不同手段,要实现什么样的控制,是由被控制的对象和自动控制的目的所决定的,而与采用什么手段无关。它们的联系是,两种方法基本上都可以实现同一种功能。它们的运用都需要"门电路"的知识。门电路就是"与门"、"非门"、"或门"之类的电路。还有另一种联系是,采用 PLC 控制,往往在采集输入信号时,可能需要用到继电器;在输出控制信号时,还要用继电器做"功率放大"。

两种系统的最大差别是,实现控制逻辑所用的硬件不同。继电器控制系统的逻辑功能是由传统的继电器来完成的,如控制时间,就有相应的时间继电器。继电器的动作一般与电磁有关。PLC 是可编程的,它是基于各种"门电路"的一种集成式的控制器。其工作状况与计算机更接近些。对于已经接好的线路,可以通过改变 PLC 的用户程序来改变控制逻辑和参数,具有更灵活的运用方式。

另一个差别是,继电器控制系统适用于简单的逻辑控制,而 PLC 可以实现更复杂的逻辑控制。PLC 控制系统与继电器控制系统的具体对比,如表 2-4 所示。

表 2-4 PLC 控制系统与继电器控制系统对比

系统不同点	继电器控制系统	PLC 控制系统
控制方法	硬	软
工作方式	并行工作方式	串行工作方式
控制速度	慢(毫秒级)	快(微秒级)
定时和计数控制	精度低	精度高
可靠性和可维护性	低	高

2.3 PLC 组成

2.3.1 PLC 组成概述

PLC 的基本组成与一般微机系统的类似,是一种以微处理器为核心的、用于控制的特殊计算机。如图 2-7 所示,PLC 的基本组成包括硬件和软件两部分:PLC 的硬件部分,如中央处理器(CPU)、存储器、输入接口、输出接口、通信接口、电源等;PLC 的软件部分,如系统程序和用户程序等。

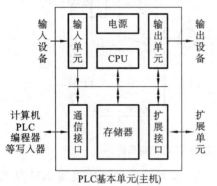

图 2-7 PLC 基本组成图

2.3.2 PLC 中的 CPU 及作用

PLC 中常采用的 CPU 有三类:通用微处理器(如 Z80、8086、80286、Pentium 系列等)、单片微处理器(如 8031、8096 等)、位片式微处理器(如 AMD2900 等)。

小型 PLC 大多采用 8 位通用微处理器和单片微处理器,中型 PLC 大多采用 16 位通用微处理器或单片微处理器,大型 PLC 大多采用高速位片式微处理器(32 位)。

小型 PLC 为单 CPU 系统,中、大型 PLC 则大多为双 CPU 或多 CPU 系统。对于双 CPU 系统,一般一个为字处理器,是 8 位、16 位或 32 位处理器;另一个为位处理器,采用各厂家设计制造的专用芯片。

CPU 的主要作用是按系统程序赋予的功能,指挥 PLC 有条不紊地进行工作。归纳起来主要有以下五个方面:

(1) 接收并存储编程器或其他外设输入的用户程序或数据;

(2) 诊断电源、PLC 内部电路故障和编程中的语法错误等;

(3) 接收并存储从输入单元(接口)得到的现场输入状态或数据;

(4) 逐条读取并执行存储器中的用户程序,并将运算结果存入存储器中;

(5) 根据运算结果,更新有关标志位和输出内容,通过输出接口实现控制、制表、打印或数据通信等功能。

2.3.3 PLC 中的存储器及作用

存储器主要分为两种类型:可读/写操作的随机存储器 RAM 和只读存储器

ROM、PROM、EPROM 和 EEPROM。其主要作用是存储系统程序、用户程序及数据。

1. 系统程序存储

系统程序用于完成系统诊断、命令解释、功能子程序调用、管理、逻辑运算、通信及各种参数设定等功能。系统程序是由 PLC 的制造厂家编写的,在 PLC 使用过程中不会变动,它与 PLC 的硬件组成有关,它关系到 PLC 的性能。系统程序由制造厂家直接固化在只读存储器 ROM、PROM 或 EPROM 中,用户不能访问和修改。

2. 用户程序存储

用户程序是用户根据控制对象生产工艺及控制的要求而编制的应用程序。它是由 PLC 控制对象的要求而定的,为了便于读出、检查和修改,用户程序一般存于 CMOS 静态 RAM 中,用锂电池作为后备电源,以保证掉电时不会丢失信息。为了防止干扰对 RAM 中程序的破坏,在用户程序运行正常,不需要改变后,可将其固化在 EPROM 中。现在有许多 PLC 直接采用 EEPROM 作为用户存储器。

3. 工作数据存储

PLC 运行过程中需生成或调用中间结果数据(如输入/输出元件的状态数据、定时器、计数器的预置值和当前值等)和组态数据(如输入/输出组态、设置输入滤波、脉冲捕捉、输出表配置、定义存储区保持范围、模拟电位器设置、高速计数器配置、高速脉冲输出配置、通信组态等),这类数据存放在工作数据存储器中,由于工作数据与组态数据不断变化,且不需要长期保存,所以采用随机存取存储器 RAM。

PLC 的工作数据存储器中设有存放输入/输出继电器、辅助继电器、定时器、计数器等逻辑器件的存储区,这些器件的状态都是由用户程序的初始设置和运行情况而确定的。根据需要,部分数据在掉电时用后备电池维持其现有的状态,这部分在掉电时可保存数据的存储区域称为保持数据区。

系统程序和工作数据与用户无直接联系。在 PLC 产品样本或使用手册中所列存储器的形式及容量是指用户程序存储器。当 PLC 提供的用户存储器容量不够用时,许多 PLC 还提供了存储器扩展功能。

2.3.4 PLC 中的输入/输出接口及作用

输入/输出接口通常也称 I/O 单元或 I/O 模块,是 PLC 与工业生产现场之间的连接通道。PLC 输入接口可以检测被控对象的各种数据,用这些数据作为 PLC 对被控制对象进行控制的依据。PLC 输出接口将处理结果送给被控制对象,以实现控制目的。

I/O 接口的作用主要包括以下三个方面。

(1) 电平转换功能:由于外部输入设备和输出设备所需的信号电平是多种多样的,而 PLC 内部 CPU 所处理的信号是标准电平信号。

(2) 光电隔离和滤波功能:提高 PLC 的抗干扰能力。

(3) 状态指示功能:直观显示工作状况,便于维护。

I/O 接口包括开关量输入/输出接口、模拟量输入/输出接口等类型。常用开关量输入接口有直流输入接口、交流输入接口、交/直流输入接口;常用开关量输出接口有继电器输出接口(响应速度慢、动作频率低,可驱动交流或直流负载)、晶体管输出接口(响应速度快、动作频率高,只能用于驱动直流负载)、晶闸管输出接口(响应速度快、动作频率高,只能用于驱动交流负载);常用模拟量输入接口(A/D 接口)主要按分辨率(8 位、10 位、12 位等)、量化误差、偏移误差、满刻度误差、线性度、精度等进行分类,许多 PLC 还有与热电阻或热电偶配套使用的 A/D 接口;常用模拟量输出接口(D/A 接口)主要按分辨率(8 位、10 位、12 位等)、精度、线性度、稳定时间等进行分类。

PLC 的输入/输出(I/O)点数是指 PLC 的 I/O 接口所能接受的输入信号个数和输出信号个数的总和。I/O 点数是选择 PLC 的重要依据之一,当 I/O 点数不够时,可通过 PLC 的 I/O 扩展接口进行扩展。

2.3.5　PLC 中的通信接口及作用

PLC 配有各种通信接口与外部设备连接,这些接口一般都带有通信处理器。PLC 通过这些通信接口可与监视器、打印机、其他 PLC、计算机等设备实现通信。PLC 与打印机连接,可将过程信息、系统参数等输出打印;与监视器连接,可将控制过程图像显示出来;与 PLC 连接,组成多机系统或连成网络,实现更大规模控制;与计算机连接,组成多级分布式控制系统,控制与管理相结合。

另外,PLC 还可与人机界面(触摸屏)、编程器、智能接口模块等连接。智能接口模块是一个独立于计算机的系统,它有自己的 CPU、系统程序、存储器以及与 PLC 系统总线相连的接口,PLC 的智能接口模块种类很多,如高速计数模块、闭环控制模块、运动控制模块和中断控制模块等。

2.3.6　PLC 中的扩展接口及作用

扩展接口是用于连接扩展单元的接口。当 PLC 基本单元 I/O 点数不能满足要求时,可通过扩展接口连接扩展单元以增加系统的 I/O 点数。

图 2-8 所示的为通信与扩展接口的一个连接实例。

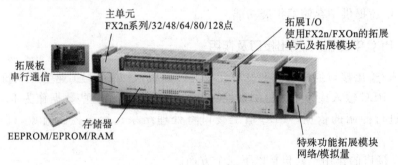

图 2-8　通信与扩展接口的连接实例

2.3.7　PLC 中的电源及作用

PLC 配有开关式稳压电源,以提供内部电路使用。与普通电源相比,PLC 电源的稳定性好、抗干扰能力强。因此,对于电网提供的电源稳定度要求不高,一般允许电源电压在其额定值±15%的范围内波动。许多 PLC 还向外提供直流 24 V 稳压电源,用于对外部传感器供电。

2.3.8　PLC编程器及作用

编程器的作用是编辑、调试、输入用户程序,也可在线监控PLC内部状态和参数,与PLC进行人机对话。它是开发、应用、维护PLC不可缺少的设备。

编程器可以按如下方式进行分类：

$$
编程器\begin{cases}专用编程器\begin{cases}简易编程器(小系统)\\智能(图形)编程器\end{cases}\\通用编程系统：PC上配专用编程软件包\end{cases}
$$

简易型编程器只能联机编程,而且不能直接输入和编辑梯形图程序,需将梯形图程序转化为指令表程序才能输入。简易编程器体积小、价格便宜,它可以直接插在PLC的编程插座上,或者用专用电缆与PLC相连,以方便编程和调试。有些简易编程器带有存储盒,可用来存储用户程序,如三菱的FX-20P-E简易编程器。

智能编程器又称图形编程器,本质上它是一台专用便携式计算机,如三菱的GP-80FX-E智能型编程器。它既可联机编程,又可脱机编程。它可直接输入和编辑梯形图程序,使用更加直观、方便,但价格较高,操作也比较复杂。大多数智能编程器带有磁盘驱动器,提供录音机接口和打印机接口。

专用编程器只能对指定厂家的几种PLC进行编程,使用范围有限,价格较高。同时,由于PLC产品不断更新换代,专用编程器的生命周期也十分有限。因此,现在的趋势是,使用以个人计算机为基础的编程装置,用户只要购买PLC厂家提供的编程软件和相应的硬件接口装置,就可以用较少的投资得到高性能的PLC程序开发系统。

图2-9所示的是两种常见的PLC编程器,图2-9(a)所示的是简易编程器,图2-9(b)所示的是智能编辑器。

（a）简易编程器

（b）智能编程器

图2-9　PLC编程器示例图

2.3.9　其他外部设备

除了以上所述的部件和设备外,PLC还有许多外部设备,如写入器、外存储器、人机接口装置等。

写入器是用来将用户程序固化到EPROM存储器中的一种PLC外部设备。为了使调试好的用户程序不易丢失,经常用 EPROM 写入器将 PLC 内 RAM 的内容保存到 EPROM 中。

PLC 内部的半导体存储器称为内存储器。有时可用外部的磁带、磁盘和用半导体存储器做成的存储盒等来存储 PLC 的用户程序,这些存储器称为外存储器。外存储器一般是通过编程器或其他智能模块提供的接口,来实现与内存储器之间相互传送用户程序的。

人机接口装置用来实现操作人员与 PLC 控制系统的对话。最简单、最普遍的人机接口装置由安装在控制台上的按钮、转换开关、拨码开关、指示灯、LED 显示器、声光报警器等器件构成。对于 PLC 系统,还可采用半智能型 CRT 人机接口装置和智能型终端人机接口装置。半智能型人机接口装置可长期安装在控制台上,通过通信接口接收来自 PLC 的信息并在 CRT 上显示出来;而智能型终端人机接口装置有自己的微处理器和存储器,能够与操作人员快速交换信息,并通过通信接口与 PLC 相连,也可作为独立的节点接入 PLC 网络。

2.4 PLC 工作原理

2.4.1 扫描工作方式

当 PLC 运行时,需要进行众多的操作。而 PLC 的 CPU 不可能同时去执行多个操作,每一刻只能执行一个操作。解决的办法就是采用分时操作方法,由于 CPU 的运算处理速度很快,所以从宏观上来看,PLC 外部出现的结果似乎是同时完成的,这种分时操作的方法称为扫描工作方式。例如,用户程序的执行(用户程序的扫描工作过程):扫描从第一条程序开始,在无中断或跳转控制的情况下,按程序存储顺序的先后,逐条执行程序,直到程序结束为止;然后再从头开始扫描,并周而复始地重复进行。

2.4.2 PLC 的扫描工作过程

如图 2-10 所示,PLC 扫描过程包括内部处理、通信服务、输入采样、程序执行、输出刷新五个阶段。

图 2-10　PLC 扫描过程

每个步骤具体方式如下:

(1) 检查 CPU 等内部硬件,对监视定时器(WDT)复位以及其他工作;

(2) 与其他智能装置(如编程器、计算机等)实现通信;

(3) 按顺序对所有输入端的状态进行采样,并存入相应寄存器;

(4) 对用户程序扫描执行,并将结果存入相应的寄存器;

(5) 将寄存器中的输出状态,转到输出锁存器,输出驱动外部负载。

整个过程扫描执行一遍所需的时间称为扫描周期。扫描周期与 CPU 运行速度、

PLC 硬件配置及用户程序长短有关。典型值为 1~100 ms。

2.4.3 PLC 执行程序的过程

PLC 执行程序的一个扫描周期必经输入采样、程序执行和输出刷新三个阶段,如图 2-11 所示。

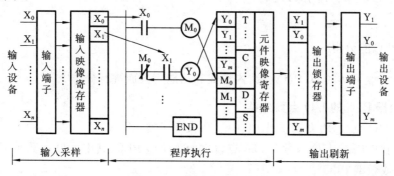

图 2-11 PLC 执行程序过程

输入采样阶段:首先以扫描方式按顺序将所有暂存在输入锁存器中的输入端子的通断状态或输入数据读入,并将其写入各自对应的输入状态寄存器中,即刷新输入。随即关闭输入端口,进入程序执行阶段。

程序执行阶段:按用户程序指令存放的先后顺序扫描执行每条指令,经相应的运算和处理后,其结果再写入输出状态寄存器中,输出状态寄存器中所有的内容随着程序的执行而改变。

输出刷新阶段:当所有指令执行完毕时,输出状态寄存器的通断状态在输出刷新阶段将被送至输出锁存器中,并通过一定的方式(继电器、晶体管或晶闸管)输出,驱动相应输出设备工作。

2.4.4 PLC 扫描工作方式的特点

PLC 扫描工作方式有两个特点,即集中采样和集中输出。集中采样是指在一个扫描周期中,对输入状态的采样只在输入处理阶段进行。在 PLC 进入程序处理阶段后,输入端将被封锁,直到下一个扫描周期的输入处理阶段才对输入状态进行重新采样。集中输出是指在用户程序中如果对输出结果多次赋值,则最后一次有效。在一个扫描周期内,只在输出刷新阶段才将输出状态从输出映像寄存器中输出,对输出接口进行刷新。在其他阶段里,输出状态一直保存在输出映像寄存器中。

集中采样、集中输出的扫描方式使得 PLC 工作时大多数时间与外部输入/输出设备隔离,从根本上提高了系统的抗干扰能力,增强了系统的可靠性。这种扫描方式的缺点是降低了系统的响应速度,即 PLC 输入/输出响应滞后:从 PLC 输入端输入信号发生变化到 PLC 输出端对该输入变化作出反应,需要一段时间。对一般的工业控制而言,这种滞后是完全允许的。

值得注意的是,这种响应滞后不仅是由于 PLC 扫描工作方式造成的,更主要是由 PLC 输入接口滤波环节带来的输入延迟和输出接口中驱动器件动作时间带来的输出延迟造成的,还与程序设计有关。对于小型 PLC,I/O 点数较少、用户程序较短,一般采用集中采样、集中输出的工作方式；而对于大中型 PLC，由于 I/O 点数较多、控制功能强、用户程序较长，为提高系统响应速度，可采用定期采样、定期输出方式或中断输入、输出方式以及采用智能 I/O 接口等多种方式。

2.5 PLC 的特点及分类

2.5.1 PLC 的分类

PLC 一般可从其 I/O 点数、结构形式和功能三方面进行分类。

1. 根据 PLC 的 I/O 点数分类

根据 I/O 点数，PLC 分为小型、中型和大型三类。

(1) 小型 PLC：I/O 点数为 256 点以下的为小型 PLC（其中 I/O 点数小于 64 点的为超小型或微型 PLC）。

(2) 中型 PLC：I/O 点数为 256 点以上、2048 点以下的为中型 PLC。

(3) 大型 PLC：I/O 点数为 2048 以上的为大型 PLC（其中 I/O 点数超过 8192 点的为超大型 PLC）。

这个分类界限不是固定不变的，它随 PLC 的发展而变化。

2. 根据 PLC 的结构形式分类

根据结构形式，PLC 分为整体式、模块式和叠装式。

(1) 整体式 PLC 将电源、CPU、I/O 接口等部件都集中装在一个机箱内，具有结构紧凑、体积小、价格低的特点。

整体式 PLC 由不同 I/O 点数的基本单元（又称主机）和扩展单元组成。基本单元内有 CPU、I/O 接口、与 I/O 扩展单元相连的扩展口，以及与编程器或 EPROM 写入器相连的接口等。扩展单元内只有 I/O 和电源等，没有 CPU。基本单元和扩展单元之间一般用扁平电缆连接。整体式 PLC 一般还可配备特殊功能单元，如模拟量单元、位置控制单元等，使其功能得以扩展。小型 PLC 一般采用这种整体式结构。

(2) 模块式 PLC 将 PLC 各组成部分分别做成若干个单独的模块，如 CPU 模块、I/O 模块、电源模块（有的含在 CPU 模块中）以及各种功能模块。

模块式 PLC 由框架或基板和各种模块组成。模块装在框架或基板的插座上。这种模块式 PLC 的特点是配置灵活，可根据需要选配不同模块组成一个系统，而且装配方便，便于扩展和维修。大、中型 PLC 一般采用模块式结构。

(3) 叠装式 PLC 将整体式和模块式的特点结合起来。

叠装式 PLC 的 CPU、电源、I/O 接口等也是各自独立的模块，但它们之间靠电缆进行连接，并且各模块可以一层层地叠装，这样系统不但可以灵活配置，还可做得小巧。

3. 根据功能分类

根据功能分类，PLC 可分为低档，中档和高档。

(1) 低档 PLC 具有逻辑运算、定时、计数、移位以及自诊断、监控等基本功能，还可有少量模拟量输入/输出、算术运算、数据传送和比较、通信等功能，主要用于逻辑控制、顺序控制或少量模拟量控制的单机系统。

（2）中档 PLC 除了具有低档 PLC 的功能外，还具有较强的模拟量输入/输出、算术运算、数据传送和比较、数制转换、远程 I/O、子程序、通信联网等功能。有些中档 PLC 还增设了中断、PID 控制等功能。

（3）高档 PLC 除了具有中档 PLC 的功能外，增加了带符号算术运算、矩阵运算、位逻辑运算、平方根运算及其他特殊功能函数运算、制表及表格传送等功能。高档 PLC 机具有更强的通信联网功能，可用于大规模过程控制或构成分布式网络控制系统，实现工厂自动化。

2.5.2 PLC 的特点

PLC 技术之所以发展迅速，除了工业自动化的客观需要外，主要是因为它具有可靠性高、抗干扰能力强、编程简单、使用方便、功能完善、通用性强、设计安装简单、维护方便、体积小、重量轻、能耗低等许多独特的优点。它较好地解决了工业领域中普遍关心的可靠、安全、灵活、方便、经济等问题。

1. 可靠性高、抗干扰能力强

可靠性高、抗干扰能力强是 PLC 最重要的特点之一。PLC 的平均无故障时间可达几十万个小时。

硬件方面：I/O 接口采用光电隔离，有效地抑制了外部干扰源的影响；对供电电源及线路采用多种形式的滤波，从而消除或抑制了高频干扰；对 CPU 等重要部件采用良好的导电、导磁材料进行屏蔽，以减少空间电磁干扰；对有些模块设置了联锁保护、自诊断电路等。

软件方面：采用扫描工作方式，减少了外界干扰；设有故障检测和自诊断程序，能对系统硬件电路等故障实现检测和判断；当干扰引起故障时，能立即将当前重要信息加以封存，禁止任何不稳定的读/写操作，一旦正常后，便可恢复到故障发生前的状态，继续原来的工作。

2. 编程简单、使用方便

目前，各种 PLC 都采用梯形图语言为第一编程语言，它是一种面向生产、面向用户的编程语言。梯形图与继电器控制线路图相似，形象直观，不需要掌握计算机知识，很容易让广大工程技术人员掌握。当生产流程需要改变时，可以现场改变程序，使用方便灵活。

同时，PLC 编程器的操作和使用也很简单，这也是 PLC 获得普及和推广的主要原因之一。许多 PLC 还针对具体问题，设计了各种专用编程指令及编程方法，进一步简化了编程。

3. 功能完善、通用性强

现代 PLC 不仅具有逻辑运算、定时、计数、顺序控制等功能，而且还具有 A/D 和 D/A 转换、数值运算、数据处理、PID 控制、通信联网等许多功能。

同时，由于 PLC 产品的系列化、模块化，因此，有品种齐全的各种硬件装置供用户选用，可以组成满足各种要求的控制系统。

4. 设计安装简单、维护方便

由于 PLC 用软件代替了传统电气控制系统的硬件，控制柜的设计、安装接线工作量都大为减少。PLC的用户程序大部分可在实验室进行模拟调试,缩短了应用设计和调试周期。在维修方面,由于PLC的故障率极低,因此维修工作量很小;而且PLC具有很强的自诊断功能,如果出现故障,可根据PLC上指示或编程器上提供的故障信息,迅速查明原因,维修极为方便。

5. 体积小、重量轻、能耗低

PLC结构紧凑、体积小、能耗低,因而是实现机电一体化的理想控制设备。

2.6 PLC的发展趋势

2.6.1 向高速度、大容量方向发展

为了提高PLC的处理能力,要求PLC具有更好的响应速度和更大的存储容量。目前,有的PLC的扫描速度可达0.1毫秒/千步左右。PLC的扫描速度已成为很重要的一个性能指标。

在存储容量方面,有的PLC最高可达几十兆字节。为了扩大存储容量,有的公司已使用了磁泡存储器或硬盘。

2.6.2 向超大型、超小型两个方向发展

当前中小型PLC比较多,为了适应市场的多种需要,今后PLC要向多品种方向发展,特别是向超大型和超小型两个方向发展。

现已有I/O点数达14336点的超大型PLC,其使用32位微处理器、多CPU并行工作和大容量存储器,功能强大。

小型PLC由整体结构向小型模块化结构发展,使配置更加灵活。为了市场需要已开发了各种简易、经济的超小型微型PLC,最小配置的I/O点数为8～16点,以适应单机及小型自动控制的需要,如西门子公司的LOGO系列PLC。

2.6.3 大力开发智能模块,加强联网与通信能力

为满足各种控制系统的要求,需要不断开发出更多功能模块,如高速计数模块、温度控制模块、远程I/O模块、通信和人机接口模块等。这些带CPU和存储器的智能I/O模块,既扩展了PLC功能,使用又灵活方便,扩大了PLC应用范围。

加强PLC联网与通信能力,是PLC技术进步的潮流。PLC的联网与通信有两类:① PLC之间联网通信,各PLC生产厂家都有自己的专有联网手段;② PLC与计算机之间的联网通信,一般PLC都有专用通信模块与计算机通信。

为了加强联网与通信能力,PLC生产厂家之间也在协商制订通用的通信标准,以构成更大的网络系统。

2.6.4 增强外部故障的检测与处理能力

统计资料表明:在PLC控制系统的故障中,CPU故障占5%,I/O接口故障占15%,输入设备故障占45%,输出设备故障占30%,线路故障占5%。

前两项20%的故障属于PLC的内部故障,它可通过PLC本身的软、硬件实现检

测、处理；而其余80%的故障属于PLC的外部故障。PLC生产厂家都致力于研制、发展用于检测外部故障的专用智能模块，进一步提高系统的可靠性。

2.6.5 编程语言多样化

在PLC系统结构不断发展的同时，PLC的编程语言也越来越丰富，功能也不断提高。除了大多数PLC使用的梯形图语言外，为了适应各种控制要求，出现了面向顺序控制的步进编程语言、面向过程控制的流程图语言、与计算机兼容的高级语言（BASIC、C语言等）等。多种编程语言的并存、互补与发展是PLC进步的一种趋势。

2.7 PLC编程软件

Step7-Micro/WIN32是基于Windows的应用软件，是针对S7-200系列PLC的编程软件，目前的最高版本为4.0 SP7。从SP6版本开始支持Vista系统，从4.0SP7开始即为多语言版本，可以通过Option直接选择中文界面。

Step7-V5.X是针对S7-300/400系列PLC的编程软件，目前最高版本为V5.5 SP2，从V5.4 SP3开始提供了对Vista系统的支持，中文版始终作为一个单独的版本发行。目前仅有V5.3 SP2、V5.4 SP3这两个版本提供了中文界面。

欧姆龙CX-Programmer是欧姆龙PLC的32位视窗软件支持工具，提供完整的编程环境，可进行离线编程和在线连接和调试，并能实现梯形图与语句表的相互转换。

三菱GX Developer PLC编程软件支持梯形图、指令表、SFC、ST及FB、Label语言程序设计，网络参数设定，可进行程序的线上更改、监控及调试，结构化程序的编写（分部程序设计），可制作成标准化程序，在其他同类系统中使用，目前最高版本为8.86。

本书以西门子Step7-Micro/WIN32为例，介绍PLC编程软件。

2.7.1 编程软件安装

1. 系统要求

操作系统：Windows 95、Windows 98、Windows ME、Windows 2000、Windwos XP。

计算机：IBM 486以上兼容机，内存8 MB以上，VGA显示器，至少50 MB以上硬盘空间，Windows支持的鼠标。

通信电缆：PC/PPI电缆（或使用一个通信处理器卡），用来将计算机与PLC连接。

2. 软件安装

Step7-Micro/WIN 32编程软件在一张光盘上，用户可按以下步骤安装。

（1）将光盘插入光盘驱动器。

（2）系统自动进入安装向导，或单击"开始"按钮启动Windows菜单。

（3）单击"运行"菜单。

（4）按照安装向导完成软件的安装。

（5）在安装结束时，会出现是否重新启动计算机选项。

3. 硬件连接

可以用PC/PPI电缆建立个人计算机与PLC之间的通信，这是单主机与个人计算机的连接,不需要其他硬件,如调制解调器和编程设备等。

典型的单主机连接及 CPU 组态如图 2-12 所示。

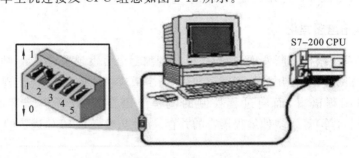

图 2-12　单主机连接及 CPU 组态图

4. 参数设置

安装完软件并且设置连接好硬件之后,可以按下面的步骤核实默认的参数。

(1) 在 Step7-Micro/WIN 32 运行时单击通信图标,或从 Setup 菜单中选择选项 Communications,则会出现一个通信对话框。

(2) 在对话框中双击 PC/PPI 电缆的图标,将出现 PG/PC 接口的对话框。

(3) 单击 Properties 按钮,将出现接口属性对话框。检查各参数的属性是否正确,其中通信波特率默认值为 9600baud。

5. 在线联系

前几步如果都顺利完成,则可以建立与西门子 S7-200 CPU 的在线联系,步骤如下。

(1) 在 Step7-Micro/WIN 32 下,单击通信图标,或从 Setup 菜单中选择选项 Communications,则会出现一个通信建立结果的对话框,显示是否连接了 CPU 主机。

(2) 双击通信建立对话框中的刷新图标,Step7-Micro/WIN 32 将检查所连接的所有 S7-200 CPU 站,并为每个站建立一个 CPU 图标。

(3) 双击要进行通信的站,在通信建立对话框中可以显示所选站的通信参数。

6. 设置修改 PLC 通信参数

如果建立了计算机与 PLC 的在线联系,就可利用软件检查、设置和修改 PLC 的通信参数,步骤如下。

(1) 单击引导条中的系统块图标,或从主菜单中选择 View 菜单中的 System Block 选项,将出现系统块对话框。

(2) 单击 Port(s)选项卡,检查各参数,认为无误后单击 OK 按钮确认。如果需要修改某些参数,可以先进行有关的修改,然后单击 Apply 按钮,再单击 OK 按钮确认后退出。

(3) 单击工具条中的下载图标,即可把修改后的参数下载到 PLC 主机。

2.7.2　功能

1. 基本功能

程序编辑中的语法检查功能可以提前避免一些语法和数据类型方面的错误。梯形图和语句表的错误检查结果如图 2-13 所示。

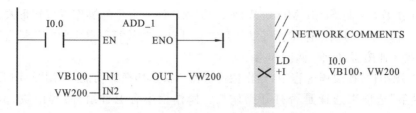

图 2-13　梯形图和语句表错误检查结果图

软件功能可以在联机工作方式(在线方式)下实现,部分功能也可以在离线工作方式下实现。

(1) 联机方式:有编程软件的计算机或编程器与 PLC 连接,就允许两者之间作直接的通信。

(2) 离线方式:有编程软件的计算机或编程器与 PLC 断开连接,就能完成大部分基本功能,如编程、编译和调试程序、系统组态等。

2. 主界面

启动 Step7-Micro/WIN 32 编程软件,其主界面如图 2-14 所示。

界面一般可分为几个区:菜单栏(包含 8 个主菜单项)、工具栏(快捷按钮)、导引栏(快捷操作窗口)、指令树(快捷操作窗口)、输出窗口和用户窗口(可同时或分别打开图中的 5 个用户窗口)。

图 2-14　主界面外观图

3. 各部分功能

(1) 菜单栏:菜单栏共有 8 个主菜单选项,它们分别是文件(File)、编辑(Edit)、视图(View)、可编程控制器(PLC)、调试(Debug)、帮助(Help)、窗口(Windows)、工具(Tools),各主菜单项实现各自功能。

（2）工具栏：将 Step7-Micro/WIN 32 编程软件最常用的操作以按钮形式设定到工具栏，只要简便的鼠标操作就可以打开它。可以用"视图"菜单中的"工具"选项来显示或隐藏 3 种按钮：标准、调试和指令。

（3）操作栏：在编程过程中，操作栏提供窗口快速切换的功能，可用"视图"菜单中的"引导条"选项来选择是否打开操作栏。操作栏中有七种组件：程序块（program block）、符号表（symbol table）、状态表（status chart）、数据块（data block）、通信（communications）、交叉索引（cross reference）、系统块（system block）。

（4）指令树：指令树提供编程所用到的所有命令和 PLC 指令的快捷操作。可以用视图（view）菜单项的"指令树"选项来决定其是否打开。

（5）输出窗口：该窗口用来显示程序编译的结果信息，如各程序块的信息、编译结果有无错误以及错误代码和位置等。

（6）状态栏：状态栏也称任务栏，用来显示软件执行情况，编辑程序时显示光标所在的网络号、行号和列号，运行程序时显示运行的状态、通信波特率、远程地址等信息。

（7）程序编辑器：可以用梯形图、语句表或功能表图这几种程序编辑器编写和修改用户程序。

（8）局部变量表：每个程序块都对应一个局部变量表，在带参数的子程序调用中，参数的传递就是通过局部变量表进行的。

4. 系统组态

系统组态主要包括设置数字量或模拟量输入滤波、设置脉冲捕捉、配置输出表、定义存储器保持范围、设置密码和通信参数等。系统块主要用于系统组态。

图 2-15 所示的为数字量输入滤波。

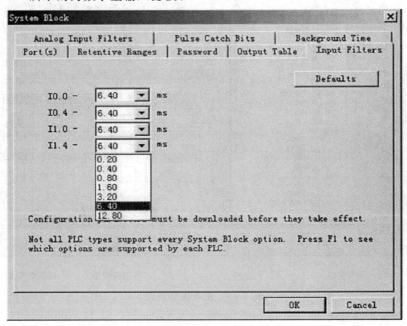

图 2-15　设置数字量输入滤波

图 2-16 所示的为模拟量输入滤波。

图 2-17 所示的为设置脉冲捕捉。

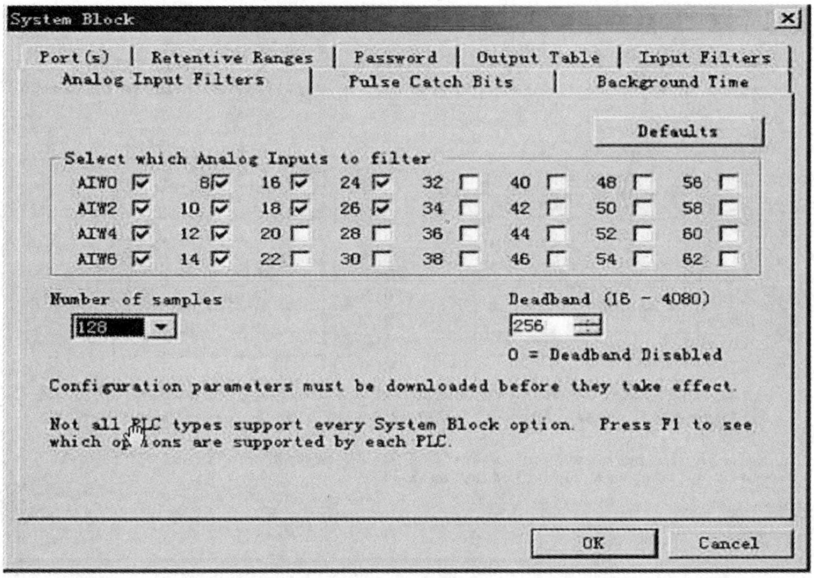

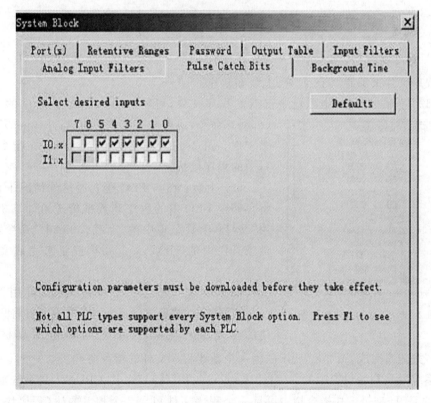

图 2-16 设置模拟量输入滤波

图 2-17 设置脉冲捕捉

设置脉冲捕捉功能的方法是：首先，正确设置输入滤波器的时间，使之不能将脉冲滤掉；然后，在系统选项卡中选择 Pulse Catch Bits 选项，对要求脉冲捕捉的数字量输入点进行选择。系统默认为所有点都不用脉冲捕捉。

图 2-18 所示的为输出表配置。

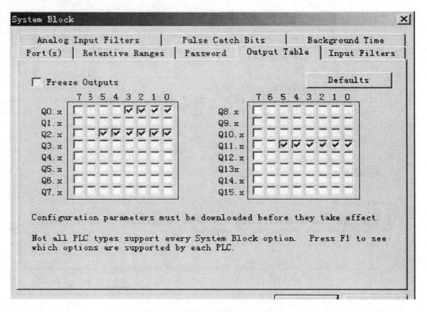

图 2-18 设置输出表(复制)

2.7.3 编程

1. 程序来源

程序文件来源有 3 个:打开、上装和新建。

(1) 打开:打开一个磁盘中已有的程序文件,可用"文件(file)"菜单中的"打开(open)"命令,或单击工具栏中的"打开(open)"按钮来实现。图 2-19 所示的为一个打开的在指令树窗口中的程序结构。

图 2-19 打开的程序结构图

(2) 上装:在与 PLC 建立通信的情况下,可以将存储在 PLC 中的程序和数据传送给计算机。可用"文件(file)"菜单中的"上载(upload)"命令,或单击工具栏中的"上载(upload)"按钮来完成文件的上装。

(3) 新建:建立一个程序文件,可用"文件(file)"菜单中的"新建(new)"项,在主窗口将显示新建的程序文件主程序区;也可单击工具栏中的"New"按钮来完成,图 2-20 所示的为一个新建程序文件的指令树。

系统默认初始设置中的文件以"Project1(CPU221)"命名,CPU221 是系统默认的 PLC 的 CPU 型号。在指令树中可见一个程序文件包含 7 个相关的块(程序块、符号表、状态图、数据块、系统块、交叉索引及通信),其中程序块包含一个主程序(MAIN)、一个可选的子程序(SBR_0)和一个中断服务程序(INT_0)。

用户可以根据实际编程需要进行以下操作。

(1) 确定 PLC 的 CPU 型号。右击"Project1(CPU221)"图标,在弹出的菜单中单击"类型(type)",就可在对话框中选择实际的 PLC 型号。也可用"PLC"菜单中的"类型(type)"项来选择 PLC 型号。

(2) 程序更名。如果要更改程序的文件名,可单击"文件(file)"菜单中"另存为(save as)"项,在弹出的对话框中键入新的文件名。

程序块中主程序的名称一般用默认名称"MAIN",任何程序文件都只有一个主程序。

对子程序和中断程序的更名可在指令树窗口中右击需要更名的子程序或中断程序名,在弹出的菜单中单击"重命名(rename)",然后键入新名称。

(3) 添加子程序或中断程序。

方法 1:在指令树窗口中右击"程序块(program block)"图标,在弹出的菜单中单击"插入子程序(insert subroutine)"或"插入中断程序(insert interrupt)"项。

方法 2:单击"编辑(edit)"菜单中"插入(insert)"项下的"子程序(subroutine)"或"中断程序(interrupt)"来实现。

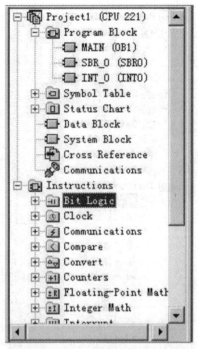

图 2-20 新建程序文件结构

方法 3:右击编辑窗口,在弹出的菜单中单击"插入(insert)"项下的"子程序(subroutine)"或"中断程序(interrupt)"命令。

新生成的子程序或中断程序会根据已有的子程序或中断程序的数目自动递增编号,用户可将其更名。

2. 编址方式

可编程控制器的编址就是对 PLC 内部的元件进行编码,以便程序执行时可以唯一地识别每个元件。在 PLC 内部的数据存储区中,每一种元件均分配了一个存储区域,并用字母作为区域标识符,同时表示元件的类型,如数字量输入写入输入映像寄存器(区标识符为 I)、数字量输出写入输出映像寄存器(区标识符为 Q)、模拟量输入写入模拟量输入映像寄存器(区标识符为 AI)、模拟量输出写入模拟量输出映像寄存器(区标识符为 AQ)。除了输入/输出外,PLC 还有其他元件,V 表示变量存储器;M 表示内部标识位存储器;SM 表示特殊标识位存储器;L 表示局部存储器;T 表示定时器;C 表示计数器;HC 表示高速计数器;S 表示顺序控制存储器;AC 表示累加器。掌握各元件的功能和使用方法是编程的基础。

存储器的单位可以是位(bit)、字节(byte)、字(word)、双字(double word),那么编址方式也可以分为位、字节、字、双字编址。

(1) 位编址:位编址的指定方式为:(区域标识符)字节号.位号,如 I0.0;Q0.0;I1.2。

(2) 字节编址:字节编址的指定方式为:(区域标识符)B(字节号),如 IB0 表示由 I0.0~I0.7 这 8 位组成的字节。

(3) 字编址:字编址的指定方式为:(区域标识符)W(起始字节号),且最高有效字节为起始字节,如 VW0 表示由 VB0 和 VB1 这 2 字节组成的字。

(4) 双字编址:双字编址的指定方式为:(区域标识符)D(起始字节号),且最高有效字节为起始字节,如 VD0 表示由 VB0 到 VB3 这 4 字节组成的双字。

3. 编辑程序

利用 Step7-Micro/WIN 32 编程软件进行程序的编辑和修改一般采用梯形图编辑器,程序编辑和修改可以分为以下几个步骤:输入编程元件、复杂结构、插入和删除、块操作、符号表、局部变量表、注释、语言转换、编译、下载程序。下面介绍梯形图编辑器的一些基本编辑操作,语句表和功能表图编辑器的操作可类似进行。

1) 输入编程元件

梯形图的编程元件有触点、线圈、指令盒、标号及连接线。可用以下两种方法输入。

方法 1:用指令树窗口中的 Instructions 所列的一系列指令,双击要输入的指令,再根据指令的类别将指令分别编排在若干子目录中,如图 2-21 所示。

方法 2:用工具栏上的一组编程按钮,单击触点、线圈或指令盒按钮,从弹出的窗口中选择要输入的指令,单击即可。按钮和弹出的窗口下拉菜单如图 2-22 所示。

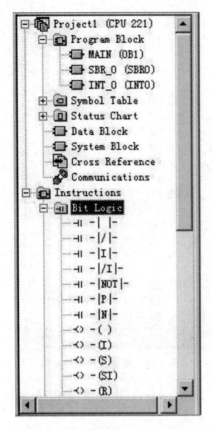

图 2-21　指令树中的位逻辑指令

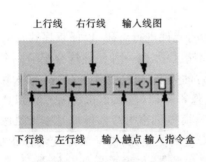

（a）编程按钮　　　　　　　　（b）下拉菜单

图 2-22　编程按钮和下拉菜单

在一个网络中,如果只有编程元件的串联连接,输入和输出都无分支,则可从网络的开始依次输入各个编程元件,每输入一个编程元件,光标自动右移一列,如图2-23所示。

2) 复杂结构

如果想编辑图 2-24 所示的梯形图,可单击图 2-24 中网络 1 第一行的下方,然后在光标显示处输入触点,生成新的一行。输入完成后,将光标移回刚输入的触点处,单击工具栏中"上行线(line up)"按钮即可。

如果要在一行的某个元件后向下分支,可将光标移到该元件处,单击"下行线

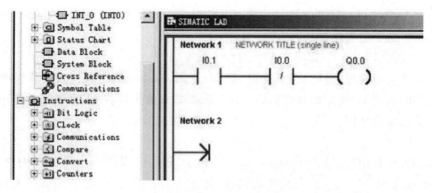

图 2-23　顺序输入编程元件

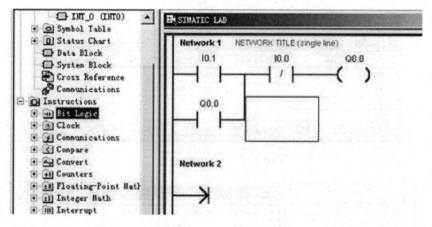

图 2-24　复杂结构输入

(line down)"按钮即可。

3) 插入和删除

编辑程序时,经常要进行插入或删除一行、一列、一个网络、一个子程序或一个中断程序的操作,实现上述操作的方法有以下两种。

方法 1:右击程序编辑区中要进行插入(或删除)的位置,在弹出的菜单中选择"插入(insert)"或"删除(delete)",继续在弹出的子菜单中单击要插入(或删除)的选项,如行(row)、列(column)、向下分支(vertical)、网络(network)、中断程序(interrupt)和子程序(subroutine),如图 2-25 所示。

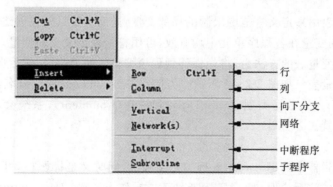

图 2-25　插入或删除操作

方法 2：将光标移到要操作的位置，用"编辑（edit）"菜单中的"插入（insert）"或"删除（delete）"命令完成操作。

4) 块操作

块操作可对程序进行大面积删除、移动、复制，操作十分方便。块操作包括块选择、块剪切、块删除、块复制和块粘贴。这些操作非常简单，与一般字处理软件中的相应操作方法完全相同。

5) 符号表

单击操作栏中"符号表（symbol table）"图标，或使用"视图（view）"菜单中的"符号表（symbol table）"命令，进入符号表窗口，如图 2-26 所示。单击单元格可进行符号名、直接地址、注释的输入。图 2-24 所示的直接地址编号在编写了符号表后，经编译可形成如图 2-27 所示的结果。

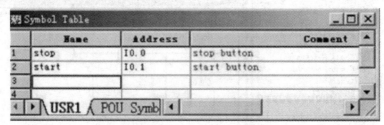

图 2-26　"符号表"窗口

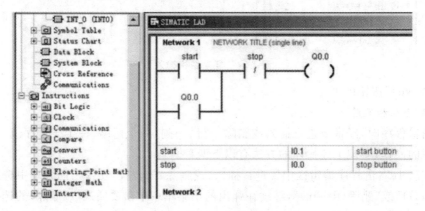

图 2-27　用符号表编程

6) 局部变量表

局部变量表用来定义有范围限制的局部变量，局部变量只能在创建它的程序单元中有效，而全局变量在各程序单元中均有效，可用符号表定义全局变量。

打开局部变量表的方法是，将光标移到程序编辑区的上边缘，然后向下拖动，则自动出现局部变量表。如图 2-28 所示，在局部变量表中可以设置变量名称（Name）、变量类型（Var Type）、数据类型（Data Type）和注释（Comment），系统会自动分配局部变量的存储位置。

7) 注释

梯形图编辑器中的 Network n 标志每个梯级，同时又是标题栏，可在此为本梯级加标题或必要的注释说明，使程序清晰易读。操作方法是：双击 Network n 区域，弹出如图 2-29 所示的对话框，此时可以在 Title 文本框键入标题，在 Comment 文本框键

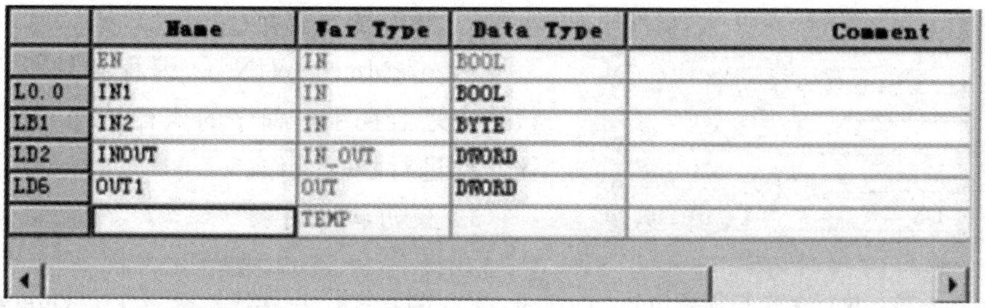

图 2-28　局部变量表

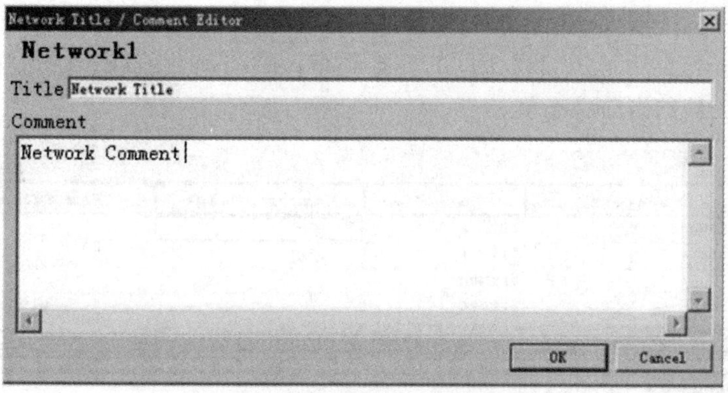

图 2-29　"标题和注释"窗口

入注释。

8）语言转换

软件可实现三种编程语言（编辑器）之间的任意切换。操作方法是，选择菜单 View 项，然后单击 STL、LAD 或 FBD 便可进入对应的编程环境。

9）编译

程序编辑完成后，可用菜单中的"编译（compile）"命令，或单击工具栏中的"编译（compile）"按钮可进行离线编译。编译结束，在输出窗口显示编译结果信息。

10）下载程序

程序只有在编译正确后才能下载到 PLC 中。下载前，PLC 必须处于"Stop"状态。如果不在 Stop 状态，则可单击工具栏中"停止（Stop）"按钮，或选择"PLC"菜单中的"停止（Stop）"命令，也可以将 CPU 模块上的方式选择开关直接扳到"停止（Stop）"位置。为了使下载的程序能正确执行，下载前应将 PLC 中存储的原程序清除。单击"PLC"菜单项中的"清除（clear）"命令，在出现的对话框中单击"清除全部（clear all）"按钮即可。

2.7.4　调试及运行监控

Step7-Micro/WIN 32 编程软件允许用户在软件环境下直接调试并监控程序的运行。

1. 选择扫描次数

监视用户程序的执行时，可选择单次或多次扫描。应先将 PLC 的工作方式设为"Stop"，使用"调试（Debug）"菜单中的"多次扫描（Multiple Scans）"或"初次扫描（First Scans）"命令。如图 2-30 所示，在选择多次扫描时，要指定扫描的次数。

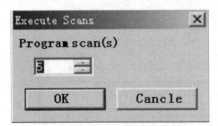

图 2-30　执行多次扫描窗口

2. 状态图表监控

Step7-Micro/WIN 32 编程软件可以使用状态表来监视用户程序的执行情况,并可对编程元件进行强制操作。

1) 使用状态图表

在操作栏窗口中单击"状态表(Status Chart)"图标,或使用"调试(Debug)"菜单中的"状态图(Status Chart)"命令,就可打开状态表窗口,如图 2-31 所示。在状态表的"地址(Address)"栏中键入要监控的编程元件的直接地址(或用符号表中的符号名称),在"格式(Format)"栏中显示编程元件的数据类型,在"当前数值(Current Value)"栏中可读出编程元件的当前状态值。

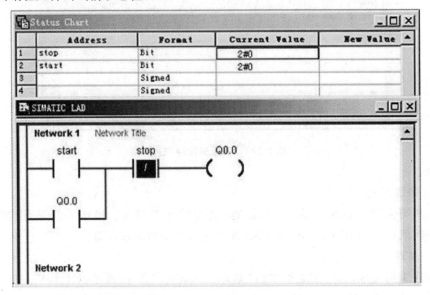

图 2-31　状态表监视图

2) 强制指定值

强制操作是指对状态表中的变量进行强制性赋值。Step7 允许对所有的 I/O 位以及模拟量 I/O(AI/AQ)强制赋值,还可强制改变最多 16 个 V 或 M 的数据,其变量类型可以是字节、字或双字。

强制操作包括以下步骤:强制范围、强制一个值、读所有强制操作、解除一个强制操作、解除所有强制操作。

3. 运行模式下编辑

在运行模式下,可以对用户程序作少量修改,修改后的程序一旦下载,将立即影响系统的运行。可进行这种操作的 PLC 有 CPU224 和 CPU226 两种,操作如下。

(1) 在运行模式下,选择"调试(debug)"菜单中"在运行状态编辑程序(Program Edit in RUN)"命令。运行模式下只能对主机中的程序进行编辑,当主机中的程序与编程软件中的程序不同时,系统会提示用户存盘。

(2) 屏幕弹出警告信息,单击"继续(continue)"按钮,PLC 主机中的程序将被上载到编程窗口,此时可在运行模式下编辑程序。

(3) 程序编辑成功后,可用"文件(file)"菜单中的"下载(download)"命令,或单击工具栏中的"下载(download)"按钮将程序下载到 PLC 主机。

(4) 退出运行模式编辑。使用"调试(debug)"菜单中"在运行状态编辑程序(Program Edit in RUN)"命令,然后根据需要选择"选项(Checkmark)"中的内容。

4. 程序监视

Step7-Micro/WIN 32 提供的三种程序编辑器(梯形图、语句表及功能表图)都可以在 PLC 运行时监视各个编程元件的状态和各个操作数的数值。

要打开梯形图编辑器中监视程序时,可用"工具(tools)"菜单中的"选项(options)"命令打开选项对话框,选择"LAD 状态(LAD status)"项,然后再选择一种梯形图样式,在打开梯形图窗口后,单击工具栏中"程序状态(Program status)"按钮。如图2-32所示,梯形图编辑器窗口中被点亮的元件表示处于接通状态。

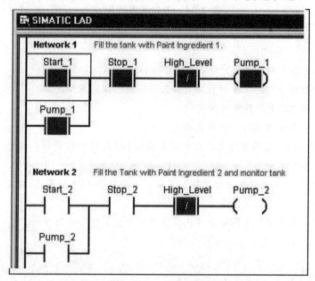

图 2-32　梯形图监视

图 2-33 所示的为功能块监视图。

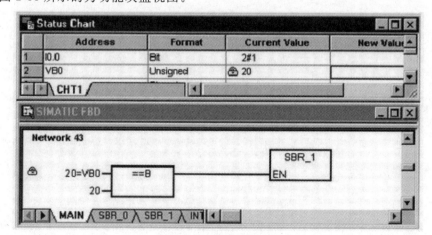

图 2-33　功能块监视图

图 2-34 所示的为语句表监视图,用户可利用语句表编辑器监视在线程序状态。

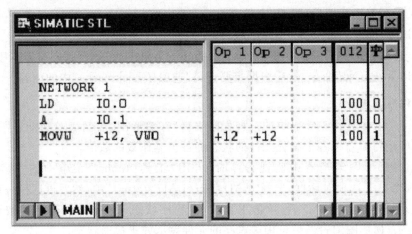

图 2-34 语句表监视图

习题 2

2-1 可编程控制器由哪几部分组成?它有什么工作特点?

2-2 PLC 采用何种扫描方式?工作过程分为哪五个阶段?请简要阐述。

2-3 梯形图和继电器控制电路图有何区别?

2-4 PLC 编程语言主要有哪四种?各有何特点?

2-5 Step7-Micro/WIN 32 编程软件有哪几种功能窗口,相互间如何调用?提供了几种编程方式?相互间如何转换?

2-6 编写一个用户程序,完成开关量的控制。要求有多个输入和多个输出,建立符号表,使每个元件在梯形图中显示一定的实际意义。

2-7 子程序的局部变量表中的临时变量的状态为什么不能保持?举例说明。

3

现场总线技术

3.1 现场总线的概念

3.1.1 现场总线的发展

现场总线控制技术是 20 世纪 80 年代中期在国际上发展起来的一种崭新的工业控制技术。现场总线控制系统(FCS)的出现引起了传统的 PLC 和分散控制系统(DCS)基本结构的革命性变化。现场总线控制系统极大地简化了传统控制系统烦琐且技术含量较低的布线工作量,使其系统检测和控制单元的分布更趋合理。从原来的面向设备选择控制和通信设备转变成为基于网络选择设备。20 世纪 90 年代现场总线控制系统逐渐进入中国,结合 Internet 和 Intranet 的迅猛发展,现场总线控制系统越来越显示出其传统控制系统无可替代的优越性。如今,现场总线控制系统已成为工业控制领域的一个热点。

早期计算机的控制系统一般采用一台小型机控制几十条控制回路,目的是降低每条回路的成本。但由于计算机的故障会导致所有控制回路失效,后来逐渐发展成 DCS,即由多台微机进行数据采集和控制,微机间用局域网(LAN)连接起来成为一个统一系统。DCS 沿用了二十多年,其优点和缺点均充分显露,最主要的问题仍然是可靠性:一台微机坏了,该微机管辖下的所有功能都失效;一块 AD 板上的 A/D 转换器坏了,该板上的所有通道(8 或 16 个)全部失效。曾有过采用双机双 I/O 等冗余设计,但这又增加了成本和系统复杂性。

为了克服系统可靠性、成本和复杂性之间的矛盾,更为了适应广大用户的系统开放性和互操作性要求,实现控制系统的网络化,一种新型控制技术——FCS 迅速发展起来。

3.1.2 现场总线的定义和特点

从名词定义来讲,现场总线是用于现场电器、现场仪表及现场设备与控制室主机系统之间的一种开放、全数字化、双向、多站的通信系统。现场总线标准规定某个控制系统中一定数量的现场设备之间如何交换数据。数据的传输介质可以是电线电缆、光缆、电话线、无线电等。通俗地讲,现场总线技术是用在现场的总线技术。

传统控制系统的接线方式是一种并联接线方式,PLC 控制各个电器元件,对应每一个元件有一个 I/O 口,两者之间需用两根线进行连接,作为控制和/或电源。当 PLC 所控制的电器元件数量达到数十个甚至数百个时,整个系统的接线就显得十分复杂,容易搞错,施工和维护都十分不便。

为此,人们考虑怎样把那么多的导线合并到一起,用一根导线来连接所有设备,所有的数据和信号都在这根线上流通,同时设备之间的控制和通信可任意设置。因而这根线自然而然地称为总线,就如计算机内部的总线概念一样。由于控制对象都在现场,不同于计算机通常用于室内,所以这种总线称为现场总线。

1. 现场总线的定义

所谓现场总线,按照国际电工委员会 IEC/SC65C 的定义,是指安装在制造或过程区域的现场装置之间,以及现场装置与控制室内的自动控制装置之间的数字式、串行和多点通信的数据总线。以现场总线为基础而发展起来的全数字控制系统称为 FCS。现场总线与传统的控制方式的显著区别在于其通信方式的不同。现场总线是用于智能化现场设备和基于微处理器的控制室自动化系统间的全数字化、多站总线式的双向多信息数字通信的通信规程,是互相操作以及数据共享的公共协议。可以认为,现场总线是通信总线在现场设备中的延伸,允许各种现场设备,如变送器、调节阀、基地式控制器、记录仪、显示器、PLC 及手持终端和控制系统之间,通过同一总线进行双向多变量数字通信。

2. 现场总线的实质含义

(1) 现场通信网络:传统的 DCS 通信网络截止于控制站或输入/输出单元,现场仪表仍然是一对一模拟信号传输。现场总线是用于过程自动化和制造自动化的现场设备或现场仪表互联的现场通信网络,把通信线一直延伸到生产现场或生产设备。

(2) 现场设备互联:现场设备或现场仪表是指传感器、变速器和执行器等,这些设备通过一对传感线互联,传输线可以使用双绞线、同轴电缆、光纤和电源线等,并可根据需要因地制宜地选择不同类型的传输介质。

(3) 互操作性:现场设备或现场仪表种类繁多,没有任何一家制造商可以提供一个工厂所需要的全部现场设备,所以,互相连接不同制造商的产品是不可避免的。用户希望对不同品牌的现场设备统一组态,构成他所需要的控制回路,这些就是现场总线设备互操作性的含义。现场设备互联是基本的要求,只有实现互操作性,用户才能自由地集成 FCS。

(4) 分散功能:FCS 废弃了 DCS 的输入/输出单元和控制站,把 DCS 控制站的功能块分散地分配给现场仪表,从而构成虚拟控制站。由于功能块分散在多台仪表中,并可统一组态,故可供用户灵活选用各种功能,构成所需的控制系统,实现彻底的分散控制。例如,流量变送器不仅具有流量信号变换、补偿和累加输入功能块,而且有 PID 控制和运算功能块。

(5) 传输介质:现场总线的常用传输线是双绞线,通信线供电方式允许现场仪表直接从通信线上摄取能量,对于要求本质安全(本安)的低功能现场仪表,可以采用这种供电方式。这种低功耗现场仪表要用于安全环境,与之配套的还有安全栅。有的企业生产现场有可燃性物质,所有现场设备必须严格遵守安全防爆标准,现场总线也不例外。

(6) 开放式互联网络:现场总线为开放式互联网络,它既可以与同层网络互联,也可与不同层网络互联,还可以实现网络数据库的共享,不同的制造商的网络互联十分简便，用户不必在硬件或软件上花太多气力。网络可对现场设备和功能块统一组态，把不同厂商的网络及设备融为一体，构成统一的 FCS。

3. 现场总线的特点

以现场的智能仪表为基础，按现场总线技术构建起来的 FCS，解决了传统控制系统一对一封闭回路、集中控制的状况，彻底将控制功能下放至现场的智能仪表，分散控制、集中监控，具有以下显著特点。

1) 布线简单

这是大多现场总线共有的特性，现场总线的最大革命是布线方式的革命，最小化的布线方式和最大化的网络拓扑使得系统的接线成本和维护成本大大降低。由于采用串行方式，所以大多数现场总线采用双绞线，以及直接在两根信号线上加载电源的总线形式。这样，采用现场总线的设备和系统变得简单直观。

2) 开放性

现场总线是开放式互联网络，所有的技术和标准都是公开的，制造商必须共同遵守。这样用户可以自由集成不同制造商的通信网络，既可与同层网络互联，也可与不同层网络互联。另外，用户可以极其方便地共享网络数据库。

3) 实时性

总线的实时性要求是为了适应现场控制和现场采集的特点而制定的。一般的现场总线都要求在保证数据可靠性和完整性的条件下具备较高的传输速率和传输效率。总线的传输速度要求越快越好，速度越快，表示系统的响应时间就越短。但是，传输速度不能仅靠提高传输速率来解决，传输的效率也很重要。传输效率主要是指有效用户数据在传输帧中的比率，还有成功传输帧在所有传输帧的比率。

4) 可靠性

一般总线都具备一定的抗干扰能力，同时，当系统发生故障时，具备一定的诊断能力，以最大限度地保护网络，并能较快地查找和更换故障节点。总线故障诊断能力的大小是由总线传输所采用的物理媒介和软件协议决定的，所以不同的总线具有不同的诊断能力和处理能力。

5) 适应性

现场总线是作为适应现场环境工作而设计的，可支持双绞线、同轴电缆、光缆、射频、红外线及电力线等，其具有较强的抗干扰能力，能采用两线制实现送电与通信，并可满足安全及防爆要求等。

6) 分散控制

控制功能分散在现场仪表中，现场仪表本身可构成控制回路，实现彻底的分散控制，提高了系统的可靠性、自制性和灵活性，并降低了布线成本。

总而言之，现场总线是高可靠、低成本、组态简单、实时性、分散控制、方便运行、数据库一致的开放式系统。

3.1.3 DCS 与 FCS 比较

1. DCS 与 FCS 的差异

在扩展性方面，DCS 系统是个大系统，其控制器功能强而且在系统中起着十分重要的作用,数据公路更是系统的关键,所以,必须整体投资一步到位,事后的扩容难度较大。而 FCS 的功能下放较彻底,信息处理现场化,数字智能化现场装置的广泛采用,使得控制器功能与重要性相对减弱。因此,FCS 投资起点低,可以边使用、边扩建、边投运。

在开放性方面,从 DCS 刚刚被开发出来投入商业应用,不同的 DCS 生产厂家为达到垄断经营的目的,在开发 DCS 控制通信网络时采用各自专用的封闭形式,不同厂家的 DCS 之间,以及 DCS 与上层 Intranet、Internet 信息网络之间难以实现直接、方便的网络互联和信息共享。因此从该角度而言,DCS 是一种封闭专用的、不具可互操作性的控制系统。而 FCS 是开放式系统,理论上所有的 FCS 都应采用同一种通信协议和网络结构,因此可以根据需要自由选择不同厂家的组件来搭建需要的 FCS,达到最佳的系统集成。开放性意味着 FCS 将打破 DCS 的大型厂家垄断,给中小企业发展带来了平等竞争的机遇。可互操作性实现控制产品的"即插即用"功能,从而用户对不同厂家提供的工控产品有更多的选择余地。

在精度方面,DCS 的信息全都是由二进制或模拟信号形成的,传输 4~20 mA 模拟信号,必须有 D/A 与 A/D 转换。而 FCS 是全数字化的,就免去了 D/A 与 A/D 转换,实现了高集成化和高性能,现场总线的数字信号的精度比 4~20 mA 模拟信号的精度提高 10 倍,因此可以排除在 A/D 转换中所产生的误差。

在控制周期方面,FCS 可以将 PID 闭环控制功能装入变送器或执行器中,缩短了控制周期,目前控制周期可以从 DCS 的每秒 2~5 次,提高到 FCS 的每秒 10~20 次,从而改善调节性能。

在远程诊断、维护和组态中,DCS 可以控制和监视工艺全过程,对自身进行诊断、维护和组态。但是,由于自身的致命弱点,其 I/O 信号采用传统的模拟量信号,因此,它无法在 DCS 工程师站上对现场仪表(含变送器、执行器等)进行远程诊断、维护和组态。FCS 采用全数字化技术,数字智能现场装置发送多变量信息,而不仅仅是单变量信息,并且还具备检测信息差错的功能。FCS 采用的是双向数字通信现场总线信号制,因此,它可以对现场装置(含变送器、执行机构等)进行远程诊断、维护和组态。FCS 的这点优越性是 DCS 所无法比拟的。

在布线及施工方面,FCS 由于信息处理现场化,与 DCS 相比可以省去相当数量的隔离器、端子柜、I/O 终端、I/O 卡件、I/O 文件及 I/O 柜,同时也省了 I/O 装置及装置室的空间及占地面积,有专家认为可以省去 60% 占地面积。FCS 可以减少大量电缆与敷设电缆用的桥架等,同时也节省了设计、安装和维护费用;有专家认为可以节省 66% 费用。FCS 相对于 DCS 而言,其组态简单,并且由于结构、性能标准化,便于安装、运行、维护。

2. FCS 的关键技术

FCS 的核心是总线协议,即总线标准。一种类型的总线,只要其总线协议一经确定,相关的关键技术与设备也就被确定。就其总线协议的基本原理而言,各类总线都是一样的,都以解决双向串行数字化通信传输为基本依据。

FCS 的基础是数字智能现场装置,数字智能现场装置是 FCS 的硬件支撑,是这个系统的基础。道理很简单,FCS 执行的是自动控制装置与现场装置之间的双向数字通信现场总线信号制,如果现场装置不遵循统一的总线协议,即相关的通信规约,不具备数字通信功能,那么所谓双向数字通信只是一句空话,就不能称为现场总线控制系统。再则,现场总线的一大特点就是要增加现场一级控制功能,如果现场装置不是多功能智能化的产品,那么FCS的特点也就不存在了,所谓简化系统、方便设计、利于维护等优越性也是虚的。

对于一个控制系统,无论是采用DCS还是采用现场总线,系统需要处理的信息量都是一样多的。实际上,采用现场总线后,可以从现场得到更多的信息。FCS的信息量没有减少,甚至增加了,而传输信息的线缆却大大减少了。这就要求一方面要大大提高线缆传输信息的能力,另一方面要让大量信息在现场就地完成处理,减少现场与控制机房之间的信息往返。因此,FCS的本质就是信息处理的现场化。

3.2 现场总线分类及标准

3.2.1 现场总线标准的发展历史

1984年IEC提出现场总线国际标准的草案,1993年才通过了物理层的标准IEC61158-2,并且在数据链路层的投票过程中几经反复。发展IEC 61158现场总线的本意是"排他的和联合的",各自独立的"现场总线"标准将给用户带来许多头疼的技术问题,牺牲的是用户的利益。

在现场总线领域里,德国派(ISP,interoperable system project,可互操作系统规划,是一个以Profibus为基础制定的现场总线国际组织)和法国派(World FIP)的对峙十分激烈,互不相让,以至于IEC无法通过国际标准。

1994年6月,在国际上要求联合的强烈呼声和用户的压力下,ISP和World FIP成立了现场总线基金会(Fieldbus Foundation,FF),推出了FF现场总线。IEC投票的文本就是以FF为蓝本的方案。这是现场总线发展的主流方向,由于FF的目标是致力于建立统一的国际标准,它的成立实质上意味着工业界将摒弃ISP(含Profibus)和World FIP。它的成立导致了ISP立即解散;World FIP已经明确表示不反对IEC的方案,并且可以友好地与IEC方案互联,甚至提出了与FF"无缝连接"方案;而剩下的Profibus因为与FF的方案和技术途径不同,过渡非常困难,因此强烈反对IEC方案以保住市场份额。但是Profibus提出的技术理由仅仅是一些枝节问题,于是一些评论认为它是出于商业利益的驱动去反对FF,国际上的现场总线之争演变成为Profibus与以FF为代表的"联合派"竞争。有趣的是,工业国家的大公司往往"脚踏几条船",加入各种现场总线以获得更多的商业利益。例如,最能说明问题的是,最主要的反对者西门子公司(Profibus主要成员)也参加了FF。这种具有特殊意义的事实说明,Profibus要与FF对抗在技术上处于明显的劣势。因为Profibus的反对,数据链路层和其他层在1998年9月30日投票失败(赞成票68%,反对票32%),这样,IEC61158就只能作为技术报告出版。但是事情并未了结,美法等国立即提出了提案,要求对反对票的技术理由进行审议。

1998年11月15日,IEC,SC65C下发了文件,要求对德国等6国的反对票是否含有技术理由进行表决。1999年1月29日以63%的结果支持美法提案。

1999年6月17日,IEC执委会否定了德国等6国的反对票,重新计票的结果使原

IEC 61158 标准得以通过。

IEC 执委会另一个决定是,允许其他 1~2 个现场总线作为子集进入 IEC 61158(意味着允许 Profibus 有条件地进入国际标准)。经过有关各方的共同努力和协商妥协,在 1999 年年底的投票表决中,经过修改后加入了 Control Net 等 7 种协议的 IEC61158 国际标准正式获得通过。投票情况如下,P 成员(即有投票权的成员)投票 29 个,其中 25 票赞成,4 票反对(法国、加拿大、日本与俄罗斯),1 票弃权(意大利)。

在现场总线国际标准 IEC61158 中,采用了一带七的类型,即

类型 1:原 IEC61158 技术报告(即 FF H1);

类型 2:Control Net(美国 Rockwell 公司支持);

类型 3:Profibus(德国 Siemens 公司支持);

类型 4:P-Net(丹麦 Process Data 公司支持);

类型 5:FF HSE(即原 FF H2,美国 Fisher Rosemount 公司支持);

类型 6:Swift Net(美国波音公司支持);

类型 7:World FIP(法国 Alstom 公司支持);

类型 8:Interbus(德国 Phoenix contact 公司支持)。

IEC 61158 的基本原则是,不改变原来 61158 的内容,作为类型 1 不改变各个子集的行规,作为其他类型对类型 1 提供接口。

经过长达 15 年的争论,IEC61158 用于工业控制系统的现场总线国际标准于 2000 年初终于获得通过,现场总线之争逐渐随之退潮,IEC/SC65C/WG6 现场总线标准委员会到此也完成了历史使命。

为了进一步完善 IEC61158 标准,IEC/SC65C 成立了 MT9 现场总线修订小组,继续这方面的工作。MT9 工作组在原来 8 种类型现场总线的基础上不断完善扩充,于 2001 年 8 月制定出由 10 种类型现场总线组成的第三版现场总线标准,它们分别是:Type1 TS61158 现场总线、Type2 Control Net 和 Ethernet/IP 现场总线、Type3 Profibus 现场总线、Type4 P-Net 现场总线、Type5 FF HSE 现场总线、Type6 SwiftNet 现场总线、Type7 World FIP 现场总线、Type8 Interbus 现场总线、Type9 FF H1 现场总线以及 Type10 PROFInet 现场总线,该标准于 2003 年 4 月成为正式国际标准。IEC61158 第 4 版标准已经有 20 种类型现场总线。

3.2.2 主要的现场总线介绍

1. TS61158 现场总线

1998 年前,IEC/SC65C 只推荐一种类型的现场总线,该总线主要采纳 Foundation Fieldbus 总线和 World FIP 总线基本技术,并严格按照 IEC 定义制定现场总线标准,这就是 TS61158 现场总线技术。它支持各种工业领域的信息处理、监视和控制系统,用于过程控制传感器、执行器和本地控制器之间的低级通信,可以与工厂自动化的 PLC 实现互联。TS61158 现场总线的网络结构如图 3-1 所示,其中 H1 主要用于现场级,其速率为 31.25 Kb/s,负责两线制向现场仪表供电,支持带总线供电设备的本征安全;H2 是面向过程控制级、监控管理级和高速工厂自动化的应用,其速率分为 1 Mb/s、2.5 Mb/s 和 100 Mb/s。

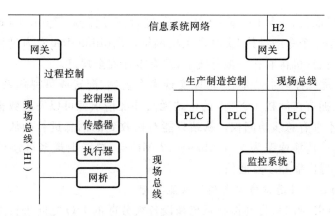

图 3-1　TS61158 现场总线的网络结构图

2. Control Net 和 Ethernet/IP 现场总线

Ethernet/IP 以太网工业协议是一种开放的工业网络，它使用有源星形拓扑结构，可以将 10 Mb/s 和 100 Mb/s 产品混合使用。该协议在 TCP/UDP/IP 之上附加控制和信息协议（CIP），提供一个公共的应用层。CIP 的控制部分用于实时 I/O 报文，其信息部分用于报文交换。Control Net 和 Ethernet/IP 都使用该协议通信，分享相同的对象库、对象和设备行规，使得多个供应商的设备能在上述整个网络中实现即插即用。对象的定义是严格的，在同一种网络上支持实时报文、组态和诊断。为了提高工业以太网的实时性能，ODVA（开放的 Device Net 供应商协会）于 2003 年 8 月公布 IEEE1588"用于 Ethernet/IP 实时控制应用的时钟同步"标准。Control Net 和 Ethernet/IP 现场总线的体系结构如图 3-2 所示。

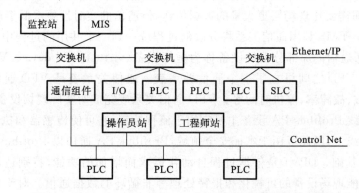

图 3-2　Control Net 和 Ethernet/IP 现场总线的体系结构图

3. Profibus 现场总线

Profibus 协议是一种国际化、开放式、不依赖于设备生产商的现场总线标准，是一种用于工厂自动化车间级监控和现场设备层数据通信与控制的现场总线技术，可实现现场设备层到车间级监控的分散式数字控制和现场通信网络，为实现工厂综合自动化和现场设备智能化提供了可行的解决方案。

Profibus 协议采用 ISO/OSI 模型的第一层、第二层和第七层。

Profibus 提供三种通信协议类型：Profibus-DP（decentralized periphery）、Profibus-PA（process automation）和 Profibus-FMS（fieldbus message specification）。Profibus-DP 是一种高速低成本通信协议，用于设备级控制系统与分散式 I/O 的通信。

Profibus-DP 可取代 24 V DC 或 4～20 mA 进行信号传输。Profibus-FMS 用于车间级监控网络，是一个令牌结构、实时多主机网络。Profibus-PA 专为过程自动化设计，可使传感器和执行机构联在一根总线上，并有本征安全规范。

Profibus 是一种多主站系统，可以实现多个控制、配置或可视化系统在一条总线上相互操作。拥有访问权（令牌）的主站无需外部请求就可以发送数据，而从站是一种被动设备，不享有总线访问权。从站只能对接收到的消息进行确认，或者在主站请求时进行发送。传输速率为 9.6 Kb/s～12 Mb/s。总线上最多可连接 126 个设备。Profibus 也支持广播和多点通信。

1) Profibus 三种通信协议类型的性能指标

Profibus-DP 专门为自动控制系统和设备级分散的 I/O 之间进行通信使用的，它采用直接数据链路（DDLM）提供的用户接口，使得对数据链路层的存取变得简单方便，它的总线传输速率为 9.6 Kb/s～12 Mb/s，传输的距离与传输的速率有关。传输速率为 1.5 Mb/s 时总线长度可达 200 m，但可以通过加入 RS-485 中继器来扩展总线长度。随着不同领域应用的特殊需要，基本的 DP 功能已得到逐步的扩展。目前已有 DPV0、DPV1 和 DPV2 三个版本，每一个版本都有其特有的功能。

Profibus-DP 网络有三种类型的设备。

(1) 一类主站，即中央控制器。

(2) 二类主站，如编程器或操作面板。

(3) 从站，指进行输入/输出信息采集和发送的外部设备（如 PLC、分布式 I/O、驱动器、传感器、执行机构）。

Profibus-FMS 的设计旨在解决车间监控级通信。在这一层，可编程序控制器（如 PLC 等）之间需要比现场层更大量的数据传送，但通信的实时性要求低于现场层。

Profibus-FMS 利用通信关系将分散的过程统一到一个共用的过程中。在应用过程中，可用来通信的那部分现场设备称为虚拟设备（virtual field device，VFD）。实际现场设备与 VFD 之间设立了一个通信关系表。通信关系表是 VFD 通信变量的集合，如零件数、故障率、停机时间等。VFD 通信关系表完成对实际现场设备的通信。

现场总线 Profibus-PA 设备主要应用于流程控制，它可使传感器和执行器接在一根共用的总线上，因此可用于本征安全领域，Profibus-PA 通信以 Profibus-DP 扩展功能 DPV1 为基础。DPV1 是依据过程自动化需求而增加的功能，特别适用于参数赋值、操作、智能现场设备的可视化和报警处理等非循环的数据通信。对于标准的 Profibus-DP 协议而言，DPV1 扩展是可选的，并保证设备兼容于以往的 Profibus-DP 设备。因此，Profibus-PA 设备总是嵌入在 Profibus-DP 网络中的。

下列公式可以用来概述 Profibus-PA 技术的关键部分：

用于过程自动化的 Profibus-PA ＝ Profibus-DP 及扩展功能＋优化的传输技术＋现场设备互操作性的行规

2) Profibus 使用三种类型的传输技术

(1) 用于 Profibus-DP 和 FMS 的 RS-485 传输。

RS-485 传输是 Profibus 最常用的一种传输技术，这种技术通常称为 H2，采用屏蔽双绞铜线，共用一根导线对。线性总线结构允许站点增加或减少，而且系统的分步投入也不会影响到其他站点的操作。后增加的站点对已投入运行的站点没有影响。

传输速率可在 9.6 Kb/s～12 Mb/s 之间选择。

站点数:不带中断器时每分段 32 个站,带中继器时可多达 127 个站。

距离:波特率越大,传输距离越短,一般在 100～1200 m 之间。

(2) 用于 Profibus-PA 的 IEC61158-2 传输。

这是一种位同步协议,可进行无电流的连续传输,通常称为 H1。

传输速率:31.25 Kb/s,电压式。

站点数:每段最多为 32 个站,总数最多为 126 个站。

距离:采用双绞线电缆,传输距离可达 1900 m。

(3) 光纤(FO)。

在电磁干扰很大的环境下应用时,可使用光纤导体以增加高速传输的最大距离。许多厂商提供专用总线插头,可将 RS-485 信号转换成光信号和光信号转换成 RS-485 信号,这样就为 RS-485 和光纤传输技术在同一系统上使用提供了一套开关控制的十分简便的方法。

3) 协议结构

Profibus 协议结构是根据 ISO7498 国际标准,以开放系统互联网络(open system interconnection,OSI)作为参考模型的,该模型共有七层。

(1) Profibus-DP 定义了第一、二层和用户接口,第三层到第七层未加描述。用户接口规定了用户及系统以及不同设备可调用的应用功能,并详细说明了各种不同 Profibus-DP 设备的设备行为。

(2) Profibus-FMS 定义了第一层、第二层、第七层,应用层包括现场总线信息规范(fieldbus message specification,FMS)和低层接口(lower layer interface,LLI)。FMS 包括了应用协议并向用户提供了可广泛选用的、强有力的通信服务。LLI 协调不同的通信关系并提供不依赖设备的第二层访问接口。

(3) Profibus-PA 的数据传输采用扩展的 Profibus-DP 协议。另外,Profibus-PA 还描述了现场设备行为的 Profibus-PA 行规。根据 IEC61158-2 标准,Profibus-PA 的传输技术可确保其本征安全性,而且可通过总线给现场设备供电,使用连接器可在 Profibus-DP 上扩展 Profibus-PA 网络。

4) 现场设备信息格式及功能描述

现场设备信息格式及功能描述规范称为"行规"(Profile/regulation),行规可有效实现各种现场设备应用层互联,此外还有一个优点:行规定义了设备行为使设备可互换。行规定义了被使用的通信功能子集,可减少实现成本。行规定义了设备参数的默认值,减少了组态成本。Profibus 行规定义如图 3-3 所示。

(1) Profibus-DP 行规概述如下。

NC/RC 的行规(订单号:3.052)——机器人、数控行规,此行规描述了许多操作机器和许多装配机器人是怎样通过 Profibus-DP 来实现控制的。根据详细的流程图,从高水平自动化的观点,很容易描述这些机器人的运动和程序控制。

编码器的行规(订单号:3.062),此行规描述了 Profibus-DP 到编码器的连接,如旋转编码器、角度编码器和线性编码器,两类设备定义基本功能和补充功能(如比例尺、中断处理和扩展的诊断)。

各种速度驱动器的行规(订单号:3.072),知名的驱动技术制造商都参加了

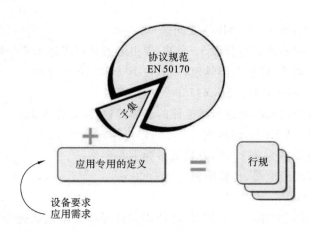

图 3-3　Profibus 行规定义图

Profidrive 的制订。此行规指出驱动器如何参数化,以及设定点和实际值如何被传输,这就使不同制造商的驱动器能互换。此行规包括必要的速度和位置控制的规范,还说明对 Profibus-DP 或 FMS 的应用功能联系。

操作员控制和过程监视(HMI)行规(订单号:3.082),该行规指出这些设备通过 Profibus-DP 怎样与高层自动化部件连接。此行规使用扩展的 Profibus-DP 通信功能。

(2) Rrofibus-FMS 行规的概述如下。

控制器间通信的行规(订单号:3.002),这是一个通信行规,对标准的控制器类型描述了必要的服务、参数和数据类型。

楼宇自动化的行规(订单号:3.011),这是专为楼宇自动化制定的分支行规,它包括一般定义,如楼宇自动化设备如何使用 Profibus-FMS 协议进行通信。

低压开关装置的行规(订单号:3.032),这是一个分支行规,定义了低压开关装置如何使用 Profibus-FMS 协议进行通信。

过程自动化的行规(订单号:3.042),这是专为过程自动化制定的行规。依据功能块技术,它包括对所有类型的现场设备都有效的一般定义和设备数据单(如温度、压力、液位、流量变送器和定位器等)。

4. P-Net 现场总线

P-Net 现场总线是由丹麦的 PROCES-DATA A/S 公司在 1983 年推出的,到了 1990 年,国际 P-Net 用户组织(the international P-Net user organization)成立,而 P-Net 总线也成为欧洲标准(EN50170 Vol. 1)、IEC61158 的八种总线之一。

1) P-Net 的网络层次

P-Net 的网络层次主要分成物理层、数据链路层、网络层、服务层和应用层。

它的通信方式采用虚拟令牌(virtual token)传递方式。只有主站可以拥有令牌,主站在拥有令牌时,可以向从站发出一个请求,从站在 390 s 内访问总线,以保存在内存中的数据立即返回一个响应,从而完成一次通信循环。数据在内存中的存储顺序是符合 FIFO 机制的每个节点含有一个通用的单芯片微处理器,可以完成测量、标定、转换和应用功能。P-Net 总线的物理层采用 RS-485 标准,使用屏蔽双绞线通信电缆,当通信频率为 76.8 kHz 时,传输距离可达到 1.2 km,P-Net 采用 NRZ 异步传输方式。

节点(node):是指连接到总线上的设备。P-Net 协议的节点包括三种类型:主站、从站和网关。

主站(master)：在 P-Net 协议中是唯一可以拥有令牌，并发出请求信息的节点，主站对总线的访问是主动的。在主站获得总线令牌后允许在一定的时间内访问总线，拥有一次令牌只能发送一次请求，主站在使用完令牌后即将令牌传给下一个主站。

从站(slave)：收到主站的请求后，在一定的时间内返回相应的响应，从站不能拥有令牌，对总线的访问是被动的，只有在被某个主站访问时才能占用总线返回响应。

网关(gateway)：是连接两个或更多段总线的设备。P-Net 是多段多网络总线，段与段之间以网关相连。网关既起到隔离总线段的作用，又在段与段之间进行信息的传递，实现不同总线段之间的通信。

虚拟令牌：P-Net 通信协议遵循虚拟令牌制传递方式。所谓虚拟令牌就是在各主站访问总线时，并没有实际的令牌在各个主站之间传递，传输的一帧信息中并不包含令牌字节。各主站对总线的访问遵循一定的时间机制，这是通过空闲总线位周期计数器和总线访问计数器来实现的。

空闲总线位周期计数器(idle bus bit period counter)：用来计算总线上没有主站访问的周期数，它总是从 40 开始增加，遇到一个空闲位周期，则"空闲总线位周期计数器"增加 10，遇到主站访问总线，"空闲总线位周期计数器"重新从 40 开始计。

总线访问计数器(bus access counter)：用来记录访问总线的主站的站号，并且利用该站号来实现总线的同步。每次令牌从一个主站传给另一个主站时，"总线访问计数器"都要加 1，访问总线的主站的站号要与总线访问计数器的值相等，否则会出现总线不同步错误。

2) P-Net 的主要特点

(1) P-Net 总线访问采用虚拟令牌传递方式，总线访问权通过虚拟令牌在主站之间循环传递，整个过程由一种基于时间的循环机制完成，通过主站中的总线访问计数器和空闲总线位周期定时器来确定令牌的持有者和持有时间。

(2) P-Net 将信息处理分散化，以减少较高层的数据传输，采用同一速率来完成整个控制系统的各个层面的通信，P-Net 允许在几个总线段直接寻址，并且具有良好的扩展性。

5. FF HSE 现场总线

1998 年，美国 FF(fieldbus foundation)基金会决定采用高速以太网(high speed ethernet, HSE)技术开发 H2 现场总线，作为现场总线控制系统控制级以上通信网络的主干网，它与 H1 现场总线整合构成信息集成开放的体系结构。

HSE 网络遵循标准的以太网规范，并根据过程控制的需要适当增加了一些功能，但这些增加的功能可以在标准的以太网结构框架内无缝地进行操作，因而 FF HSE 总线可以使用当前流行的商用(COTS)以太网设备。100 Mb/s 以太网拓扑采用交换机形成星形连接，这种交换机具有防火墙功能，以阻断特殊类型的信息出入网络。HSE 使用标准的 IEEE802.3 信号传输、标准的以太网接线和通信媒体。设备和交换机之间的距离，使用双绞线时为 100 m，使用光缆时可达 2 km。HSE 使用连接装置(LD)连接 H1 子系统，LD 执行网桥功能，它允许就地连在 H1 网络上的各现场设备，以完成点对点对等通信。HSE 支持冗余通信，网络上的任何设备都能作冗余配置。FF HSE 现场总线的体系结构如图 3-4 所示。

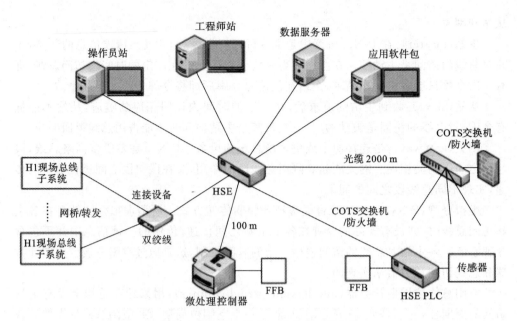

图 3-4　FF HSE 现场总线的体系结构图

图 3-4 所示结构中的 FFB 是柔性功能模块,用于进行复杂的批处理和混合控制应用,支持数据采集的监控,包括 HSE 现场总线子系统接口、时间顺序、多路数据采集、PLC 与其他协议通信的网间连接器。

6. Swift Net 现场总线

Swift Net 现场总线是由美国 SHIP STAR 协会主持制定的,得到美国波音公司的支持,主要用于航空和航天等领域。该总线是一种结构简单、实时性高的总线,协议仅包括物理层和数据链路层。Swift Net 现场总线采用分层总线式拓扑结构。物理层传送速率为 5 Mb/s,此时每秒传送 105 个不同的报文。总线使用 TDMA(slotted time division multiple access)槽路时间片多路送取方式,提供专用高速、低抖动同步通道和按要求指定的通道。专用通道适用于自动状态数据的分配或交换;按要求指定的通道则适用于非调度报文。TDMA 方式将总线上的时间分割为相等长度间隔(称为槽路),只有当总线上的站分配到槽路时,它才能监听和发送。每个站还能根据所占的比例,协调总线访问、数据传输和接收数据。

Swift Net 总线的体系结构如图 3-5 所示。

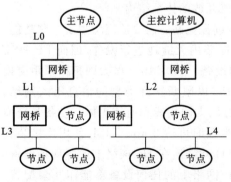

图 3-5　Swift Net 总线的体系结构图

Swift Net 的网络特点如下:

(1) 网络容量可增至 30 000 000 节点,和 100 000 000 变量的多桥网络同步。各节点之间的时间差仅为 50 μs。

(2) 应用协议:Swift Net 支持应用数据包的范围为 64～896 B,且数据包的大小并不影响数据传输速度。

(3) 同步机制:Swift Net 同步机制不受软件影响,有效消除了网络滞后对设备运转、数据传输和事件响应的影响,并有助于补偿非实时系统,如 Windows NT。

7. World FIP 现场总线

World FIP 协议是 EN50170 欧洲标准的第三部分,物理层采用 IEC61158.2 标准,其产品在法国占有 60% 的市场份额,在欧洲占有大约 25% 的市场份额,它广泛应用于发电与输配电、加工自动化、铁路运输、地铁和过程自动化领域。

World FIP 现场总线适合于工业控制过程,符合兼容性的 EMC 标准,具有抗干扰能力强的通信方式,且与 FF 及 IEC 标准完全一致,容易转化。

World FIP 现场总线体系结构将系统分为三级,即现场级、控制级和监控级。它能满足用户各种需要,具有适合于各种类型的应用结构,包括集中型、分散型和主站/从站型。用单一的 World FIP 总线可以满足过程控制、工厂制造加工和各种驱动系统的需要。为了适应低成本的要求,开发了低成本的 Device World FIP(DWF) 总线,它用于设备一级网络,能很好地适应工业现场的各种恶劣环境,并具有本征安全防爆性能,可以实现多主站与从站的通信。

8. Interbus 现场总线

Interbus 现场总线是由德国 Phoenix Contact 公司开发,Interbus Club 俱乐部支持。Interbus 在全球有 1000 多家总线设备生产商,提供 2500 多种产品,到目前为止,Interbus 在全球自动化领域已有 50 多万套应用系统得到广泛应用。

Interbus 提供了自动化的整体解决方案,I/O 层提供多种输入/输出模块,包括智能终端模块、远程终端模块、网关模块等;控制层可以选用 PC、VME 和绝大多数的 PLC 作为主设备。从 I/O 层到控制层,仅需一根电缆即可实现数据交换,以取代成百上千条从控制系统接入及接出的电缆,可降低约 40% 的系统安装费用。控制软件采用符合 IEC1131-3 标准的 PCWorx 软件,包括组态软件 System Worx、硬件编程软件 Progam Worx、控制图形化软件 Graph Worx。上位设备通过 OPC Server 实现数据的开放和共享。

Interbus 现场总线是一种开放的串行总线,可以构成各种拓扑形式,并允许有 16 级嵌套连接方式。该总线最多可挂 512 个现场设备,设备之间的最大距离为 400 m,无需中继器网络的最大距离为 12.8 km。Interbus 总线包括远程总线和本地总线,远程总线用于远距离传送数据,采用 RS-485 传输,网络本身不供电,通信传输速率为 500 Kb/s 和 2 Mb/s。

Interbus 有自己独特的环路结构,环路使用标准电缆同时传送数据和电能。环路可以连接模拟、数字设备甚至复杂的传感器/执行器,也允许直接接入智能终端仪表。

Interbus 现场总线系统结构如图 3-6 所示。

9. FF H1 现场总线

H1 现场总线是由 FF 现场总线基金会负责制定的。FF 基金会成员由世界著名的仪表制造商和用户组成,其成员生产的变送器、DCS、执行器、流量仪表占世界市场份额的 90%,它们对过程控制现场工业网络的功能需求了解透彻,在过程控制方面积累了丰富的经验,提出的现场总线网络架构较为全面。Type9 现场总线是 Type1 现场总线的子集。FF H1 现场总线协议由物理层、数据链路层、应用层以及考虑到现场装置的控制功能和具体应用而增加的用户层组成。H1 总线支持多种传输媒体:双绞

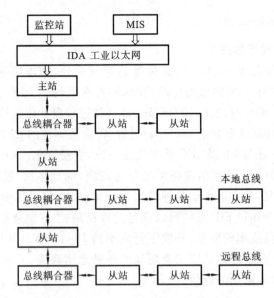

图 3-6 Interbus 现场总线系统结构图

线、电缆、光缆和无线媒体。传输速率为 31.25 Kb/s,通信距离最大为 1900 m。该总线支持总线供电和本征安全。

FF H1 现场总线的拓扑结构如图 3-7 所示。

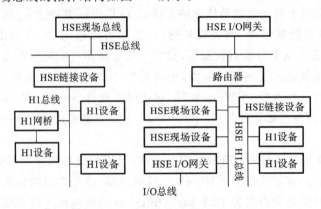

图 3-7 FF H1 现场总线的拓扑结构图

10. PROFInet 现场总线

PNO 组织于 2001 年 8 月发表了 PROFInet 规范。PROFInet 将工厂自动化和企业信息管理层 IT 技术有机地融为一体,同时又完全保留了 Profibus 现有的开放性。

PROFInet 现场总线支持开放的、面向对象的通信,这种通信建立在普遍使用的以太网 TCP/IP 基础上,优化的通信机制还可以满足实时通信的要求。基于对象应用的 DCOM 通信协议是通过该协议标准建立的。以对象的形式表示的 PROFInet 组件是根据对象协议来交换其自动化数据的。自动化对象即 COM 对象作为 PDU 以 DCOM 协议定义的形式出现在通信总线上。连接对象活动控制(ACCO)确保已组态的互相连接的设备间通信关系的建立和数据交换。传输本身是由事件控制的,ACCO 也负责故障后的恢复,包括质量代码和时间标记的传输、连接的监视、连接丢失后的再建立以及相互连接性的测试和诊断。PROFInet 现场总线体系结构如图 3-8 所示。

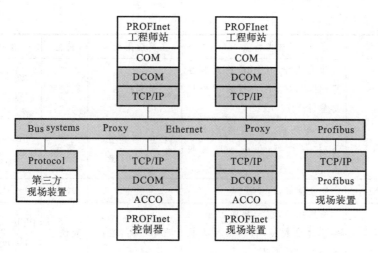

图 3-8　PROFInet 现场总线体系结构

Profibus 可以通过代理服务器(Proxy)很容易地实现与其他现场总线系统的集成,在该方案中,代理服务器将通用的 Profibus 网络连接到工业以太网上;通过以太网 TCP/IP 访问 Profibus 设备是由 Proxy 使用远方程序调用和 Microsoft DCOM 进行处理的。

PROFInet 提供工程设计工具和制造商专用的编程和组态软件,这种工具可以从控制器编程软件开发的设备来创建基于 COM 的自动化对象,这种工具也将用于组态基于 PROFInet 的自动化系统,使用这种独立于制造商的对象和连接编辑器可减少15％的开发时间。

3.3　现场总线比较和选择

3.3.1　现场总线的比较

主要的现场总线的比较如表 3-1 所示。

表 3-1　主要的现场总线的比较

总线类型	技术特点	主要应用场合	价格	支持公司
FF	功能强大,实时性好,总线供电;但协议复杂,实际应用少	流程控制	较贵	HoneyWell、Rosemount、ABB、Foxboro、横河、山武等
World FIP	有较强的抗干扰能力,实时性好,稳定性好	工业过程控制	一般	Alstone
Profibus-PA	总线供电,实际应用较多;但支持的传输介质较少,传输方式单一	过程自动化	较贵	Siemens
Profibus DP/FMS	速度较快,组态配置灵活	车间级通信,工业、楼宇自动化	一般	Siemens

续表

总线类型	技术特点	主要应用场合	价格	支持公司
Interbus	开放性好,与PLC的兼容性好;但协议芯片内核由国外厂商垄断	过程控制	较便宜	独立的网络供应商支持
P-Net	系统简单、便宜,再开发容易,扩展性好;但响应速度较慢,支持厂商较少	农业、养殖业、食品加工业	便宜	Proces-DATA A/S
Swift Net	安全性好,速度快	航空	较贵	Boeing
CAN	采用短帧,抗干扰能力强;但响应速度较慢,协议芯片内核由国外厂商垄断	汽车检测、控制	较便宜	Philips、Siemens、HoneyWell 等
Lon Works	支持OSI七层协议,实际应用较多,开发平台完善;但协议芯片内核由国外厂商垄断	楼宇自动化、工业、能源	较便宜	Echelon

3.3.2 各类现场总线的市场占有情况

各类现场总线的市场占有情况统计如图3-9所示。

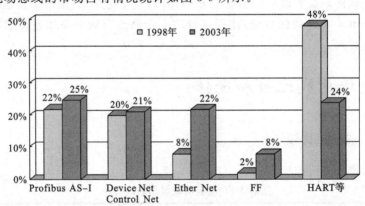

图3-9 各类现场总线的市场占有情况(数据来自美国VDC公司所作调查)

一般情况下,用户对现场总线的选择主要考虑应用需求,适应工业控制应用环境,要求实时性强、可靠性高和安全性好,网络传输的是测控数据及其相关信息,因而多具有短帧信息等特点,其中,应用需求是第一考虑的因素。

3.3.3 现场总线的选择

现场总线的选择参考情况如表3-2所示。

表3-2 现场总线的选择参考

工业类型	特点	可选总线
热工过程自动化(plant automation)	连接控制为主,算法复杂,速度慢,流程长,对可靠性要求高	FF 和 Profibus-PA

续表

工业类型	特　　点	可选总线
制造工业自动化 （factory automation）	逻辑控制为主,算法简单,速度快,通常不必冗余,CPU 不要求太分散	Profibus、Interbus、Control Net
混合工业及其他	采集为主,混合逻辑,回路控制,单机控制多,要求成本低	Profibus、Interbus、 P-Net、World FIP

3.3.4　现场总线网络性能方面的考虑

（1）在选择现场总线时,用户对性能方面的考虑有如下几方面。

① 传输速率；

② 时间同步准确度；

③ 执行同步准确度；

④ 媒体访问控制方式；

⑤ 发布/预订接收能力；

⑥ 报文分段能力(报文大小限制、最大数据/报文段)；

⑦ 可寻址的最大网段数。

（2）与实时性要求相关的技术指标有以下几方面。

① 媒体访问控制机制；

② 媒体访问控制的时间准确程度；

③ 系统有无公共时间源及其后备时间源；

④ 通信模式；

⑤ 编码效率；

⑥ 通行效率；

⑦ 传输速率。

3.4　工业以太网现场总线技术

20 世纪 80 年代中期发展起来的现场总线技术,由于技术、经济乃至政治等方面的因素而没有统一的标准。正因为如此,随着互联网技术的迅速发展与普及,以太网得到了广泛的应用。

3.4.1　以太网的优势和特征

以太网是目前技术最成熟、应用最广泛的通信网络,具有价格低、多种传输介质可选、高速度、易于组网应用等特点,而且其运行经验最为丰富,拥有大量安装维护人员,易与 Internet 连接。过去十几年中,Internet 的兴起和 Unix、Windows 等操作系统逐渐处于主导地位,像 TCP/IP 及其他一些定义明确的传输协议得到广泛的应用,将以太网应用到工业领域应该是最方便、最有效的解决方案。以太网可以克服现场总线不能与计算机网络技术同步发展的弊端。

以太网作为现场总线,特别是高速现场总线的框架主体,可以避免现场总线技术游离于计算机技术的发展之外,使现场总线技术与计算机网络技术很好地融合而形成相互促进的局面。当然,以太网技术也有一些缺陷,比如它适于办公环境的应用,但这些技术问题并非难以解决。基于以上优势,以太网技术在20世纪90年代中期开始逐渐应用在工厂自动化领域。

鉴于以太网的应用优势,现在在工业领域已经大规模应用以太网来连接现场总线和计算机网络。但是,早期的现场总线没有采用以太网,主要原因如下:

(1)单片机相对功能简单,但TCP/IP复杂;

(2)以太网通信不确定性问题成为其应用于工业现场的障碍,CSMA/CD总线访问机制,遇到问题时无法保证信息能及时发送出去。

3.4.2 以太网应用于工业现场的关键技术

1. 通信的实时性

长期以来,以太网通信响应的"不确定性"是它在工业现场设备中应用的致命弱点和主要障碍之一。但随着以太网带宽的迅速增加(10/100/1000 Mb/s),冲突率大大减小,加之采用以太网交换技术、全双工通信、流量控制等技术,以及确定性数据通信调度控制策略、简化通信栈软件层次、现场设备层网络网段化等针对工业过程控制的通信实时性措施,以太网通信的数据传输的实时性不断提高,也使以太网逐渐趋于确定性。经研究表明,经过精心的设计,工业以太网的响应时间小于4 ms,可满足几乎所有工业过程控制要求。因此,通信的不确定性不再成为以太网现场总线的主要障碍。

2. 总线供电

所谓总线供电或总线馈电,是指连接到现场设备的线缆不仅传送数据信号,还能给现场设备提供工作电源。采用总线供电可以减少网络线缆,降低安装复杂性与费用,提高网络和系统的易维护性。特别是在环境恶劣与危险场合,总线供电具有十分重要的意义。由于以太网以前主要用于商业计算机通信,一般的设备或工作站(如计算机)本身已具备电源供电,没有总线供电的要求,因此只用于传输信息。

3. 互可操作性

互可操作性是指连接到同一网络上不同厂家的设备之间,通过统一的应用层协议进行通信与互用,性能类似的设备可以实现互换。作为开放系统的特点之一,互可操作性向用户保证了来自不同厂商的设备可以相互通信,并且可以在多厂商产品的集成环境中共同工作。这一方面提高了系统的质量,另一方面为用户提供了更大的市场选择机会。互可操作性是决定某一通信技术能否被广大自动化设备制造商和用户所接受,并进行大面积推广应用的关键。

由于以太网(IEEE802.3)只映射到ISO/OSI参考模型中的物理层和数据链路层,没有统一的应用层协议,因此这些以太网设备中的应用程序是专有的,而不是开放的,不同应用程序之间的差异非常大,相互之间不能实现透明互访。要解决基于以太网的工业现场设备之间的互可操作性问题,唯一而有效的方法就是在以太网 TCP (UDP)/IP 的基础上,制订统一并适用于工业现场控制的应用层技术规范,同时可参考IEC有关标准,在应用层上增加用户层,将工业控制中的功能块 FB(function block)进行标准化,规定它们各自的输入、输出、算法、事件、参数,并把它们组成为可在某个现场设备中执行的应用进程,便于实现不同制造商设备的混合组态与调用。

这样,不同自动化制造商的工控产品共同遵守标准化的应用层和用户层,这些产品再经过一致性和互操作性测试,就能实现它们之间的互可操作。

4. 网络生存性

所谓网络生存性,表明以太网应用于工业现场控制时,必须具备较强的网络可用性。若任何一个系统组件发生故障,不管它是不是硬件,都会导致操作系统、网络、控制器和应用程序以至于整个系统的瘫痪,则说明该系统的网络生存能力非常弱。因此,为了使网络正常运行时间最大化,需要以可靠的技术来保证在网络维护和改进时,系统不发生中断。工业以太网的生存性或高可用性包括可靠性、可恢复性、可维护性等方面。

总之,为提高工业以太网的生存能力,提高基于以太网的控制系统的可用性,可采用以下方法:

(1)在进行基于以太网的控制系统设计时,通过可靠性设计提高现场设备的可靠性;

(2)采用环型冗余结构,以提高系统的可恢复性;

(3)采用智能设备管理系统,对现场设备进行在线监视和诊断、维护管理。

5. 网络安全

目前工业以太网已经把传统的3层网络系统(即信息管理层、过程监控层、现场设备层)合成一体,使数据的传输速率更快、实时性更高,同时它可以接入Internet,实现了数据的共享,使工厂高效率地运作,但与此同时也引入了一系列的网络安全问题。

对此,一般可采用网络隔离(如网关隔离)的办法。如采用具有包过滤功能的交换机,将内部控制网络与外部网络系统分开。该交换机除了实现正常的以太网交换功能外,可作为控制网络与外界的唯一接口,还可在网络层中对数据包实施有选择地通过(即所谓的包过滤技术)。也就是说,该交换机可以依据系统内事先设定的过滤逻辑,检查数据流中每个数据包的部分内容,根据数据包的源地址、目的地址、所用的TCP端口和TCP链路状态等因素来确定是否允许数据包通过。只有完全满足包过滤逻辑要求的报文才能访问内部控制网络。

此外,还可以引进防火墙机制,进一步对内部控制网络的访问进行限制、防止非授权用户得到网络的访问权、强制信息流量只能从特定的安全点流向外界,以及限制外部用户在其中的行为等。

6. 本征安全防爆技术

在生产过程中,很多工业现场不可避免地存在易燃、易爆与有毒等物质。对应用于这些工业现场的智能装备及通信设备,都必须采取一定的防爆技术措施来保证工业现场的安全生产。

以太网系统的本征安全包括工业现场以太网交换机、传输媒体,以及基于以太网的变送器和执行机构等现场设备的安全。由于目前以太网收发器本身的功耗都比较大,一般都在 $60\sim70$ mA(5 V工作电源),因此,相对而言,基于以太网的低功耗现场设备和交换机的设计比较困难。

在目前的技术条件下，以太网系统采用隔爆防爆的措施比较可行，即对以太网现场设备(包括安装在现场的以太网交换机)采取增安、气密、浇封等隔爆措施，使设备本身的故障产生的电火花能量不会外泄，以保证系统使用的安全性。

7. 关于以太网"e"网到底

与目前的现场总线相比，以太网具有应用广泛、成本低廉、通信速率高、可持续发展潜力大等优点。但是，目前的以太网还需要解决设备的可靠性与环境的适应性、远距离传输、总线供电、本安防爆、网络安全性、互操作性等问题。

3.4.3 实时以太网简介

1. 工业控制网络的实时性要求

(1) 允许对事件进行实时相应的事件驱动通信。
(2) 很高的可用性。
(3) 很高的数据完整性。
(4) 在有电磁干扰和电位差的情况下能正常工作。
(5) 使用工厂内专用的传输线。
(6) 网络通信的高实时性：数据处理就像发生在数据产生的时刻，其响应没有大的延时。

2. 工业以太网与实时以太网

用于工业控制系统的以太网统称为工业以太网，它采用了减轻以太网负荷、提高网络速度、采用交换式以太网和全双工通信、采用信息优先级和流量控制以及虚拟局域网等技术，使响应时间达到 5～10 ms。工业以太网在技术上与商用以太网是兼容的。

对于响应时间小于 5 ms 的应用，上述工业以太网已不能胜任。为了满足高实时性能应用的需要，各大公司和标准组织纷纷提出各种提升工业以太网实时性的技术解决方案。这些方案建立在 IEEE802.3 标准的基础上，通过对其和相关标准的实时扩展提高实时性，并且做到与标准以太网的无缝连接，这就是实时以太网。

3. 实时以太网的分类

用于工业测量与控制系统的以太网标准是在国家科技部"863"计划的支持下，由浙江大学、浙大中控、中科院沈阳自动化所、重庆邮电学院、大连理工大学、清华大学等单位联合成立的标准起草工作组起草的。实时以太网 EPA(ethernet for plant automation)网络拓扑结构由两级网络组成，即过程监控级 L2 网和现场设备级 L1 网。现场设备级 L1 网用于工业生产现场的各种现场设备(如变送器、执行机构和分析仪器等)之间以及现场设备与 L2 网的连接；过程监控级 L2 网主要用于控制室仪表、装置以及人机接口之间的连接。无论是 L1 网还是 L2 网，均可分为一个或几个微网段。基于 EPA 的分布式网络控制系统已在化工厂得到成功应用。

Ethernet/IP 实时以太网技术是由 Control Net 国际组织 CI、工业以太网协会 IEA 和开放的 Device Net 供应商协会 ODVA 等共同开发的工业网络标准。Ethernet/IP 实时扩展成功之处在于 TCP/IP 之上附加 CIP(common industrial protocol)，在应用层进行实时数据交换和运行实时应用。2003 年，开放 Device Net 厂商协会将 IEEE 1588 精确时间同步协议用于 Ethernet/IP，制定了 CIPsync 标准，以进一步提高

Ethernet/IP 的实时性。该标准要求每秒由主控制器广播一个同步化信号到网络上的各个节点,要求所有节点的同步精度准确到微秒数量级。为此,芯片制造商在以太网芯片上增加了一个"加速"线路,从而将性能改善到 500×10^{-3} ms 的精度。由此可见,CIPsync 是 CIP 的实时扩展。

Modbus 组织和 IDA(interface for distributed automation)集团都致力于建立基于以太网 TCP/IP 和 Web 互联网技术的分布式智能自动化系统,为了提高竞争力,2003 年 10 月,两个组织宣布合并,联手开发 Modbus-IDA 实时以太网。Modbus-IDA 实时扩展的方案是为以太网建立一个新的实时通信应用层,采用一种新的通信协议 RTPS(real-time publish subscribe)实现实时通信,该协议的实现则由一个中间件来完成。Modbus-IDA 通信协议是建立在面向对象的基础上的,这些对象可以通过 API 应用程序接口被应用层调用。通信协议同时提供实时服务和非实时服务。RTPS 协议及其应用程序接口(API)由一个对各种设备都一致的中间件来实现,它采用美国 RTI(real-time innovations)公司的 NDDS 3.0(network data delivery service)实时通信系统。

Profi Net 实时工业以太网是由 PI(profibus international)组织提出的基于以太网的自动化标准。从 2004 年开始,PI 与 Interbus Club(Interbus 总线俱乐部)联手,负责合作开发与制定标准。Profi Net 构成从 I/O 级直至协调管理级的基于组件的分布式自动化系统的体系结构方案,Profibus 技术和 Interbus 现场总线技术可以在整个系统中无缝地集成。Profi Net 已有三个版本,在这些版本中,Profi Net 提出了对 IEEE 802.1D 和 IEEE 1588 进行实时扩展的技术方案,并对不同实时要求的信息采用不同的实时通道技术。

Ethernet PowerLink 由奥地利 B&R 公司于 2001 年开发,并在 2002 年成立了 EPSG(ethernet powerLink standardigation group)组织。EPSG 的战略伙伴有 CIA/CANOpen,这是设备级通信协议和行规的用户集团以及 IAONA 工业自动化开放网络体系结构集团等。PowerLink 协议对第 3 层和第 4 层的 TCP/UDP/IP 栈进行了实时扩展,增加的基于 TCP/IP 的 Async 中间级用于异步数据传输,Isochron 等时中间件用于快速、周期的数据传输。

EtherCAT(ethernet for control automation technology)由德国 Beckhoff 公司开发,并得到 ETG(etherCAT technolgy group)组织的支持。EtherCAT 是一个可用于现场级的超高速 I/O 网络,它使用标准的以太网物理层和常规的以太网卡,传输媒介可为双绞线或光纤。以太网技术用于现场级的最大问题是通信效率低,用于传送现场数据的以太网帧最短为 84 B(包括分组间隙 IPG)。按照理论计算值,以太网的通信效率仅为 0.77%,Interbus 现场总线的通信效率高达 52%。

3.5 西门子 S7-300 及 MPI/Profibus 组网

通过 Profibus 电缆可以实现 S7-300 CPU 直接的彼此通信,以及与其他 SIMATIC S7 PLC 进行通信。使用一根 Profibus 总线可以连接多个 S7-300。

1. 子网

根据不同的自动化水平(过程级、单元级、现场级和执行器/传感器级),SIMATIC

可以提供以下子网：多点接口（MPI）、Profibus、点对点通信（PtP）、工业以太网、执行器/传感器接口（ASI）。

1) 多点接口（MPI）

所有 S7-300 CPU 都安装有该接口。多点接口是一种现场级和单元级节点数量极少的小子网。它是 SIMATIC S7/M7 和 C7 中的一个多功能接口，可用做几个 CPU 组网编程器接口，或用于与编程器进行少量数据交换。多点接口总是保持传输速率、节点数和最大 MPI 地址的最新组态，即使在存储器复位、电压故障或 CPU 参数组态删除后也可保持最新组态。

2) Profibus

带有后缀"DP"的 CPU 31xC 都另安装有一个接口，名为 Profibus-DP。Profibus 在 SIMATIC 开放式、多厂家通信系统中表示单元级和现场级网络。

有以下两种形式的 Profibus。

（1）用于快速循环数据交换的 Profibus-DP 现场总线和用于本安应用的 Profibus-PA。

（2）单元级 Profibus（FDL 或 Profibus-FMS），用于与具有同等权利通信伙伴之间进行快速数据交换。

但是，也可以使用通信处理器（CP），实现 Profibus-DP 和 Profibus-FMS。

3) 点对点通信（PtP）

带有后缀"PtP"的 CPU 31xC 都另安装有一个接口，名为 PtP 接口。点对点通信由于只有两站点互联，一般不认为是一个子网。对于这种类型的通信，需要使用 PtP 通信处理器（CP）。

4) 工业以太网

工业以太网在开放式多厂家通信系统中代表过程级和单元级 SIMATIC 网络。工业以太网适应于快速、大容量的数据交换，可以提供通过网关的异地组网选项。使用 S7-300 CPU，只需要通信处理器，就可以实现工业以太网的连接。

5) 执行器/传感器接口（ASI）

ASI 又称执行器/传感器接口，是一种用于自动化系统最低过程级的子网系统，尤其适用于数字传感器和执行器的组网，每个从站的最大数据量为 4 b。

S7-300 CPU，只需要通信处理器，就可以连接一个 ASI 接口。

6) MPI 和 Profibus-DP 相同组态

对于 MPI 网络组态，建议在 Profibus-DP 网络组态中使用相同的网络组件。这种情况可以使用相同的组态规则。

2. MPI、DP 和 PtP 子网的基本原理

依照惯例，设备即为节点，以下所有组网设备都简称为"节点"。

1) 总线段

在两个端接电阻之间的总线连接称为段，一个段可最多包含有 32 个节点，根据传输速率，一个段也会受到允许线路长度的限制。

2) 传输速率

MPI 的最大传输速率为：对于 CPU 318-2 DP，12 Mb/s；对于其他所有 CPU，187.5 Kb/s。

Profibus-DP 的最大传输速率为：12 Mb/s。PtP 的最大传输速率为：半双工时为 38.4 Kb/s；全双工时为 19.2 Kb/s。

3) 节点数量

每个子网的最大节点数如表 3-3 所示。

表 3-3 子网节点

参数	MPI	Profibus-DP	PtP
数量	127	0～125	2
地址	0～126	0～125	—
备注	默认：预留 32 个地址。地址 0 用于编程器，地址 1 用于 OP	其中：一个主站（预留），一个编程器连接（地址 0 预留），124 个从站或其他主站	—

4) MPI/Profibus-DP 地址

为了使所有节点能相互通信，必须为它们分配一个地址。

(1) 在 MPI 网络中每个节点分配一个"MPI 地址"。

(2) 在 Profibus-DP 网络中每个节点分配一个"Profibus-DP 地址"。

通过编程器，可以给每个节点单独分配 MPI/Profibus 地址（在某些 Profibus-DP 从站上也可以使用选择器开关）。

表 3-4 所示的为节点的 MPI/Profibus-DP 地址和最大默认 MPI/Profibus-DP。

表 3-4 MPI/Profibus-DP 地址

节点（设备）	默认 MPI/Profibus-DP	默认最大 MPI 地址	默认最大 Profibus-DP 地址
PG	0	32	126
OP	1	32	126
CPU	2	32	126

在分配 MPI/Profibus 地址之前，遵循以下规则：

(1) 一个子网中的所有 MPI/Profibus 节点的地址必须是唯一的；

(2) 最大 MPI/Profibus 地址必须是一个物理 MPI/Profibus 地址，并且对于每一个节点都必须相同。

对于服务编程器，预留 MPI 地址为"0"，对于服务 OP，预留 MPI 地址为"1"。这样，以后可以临时将它们连接到子网。同样，对于在 MPI 子网上运行的 PG/OP，也应该分配其他 MPI 地址。

当更换或服务时，CPU 的 MPI 地址推荐为：CPU 预留的 MPI 地址为"2"。这样，在具有默认设置的 CPU 接入 MPI 子网后，可以避免双重的 MPI 地址（例如，当更换 CPU 时）。也就是说，必须给 MPI 子网中的 CPU 分配大于"2"的 MPI 地址。如果需要接着将编程器连接到 Profibus 网络中，则为其预留的 Profibus 地址为"0"。因此，对于集成在 Profibus 子网上的编程器应分配唯一的 Profibus 地址。

3. 接口

1) MPI 接口

多点接口（multi point interface，MPI）是用于 CPU 和 PG/OP 之间的接口，或用于 MPI 子网中的通信接口。每个 CPU 都安装有一个 RS-485 MPI 接口。

一般（默认）传输速率为 187.5 Kb/s。与 S7-300 进行通信时，传输速率只能使用 19.2 Kb/s，不能使用其他传输速率。

2) Profibus-DP 接口

Profibus-DP 接口主要用于连接分布式 I/O。使用 Profibus-DP，可以创建扩展子网。最大的 Profibus 传输速率为 12 Mb/s。CPU 可以自动地通过 Profibus-DP 接口发布其总线参数组态（如传输速率）。这意味着可以使编程器自动地挂到 Profibus-DP 子网上。在组态中，可以禁用这种总线参数广播。CPU 313-2 DP 和 CPU 314C-2 DP 都安装有另外一个接口，Profibus-DP 接口，可以连接主站或从站。

3) PtP 接口

可以使用 CPU PtP 接口，连接安装有串口的设备，如条形码阅读器、打印机等非西门子设备。此时，在全双工模式（RS-422）下，可以实现 19.2 Kb/s 的传输速率；在半双工模式（RS-485）下，可以实现 38.4 Kb/s 的传输速率。CPU 313C-2 PtP 和 CPU 314C-2 PtP 都安装有另外一个接口，即 PtP 接口。

在这些 CPU 中，可以实现以下 PtP 通信驱动器：

(1) ASCII 驱动器；

(2) 3964(R) 协议；

(3) RK512（只适用于 CPU 314C-2 PtP）。

4. 网络部件

1) Profibus 总线电缆

Profibus 总线电缆是屏蔽双绞线，带有铜导线，可用于线路传输，符合美国 EIARS45 标准。当进行 Profibus 电缆布线时，禁止扭绞、拉伸和挤压电缆。

2) RS-485 总线连接器

总线连接器是用来将 Profibus 总线电缆连接到 MPI 或 Profibus-DP 的接口。当 DP 从站的防护等级是 IP65 或 RS-485 中继器时，不需要用总线连接器。

3) RS-485 中继器

RS-485 中继器可以放大总线线路上的数据信号和进行网络段的互联。当多于 32 个网络设备运行或连接一个接地段和未接地段时，以及一个段的最大线路长度超出 RS-485 中继器的最大电缆长度时，需要使用 RS-485 中继器。

5. 电缆长度

1) MPI 子网段

一个 MPI 子网段的电缆长度最长为 50 m，这个电缆长度是按照一个段中第一个节点到最后一个节点来计量的。

2) Profibus 子网中的段

Profibus 子网中一个段的电缆长度取决于其波特率。当传输速率为 500 Kb/s 时，一个段的最大电缆长度为 400 m。

6. MPI 协议

MPI 协议（multi-point interface）是西门子公司专用通信协议，对于通信速率要求不高、通信数据量不大的专用系统，可以提供简单经济的通信方式。

MPI 通信协议没有公开，但西门子公司的 PRODAVE 软件提供了一系列库函数。使用这些库函数，PC 可以通过 MPI 网络与 PLC 通信，实现上层监控，同时把控制层的数据传输到管理层，打破信息孤岛。

在 MPI 网络中，PLC 与 PLC 之间的通信有以下三种方式。

(1) 全局数据包通信方式：对于 PLC 之间的数据交换，只需关心数据的发送区和接收区，全局数据包的通信方式在配置 PLC 硬件的过程中，组态所要通信的 PLC 站之间的发送区和接收区不需要任何程序处理，这种通信方式只适合 S7-300/400 PLC 之间相互通信。

(2) 无组态连接通信方式：无组态的 MPI 通信需要调用系统功能块 SFC65～SFC69 来实现，这种通信方式适合于 S7-300、S7-400 和 S7-200 之间的通信。

(3) 组态连接通信方式：在 MPI 网络中，这种通信方式只适合于 S7-300/400 以及 S7-400/400 之间的通信。S7-300/400 通信时，S7-300 只能作为服务器，S7-400 作为客户机对 S7-300 的数据进行读/写操作；S7-400/400 通信时，S7-400 既可以作为服务器，也可以作为客户机。在 MPI 网络上调用系统功能块通信，数据包长度最大为 160 B。

7. 组网示例

图 3-10 所示的为 MPI 子网示例，图 3-11 所示的为 MPI 子网中的最大距离，图 3-12 所示的是 Profibus 组网。

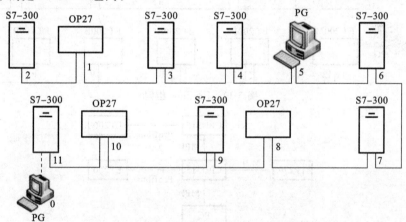

图 3-10　MPI 子网

某一交联生产线控制系统通信结构如图 3-13 所示。图 3-13 中，PLC、PC 和现场触摸屏 TP270 通过 MPI 网络互联；PLC 和远程输入/输出模块 ET200 通过 Profibus 子网连接。

仪征化纤股份有限公司化纤长丝生产线控制系统结构如图 3-14 所示。

整个系统由 PLC 控制系统及变频调速系统组成，其中 PLC 系统由一台工业计算机(IPC)及 SIMATIC WinAC、远程输入/输出模块(ET200)和人机界面(HMI)组成。

变频调速系统由整流单元、逆变器和正弦波滤波器组成。

在 IPC 内由软件完成 PLC 功能，即所谓软 PLC 的形式，其软件核心为西门子 SIMATIC WinAC。

变频器和 ET200 均通过 Profibus-DP 现场总线与 IPC 组成控制网络，所有控制量、状态量及转速、电流等数字量均以通信方式与 PLC 连接。

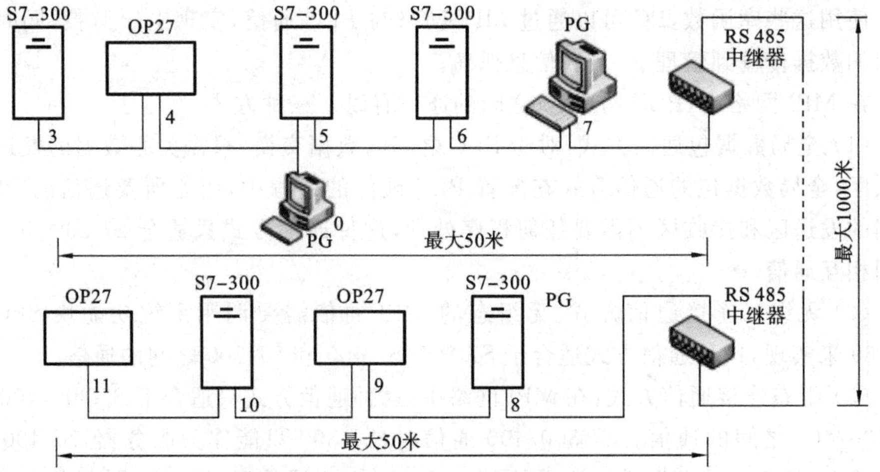

图 3-11 MPI 子网中的最大距离

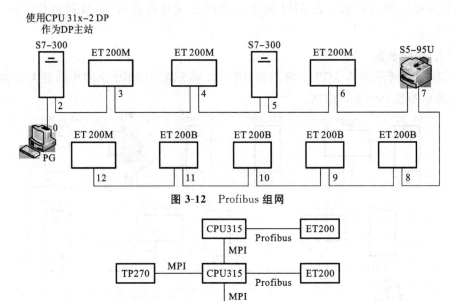

图 3-12 Profibus 组网

图 3-13 某一交联生产线控制系统通信结构图

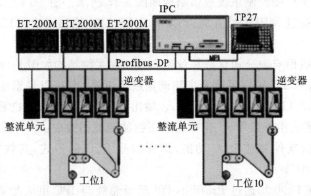

图 3-14 仪征化纤股份有限公司化纤长丝生产线控制系统结构示意图

变频器与 PLC 之间的通信量包括启停、运行、故障、频率到达、转速、电流等,PLC 对变频器进行访问并读/写这些量,而槽辊变频器的摆频控制量,如摆幅、摆频、半周期、上下跳跃等变量,在 HMI 做出改动时写入变频器。

图 3-15 所示的为 Profibus-PA 在驻马店卷烟厂制丝生产线中的应用,西门子公司的 S7-400 系列的 PLC 通过以太网网卡接入工业以太网的光纤环网中。MP370 触摸屏通过 MPI 接入 PLC 中。现场分布式 I/O 站、其他 DP 设备、Profibus-PA 的链接器通过 Profibus-DP 接入 PLC 的 DP 接口中。

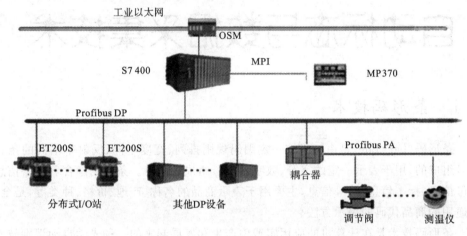

图 3-15　Profibus-PA 在驻马店卷烟厂制丝线中的应用

从 Profibus-PA 的耦合器中引出 Profibus-PA 总线,将现场仪表连接起来。一个 Profibus-PA 网段,一般由耦合器、三通接头、终端电阻、Profibus-PA 网线组成。

考虑到系统对 Profibus-DP 通信速率的要求及编址的要求,系统采用链接器接入 Profibus-DP 网络中,耦合器接入 Profibus-PA 网络中。链接器和耦合器之间采用背板总线连接。这样,Profibus-DP 的传输速率可以高达 12 Mb/s,而 Profibus-PA 的波特率为 31.25 Kb/s。

在组态网络的时候,链接器作为 DP 从站占据 DP 的一个地址,耦合器没有地址,组态时不考虑它;所有仪表和执行器均作为链接器的从属,独立于 Profibus-DP 单独进行编址。由于烟厂的环境不属于危险区,因此采用非本安型。

习题 3

3-1　简述现场总线的定义及特点。
3-2　简述现场总线的分类及其特点。
3-3　现场总线主要考虑哪些网络性能?
3-4　简述实时以太网的分类。
3-5　以太网的优势有哪些?
3-6　西门子 S7-300 和 MPI/Profibus 组网时的网络部件有哪些?举例说明组网步骤。

4 自动标志与数据采集技术

4.1 条形码技术

条形码(bar code)是由一组按一定编码规则排列、宽度不同、反射率不同的条、空符号组成的,用于表示一定的字符、数字及符号组成的信息。条形码隐含着数字信息、字母信息、标志信息、符号信息,主要用于表示商品的名称、产地、价格、种类等,是全世界通用的商品代码的表示方法。

条形码技术是在计算机的应用实践中产生和发展起来的一种光学自动识别技术。它是为实现对信息的自动扫描而设计的,是实现快速、准确而可靠地采集数据的有效手段。条形码技术是迄今为止最经济、最实用、最成熟的一种自动识别技术,条形码技术的应用解决了数据录入和数据采集的"瓶颈"问题,为物流管理提供了有力的技术支持。

4.1.1 条形码技术历史、现状与发展

条形码技术的迅速发展和在诸多领域的广泛应用,已引起了许多国家的重视,如今在世界各国从事条形码技术及其系列产品开发研究的单位和生产经营的厂商越来越多,现在,条形码技术产品的品种近万种。

1. 条形码技术的发展历史

条形码技术最早出现在 20 世纪 40 年代,但得到实际应用和迅速发展时期还是在 20 世纪 70 年代。目前,世界上的很多国家和地区都已普遍使用条形码技术,而且它正在快速地向世界各地推广,其应用领域越来越广泛,并逐步渗透到许多技术领域。

早在 20 世纪 20 年代,美国发明家 John Kermode 想通过在信封上作标志来实现信件自动分拣,标志的信息是收信人的地址。

20 世纪 40 年代后期,美国人 Joe Wood Land 和 Beny Silver 两位工程师就开始研究用条形码表示食品项目及相应的自动识别设备,并于 1949 年获得了美国专利。这种条形码图案如图 4-1 所示。该图案很像微型射箭靶,被称为"公牛眼"条形码。靶环是由圆条和空白绘成同心圆环。在原理上,"公牛眼"条形码与后来的条形码符号很相近,遗憾的是当时的工艺和商品经济还没有发展到能够印制出这种代码的水平。

20 年后,Joe Wood Land 作为 IBM 公司的工程师成为北美统一代码 UPC 码的奠

基人。Girard Fessel 为代表的几名发明家,于 1959 年提请了一项专利,描述了数字 0~9 中每个数字可由七段平行条组成。但是这种代码机器难以识读,人读起来也不方便。不过,这一构想的确促进了后来条形码的产生与发展。不久,E. F. Brinker 申请了另一项专利,该专利是将条码标志在有轨电车上。20 世纪 60 年代后期,Sylvania 发明了一种被北美铁路系统所采纳的条形码系统。

条形码主要经历了以下几个阶段。

1970 年,美国超级市场委员会制定出通用商品代码——UPC 码(universal product code,UPC),此后许多团体也提出了各种条形码符号方案,如图 4-1 所示。

图 4-1 早期条形码符号

UPC 码首先在杂货零售业中使用,这为以后该码制的统一和广泛采用奠定了基础。1971 年,布莱西公司研制出"布莱西码"及相应的自动识别系统,用于库存验算。这是条形码技术第一次在仓库管理系统中的实际应用。1972 年,Monarch Marking 等人研制出库德巴码,至此,美国的条形码技术进入新的发展阶段。

美国统一代码委员会(uniform code council,UCC)于 1973 年建立了 UPC 商品码应用系统,实现了该码制的标准化。同年,食品杂货业把 UPC 商品码作为该行业的通用商品标志,为条形码技术在商业流通销售领域里的广泛应用,起到了积极的推动作用。1974 年,Intermec 公司的 Davide Allair 博士研制出 39 码,很快被美国国防部所采纳,作为军用条形码码制。39 码是由第一个字母与数字相结合的条码,后来广泛应用于工业领域。

1976 年,在美国和加拿大超级市场上,UPC 商品码的成功应用给人们以很大的鼓舞,尤其是欧洲人对此产生了极大兴趣。1977 年,欧洲共同体在 12 位的 UPC-A 商品码的基础上,开发出与 UPC-A 商品码兼容的欧洲物品编码系统(European article numbering system),简称 EAN 系统,并签署了欧洲物品编码协议备忘录,正式成立了欧洲物品编码协会(European article numbering association,简称 EAN 协会)。直到 1981 年,EAN 组织已经发展成为一个国际性组织,因此,改名为"国际物品编码协会" (International article numbering association,简称 EAN International)。

日本从 1974 年开始着手建立 POS 系统(point of sale system),研究标准化以及信息输入方式和印制技术等,并在 EAN 系统基础上,于 1978 年制定出日本物品编码 JAN 码。同年,日本加入了国际物品编码协会,开始进行厂家登记注册,并全面转入条形码技术及其系列产品的开发工作,10 年之后成为 EAN 最大的用户。

进入 20 世纪 80 年代以来,人们围绕如何提高条形码符号的信息密度,开展了多项研究。信息密度是描述条形码符号的一个重要参数。通常把单位长度中可能编写的字母数称为信息密度,记做:字母个数/cm。影响信息密度的主要因素是条空结构和窄元素的宽度。EAN-128 码和 EAN-93 码就是人们为提高信息密度而进行的成功的尝试。EAN-128 码于 1981 年被推荐使用,而 EAN-93 码于 1982 年投入使用。这两种条形码的优点是条形码符号密度比 39 码的高出近 30%。随着条形码技术的发展和条形码码制种类不断增加,条形码的标准化问题显得日益突出。为此,美国先后制定了军用标准,以及交叉 25 码、39 码和 CodaBar 码等 ANSI 标准。同时,一些行业也开始建立行业标准,以适应发展需要。此后,Davide Allair 又研制出第一个二维条形码码制——49 码。这是一种非传统的条形码符号,它比以往的条形码符号具有更高的密度。Ted Williams 于 1988 年推出第二个二维条形码码制——16K 码,这是一种适用于激光扫描的码制。到 1990 年底为止,共有 40 多种条形码码制,相应的自动识别设备和印刷技术也得到了长足的发展。

2. 国外条形码技术的现状与趋势

国际上,从 20 世纪 70 年代至今,条形码技术及应用都取得了长足的发展。符号表示已由一维条形码发展到二维条形码,目前又出现了将一维条形码和二维条形码结合在一起的复合码。条形码介质由纸质发展到特殊介质。条形码的应用已从商业领域拓展到物流、金融等经济领域,并向纵深发展,面向企业信息化管理的深层次的集成。条形码技术产品逐渐向高、精、尖和集成化方向发展。

目前,国际上条形码技术的发展呈如下特点。

(1) 条形码技术产业迅猛发展。

根据美国的专业研究机构 VDC(venture development corp)的统计,全球条形码市场规模一直在持续稳步增长。到 2008 年,全球条形码技术装备的市场规模已经从 2003 年的 90 亿美元增长到 155 亿美元,其中美洲地区年平均增长率已经超过 6%;欧洲、中东和非洲地区年平均增长率接近 7%;亚太地区年平均增长率已经达到 12%。国际条形码技术产业的发展是方兴未艾。

随着应用的深入,条形码技术装备也朝着多功能、远距离、小型化、软件硬件并举、安全可靠、经济适用方向发展,出现了许多新型技术装备。条形码识读设备向小型化,与常规通用设备的集成化、复合化方向发展;条形码数据采集终端设备向多功能、便携式、集成多种现代通信技术和网络技术的设备一体化方向更加广泛和深入发展。条形码生成设备向专用和小批量印制方向发展。例如,基于 GPRS、CDMA 的条形码通信终端,使条形码技术在现场服务、物流配送、生产制造等诸多领域得到了充分的发展。现阶段由于手机广泛普及,通信网络更加完整,于是,能够识读条形码的手机成为一种集数据采集、处理、交互、显示、认证等多种功能为一体的移动式数据终端,实现手机价值的最大化。

(2) 条形码技术与其他自动识别技术趋于集成。

由于各种自动识别技术都有一定的局限性,多种技术共存的方式既可充分发挥各自的优势,又可以有效互补。当前,发达国家都积极开展条形码技术与射频识别技术等的集成研究,如条形码符号和射频标签的生成和识读设备一体化的研发。美国的 InteHnec 公司已经研发出了 900 MHz 的条形码射频一体化识读设备,条形码行业的领头羊——美国 Symbol 公司也正在积极投入到该类设备的研发中。

(3) 条形码技术标准体系逐渐完善。

条形码技术作为信息自动化采集的基本手段,随着应用的深入,新的条形码技术标准不断出现,标准体系逐渐完善。国际上,条形码技术标准化已经成为一个独立的标准化工作领域。国际标准化组织(ISO)和国际电工委员会(IEC)的联合工作组JTC1 于 1996 年成立的第 31 分委会(SC31),是国际上开展自动识别与数据采集技术标准化研究的专门机构。国际物品编码协会(GS1),是全球第一个商务标准化组织,也在开展条形码技术商务应用的标准化研究。该组织通过全球近百万成员企业,针对条形码技术在全球开放的商品流通与供应链管理过程,开展商务应用标准的研究及在全球的应用推广,建立了 EAN·UCC 通用规范,并进行实时、动态维护。

(4) 条形码自动识别技术应用向纵深发展。

积极建立基于条形码技术应用的全球产品与服务分类编码标准。条形码作为信息采集的手段,必须以信息的分类编码为基础。但当前国际上,不同的行业,针对不同的用途,采用不同的分类编码体系,各体系互不兼容,信息系统无法通信和共享。鉴于此,国际物品编码协会正在积极联合 GCI(全球商务倡议联盟)、ECR(高效消费者响应委员会)等,致力于构建一个全球统一的产品与服务分类编码标准。

积极致力于基于条形码技术应用的电子商务公共信息平台的构建。在电子商务时代,商品基础数据在供应链各贸易伙伴的信息系统或信息平台的一致性和适时同步,是实现贸易伙伴间连续顺畅的数据交换和信息有效共享的基础,同时也是流通领域现代化的前提。因此,全球许多国家均发起了商品数据同步倡议。美国、英国、德国、澳大利亚、韩国等国家,正在积极建设本国基于现有条形码技术的用于电子商务的商品数据库,对这些国家的国内贸易的电子化起到了非常大的作用。各国都在关注条形码技术在供应链管理、电子商务中的作用,以及如何实现多行业、多地区、多层次的信息资源的连通与共享,致力于基于条形码技术应用的电子商务公共信息平台的构建。

条形码技术在产品溯源、物流管理等重点领域得到更深层次的应用。当前,条形码技术的应用向纵深发展,面向企业信息化管理的深层次的集成。其中以条形码技术在食品安全方面的应用尤为突出。采用条形码技术可对食品原料的生长、加工、储藏及零售等供应链环节进行管理,实现食品安全溯源。联合国欧洲经济委员会(UN/ECE)已经正式推荐运用条形码技术进行食品的跟踪与追溯,建立可追溯系统。包括法国、澳大利亚、日本在内的全球 20 多个国家和地区,都采用条形码技术建立食品安全系统。此外,建立基于条形码技术应用的高度自动化的现代物流系统,是目前国际上物流发展的一大趋势,也是当前条形码技术推广应用的一个重点。

3. 中国条形码技术的现状与趋势

中国条形码技术的研究始于 20 世纪 70 年代末、80 年代初,当时的主要工作是学习和跟踪世界先进技术。条形码应用系统建立于 20 世纪 80 年代末;中国物品编码中心(ANCC)于 1988 年 12 月 28 日正式成立,并于 1991 年 4 月 19 日正式加入国际物品编码协会。目前,国际物品编码协会分配给中国的前缀码为:690、691、692、693、694、695。

目前,中国商品条码系统成员已逾十万家,发展速度居世界之首;上百万种产品包装上使用了商品条形码标志;使用条形码技术进行自动零售结算(POS)的超市已超万家。这些大大提高了我国商品在国内外市场上的竞争力,促进了我国经济的发展。条形码自动识别技术已广泛应用于零售业、制造业、物流、贸易、军工、医疗药品、政府机关、学校、邮政、税务、海关、金融等诸多领域,极大地推动了我国的信息化发展。另外,商品条形码在医疗保健、服装服饰、农副产品、化工、建材、家具、玩具、机械与电子、服务等行业的应用,仍有很大的发展空间。但条形码技术尚未发挥其在食品安全溯源、供应链管理、产品召回等方面的重要作用。

国外发达国家条形码的应用大致分为三个阶段:第一阶段是自动结算;第二阶段是应用于企业的内部管理;第三阶段是应用于整个供应链管理、物流配送、连锁经营和电子商务。在我国,条形码技术的应用目前基本上处于第二阶段或第三阶段的初期,与国外发达国家差距很大。近年来中国物流业飞速发展,预计未来10年中国物流业的规模将以每年20%的速度增长。条形码作为物流信息化和自动化的核心技术,其应用也正在迅速的发展。

目前,我国从事条形码识别技术的企业和科研院所已超过1000家,部分单位还开发出了具有自主知识产权的条形码识别技术设备,并在利用国外先进技术和产品进行二次开发和集成应用等方面取得重大突破。但是,我国条形码技术产业目前还处于初级发展阶段,产业规模偏小,在国际市场上所占份额偏低,并且也与我国巨大的条形码技术应用市场不相匹配。据有关资料统计分析显示,2004年条形码识别技术装备在我国市场的销售额总计已达30亿元人民币,而且每年以35%左右的速度增长,我国已成为全球条形码技术装备市场增长最快的国家。这对我国的条形码产业既是机遇又是挑战。

4.1.2 条形码技术基础知识

1. 条形码技术的特点

作为迄今为止最经济、实用的一种自动识别技术,条形码技术具有以下七个方面的特点。

(1) 数据输入速度快:与键盘输入相比,条形码输入的速度是键盘输入的5倍,并且能实现"即时数据输入"的功能。

(2) 可靠准确:键盘输入数据出错率为三百分之一,利用光学字符识别技术出错率为万分之一,而采用条形码技术误码率低于百万分之一。

(3) 经济便宜:与其他自动化识别技术相比较,推广应用条形码技术,所需费用较低。

(4) 灵活实用:条形码符号作为一种识别手段可以单独使用,也可以和有关设备组成识别系统实现自动化识别,还可以和其他控制设备联系起来实现整个系统的自动化管理。同时,在没有自动识别设备时,也可实现手工键盘输入。

(5) 自由度大:识别装置与条形码标签相对位置的自由度要比OCR的大得多。条形码通常只在一维方向上表达信息,而同一条形码上所表示的信息完全相同并且连续,这样即使是标签有部分缺欠,仍可以从正常部分输入正确的信息。

(6) 设备简单:条形码符号识别设备的结构简单,操作容易,无需专门训练。

(7) 易于制作:条形码可印刷,称为"可印刷的计算机语言"。条形码标签易于制作,对印刷技术设备和材料无特殊要求。

2. 条形码技术研究对象

条形码技术主要研究的是如何将需要向计算机输入的信息用条形码这种特殊的符号加以表示,以及如何将条形码所表示的信息转变为计算机可自动识读的数据。因此,条形码技术的研究对象主要包括编码规则、符号表示技术、识读技术、生成与印刷技术和应用系统设计等五大部分。

1) 编码规则

任何一种条形码,都是按照预先规定的编码规则和有关标准,由条和空组合而成的。人们将为管理对象编制的由数字、字母、数字字母组成的代码序列称为编码,编码规则主要研究编码原则、代码定义等。编码规则是条形码技术的基本内容,也是制定码制标准和对条形码符号进行识别的主要依据。为了便于物品跨国家和地区流通,适应物品现代化管理的需要,以及增强条形码自动识别系统的相容性,各个国家、地区和行业,都必须遵循并执行国际统一的条形码标准。

2) 符号表示技术

条形码是由一组按特定规则排列的条和空及相应数据字符组成的符号。条形码是一种图形化的信息代码。不同的码制,条形码符号的构成规则也不同。目前较常用的一维条码码制有 EAN 商品码、UPC 商品码、UCC/EAN-128 码、交叉 25 码、库德巴码、39 码等。二维条码较常用的码制有 PDF417 码、QR CODE 码等。符号表示技术的主要内容是研究各种码制的条形码符号设计、符号表示以及符号制作。

3) 识读技术

条形码自动识读技术可分为硬件技术和软件技术两部分。

自动识读硬件技术主要解决将条形码符号所代表的数据转换为计算机可读的数据,以及与计算机之间的数据通信。硬件支持系统可以分解成光电转换技术、译码技术、通信技术以及计算机技术。光电转换系统除采用传统的光电技术外,目前主要采用电荷耦合器件——CCD 图像感应器技术和激光技术。软件技术主要解决数据处理、数据分析、译码等问题,数据通信是通过软硬件技术的结合来实现的。

在条形码自动识读设备的设计中,考虑到其成本和体积,往往以硬件支持为主,所以应尽量采取可行的软措施来实现译码及数据通信。近年来,条形码技术逐步渗透到许多技术领域,人们往往把条形码自动识读装置作为电子仪器、机电设备和家用电器的重要功能部件,因而减小体积、降低成本更具有现实意义。

自动识读技术主要由条形码扫描和译码两部分构成。扫描是利用光束扫读条形码符号,并将光信号转换为电信号的过程,这部分功能由扫描器完成。译码是将扫描器获得的电信号按一定的规则翻译成相应的数据代码,然后输入计算机(或存储器)的过程。

当扫描器扫读条形码符号时,光敏元件将扫描到的光信号转变为模拟电信号,模拟电信号经过放大、滤波、整形等信号处理,转变为数字信号。译码器按一定的译码逻辑对数字脉冲进行译码处理,便可得到与条形码符号相应的数字代码。

4) 生成与印刷技术

只要掌握编码规则和条码标准,把所需数据用条形码表示就不难解决。然而,如何把它印刷出来就涉及生成与印刷技术。我们知道条形码符号中条和空的宽度是包含着信息的,首先用计算机软件按照选择的码制、相应的标准和相关要求生成条形码样张,再根据条形码印制的载体介质、数量,选择最适合的印刷技术和设备。因此,在条形码符号的印刷过程中,对诸如反射率、对比度及条空边缘粗糙度等均有严格的要求。必须选择适当的印刷技术和设备,以保证印制出符合规范的条形码。条形码印刷技术是条形码技术的主要组成部分,因为条形码的印刷质量直接影响识别效果和整个系统的性能。条形码印刷技术所研究的主要内容是:制片技术、印刷技术;研制各类专用打码机、印刷系统以及如何按照条形码标准和印刷批量的大小;正确选用相应技术和设备等。根据不同的需要,印刷设备大体可分为三种:适用于大批量印刷条形码符号的设备、适用于小批量印刷的专用机、灵活方便的现场专用打码机等。其中既有传统的印刷技术,又有现代制片、制版技术和激光、电磁、热敏等多种技术。

5) 条形码应用系统设计技术

条形码应用系统由条形码、识读设备、电子计算机及通信系统组成。应用范围不同,条形码应用系统的配置也不同。一般来讲,条形码应用系统的应用效果主要取决于系统的设计。条形码应用系统设计主要考虑下面几个因素。

(1) 条形码设计。条形码设计包括确定条形码信息单元、选择码制和符号版面设计。

(2) 符号生成与印制。在条形码应用系统中,条形码印制质量对系统能否顺利运行关系重大。如果条形码本身质量高,即使性能一般的识读器也可以顺利地读取。虽然操作水平、识读器质量等因素是影响识读质量不可忽视的因素,但条形码本身的质量始终是系统能否正常运行的关键。统计资料表明,在系统拒读、误读事故中,条形码标签质量原因占事故总数的50%左右。因此,在印刷条形码符号前,要做好印刷设备和印制介质的选择,以获得合格的条形码符号。

(3) 识读设备选择。条形码识读设备种类很多,如在线式的光笔、CCD识读器、激光枪、台式扫描器等,不在线式的便携式数据采集器、无线数据采集器等,它们各有优缺点。在设计条形码应用系统时,必须考虑识读设备的使用环境和操作状态,以作出正确的选择。

3. 条形码中的基本术语

1) 条形码的符号

由静区和一组条形码按符号组合起来,用于表示一个完整数据的符号。通常,将人可识别的字符注在条形码符号的下面。

2) 条形码字符集

条形码字符集是指条形码制中所给定的数据字符的范围。在各种条形码码制中,字符集主要有两种:一是数字字符集,它包含数字0~9及一些特殊字符;二是字母或数字式字符集,它包含数字0~9、字母A~Z及一些特殊字符。

3) 条形码元素

条形码元素用于表示条形码的条和空,简称为元素。

4) 条形码字符

条形码字符是用表示一个数字、字母及特殊符号的一组条形码元素。条,在条形码符号中,是反射率较低的元素;空,在条形码符号中,是反射率较高的元素;污点,空及静区中出现的与条的反射率相近的点;疵点,条中出现的与空的反射率相近的点。

5) 条形码对比度

条形码对比度(PCS)是条形码符号空的反射率(RL)和条的反射率(RD)之差与空的反射率(RL)的比值,即

$$PCS=(RL-RD)/RL$$

4. 条形码的结构

条形码符号的基本结构如图 4-2 所示,图 4-3 所示的是一个真实的条形码符号。

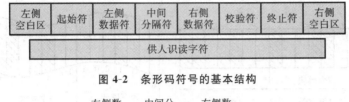

图 4-2　条形码符号的基本结构

图 4-3　条形码符号

空白区(净区):没有任何印刷符或条形码信息,它通常是白的,位于条形码符号的两侧。其作用是提示阅读器(扫描器)准备扫描条形码符号。

起始字符:条形码符号的第一位字符是起始字符,它的特殊条、空结构用于识别一个条形码符号的开始。阅读器首先确认此字符的存在,然后处理由扫描器获得的一系列脉冲信号。

数据字符:由条形码字符组成,用于代表一定的原始数据信息。

校验字符:是通过对数据字符进行一种算术运算而确定的。当符号中的各字符被解码时,译码器将对其进行同一种算术运算,并将结果与校验字符比较。若两者一致,则说明读入的信息有效。有些码制的校验字符是必需的,有些码制的校验字符则是可选的。

终止字符:条形码符号的最后一位字符是终止字符,它的特殊条、空结构用于识别一个条形码符号的结束。阅读器识别终止字符,便可知道条形码符号已扫描完毕。若条形码符号有效,阅读器就向计算机传送数据并向操作者提供"有效读入"的反馈。终止字符可以有效避免不完整信息的输入。当采用校验字符时,终止字符指示阅读器对数据字符实施校验计算。

条形码符号中的数据字符和校验字符是表示编码信息的字符,扫描识读后需要传输到有关设备。左右两侧的空白区、起始字符、中间分隔字符、终止字符等是不表示信

息的辅助符号,仅供条形码扫描设备识读时使用,不需要参与信息代码的传输。

5. 条形码的编码方法

条形码的编码方法有模块组合法和宽度调节法两种。模块组合法是指条形码符号中,条与空分别由若干个模块组合而成的。一个标准模块的条表示二进制的"1",一个标准模块的空表示二进制的"0"。EAN 码、UPC 码均采用模块组合法进行编码。模块组合法示意图如图 4-4 所示。

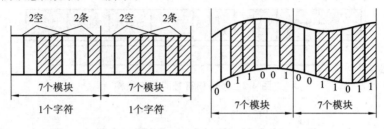

图 4-4　模块组合法示意图

宽度调节法是指条形码中,条(空)的宽窄设置不同,宽单元表示二进制的"1",窄单元表示二进制的"0",宽单元的宽度通常是窄单元宽度的 2～3 倍。25 码、交叉 25 码、库德巴码、39 码都采用宽度调节法进行编码。宽度调节法示意图如图 4-5 所示。

图 4-5　宽度调节法示意图

6. 条形码的分类

条形码的分类方法有很多种,主要是依据条形码的编码结构和条形码的性质来分类。

(1) 按条形码的长度,条形码可分为定长和非定长条形码;

(2) 按排列方式,条形码可分为连续型和非连续型条形码;

(3) 按校验方式,条形码可分为自校验和非自校验条形码;

(4) 按照维数,条形码可分为一维条形码和二维条形码;

(5) 按照编码方式,条形码可分为模块组合式和宽度调节式;

(6) 按码制,条形码可分为 UPC 码、EAN 码、交叉 25 码、库德巴码、128 码。

7. 不同条形码的应用领域

(1) EAN 码是国际通用的符号体系,它是一种长度固定、无含意的条形码,所表达的信息全部为数字,主要应用于商品标志。

(2) 39 码和 128 码为目前国内企业内部自定义码制,可以根据需要确定条形码的长度和信息,它编码的信息可以是数字,也可以包含字母,主要应用于工业生产线领域、图书管理等。

(3) 25 码主要应用于包装、运输及国际航空系统的机票顺序编号等。

(4) Codabar 码主要应用于血库、图书馆、包裹等的跟踪管理。

(5) 二维条形码主要应用于票证、防伪。

4.1.3 条形码识读的基本原理

条形码符号的识读是通过不同颜色对红色光源的反射率不同,进而分辨条、空的边界和宽窄来实现的。影响符号质量的两个重要因素是:颜色和尺寸。

条形码的识读系统由扫描系统、信号整形和译码三部分构成,如图 4-6 所示。扫描系统是利用光束扫描条形码符号,并将光信号转换为电信号的系统;信号整形是将条形码的光电扫描信号处理成为标准电位的矩形波信号的系统;译码是指对条形码的矩形波信号进行译码,其结果通过接口电路输出到计算机。

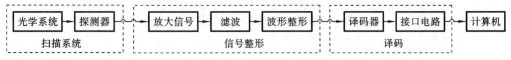

图 4-6 条形码识读系统

条形码是一种印制的计算机语言,条形码的识读和数据的采集主要是由条形码扫描器来完成的。光信号转化为电信号:条、空表示高低电平(0、1),条、空单元的宽度决定高低电平的宽度;由电信号的高低电平的排列规律决定条形码符号对应的二进制系列;根据条形码符号、码制和条形码符号对应的二进制系列决定条形码符号对应的字符,从而完成译码过程。图 4-7 所示的是条形码符号的扫描识读过程。

扫描器接收到的光信号需要经光电转换器转换成电信号并通过放大电路进行放大。

经过电路放大的条形码电信号是一种平滑的起伏信号,这种信号常被称为条形码的"模拟电信号"。

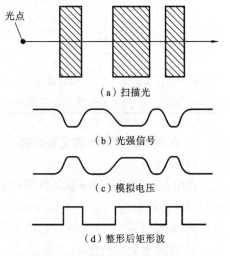

图 4-7 条形码符号的扫描识读过程

这种信号还须经整形电路尽可能准确地将边缘恢复出来,变成通常所说的"数字信号"。

图 4-8 所示的为条形码数据采集和传输过程。

图 4-8 条形码数据的采集和传输

4.1.4 条形码识读设备

1. 条形码识读设备的种类

条形码识别设备分为光笔条形码扫描器、手持式条形码扫描器、台式条形码自动扫描器、卡式条形码阅读器和便携式数据采集器。各类设备的工作方式和性能如表4-1所示。

表 4-1 识读设备的种类

种 类	工作方式	性 能
光笔条形码扫描器	内部有扫描光束发生器及反射光接收器	扫描器与待读条形码接触或离开极短的距离
手持式条形码扫描器	装有控制扫描光束的自动扫描装置	对条形码标签没有损伤,不需要与条形码符号接触
台式条形码自动扫描器	适合于不便使用手持式扫描方式阅读条形码信息的场合	生产流水线的控制
卡式条形码阅读器	内部的机械结构能保证标有条形码的卡式证件或文件在插入滑槽后自动沿轨道做直线运动,扫描光点读入信息	一般都具有与计算机传送数据的能力,同时具有声光提示以证明识别正确与否
便携式数据采集器	本身具有对条形码信号的译解能力,条形码译解后,可直接存入机器内存或机内磁带存储器的磁带中	这种设备特别适用于流动性数据采集环境。收集到的数据可以定时送到主机内存中存储

2. 条形码识读设备的主要参数

1) 分辨率

光电扫描器的分辨率表示仪器能够分辨条形码符号中最窄单元宽度的指标。光电扫描器能够分辨 0.15~0.30 mm 的为高分辨率,能够分辨 0.30~0.45 mm 的为中分辨率,能够分辨 0.45 mm 以上的为低分辨率。

2) 首读率和误码率

$$首读率 = \frac{首次读出条形码符号数量}{识读条形码符号的总数量} \times 100\%$$

$$误码率 = \frac{错误识别次数}{识别总次数} \times 100\%$$

一般要求首读率在 85% 以上,误码率低于 0.01%。但对于一些重要场合,要求首读率为 100%,误码率为百万分之一。

首读率和误码率这两个指标在同一识读设备中存在着矛盾与统一:当条形码符号的质量确定时,要降低误码率,需加强译码算法,尽可能排除可疑字符,必然会导致首读率的降低。

3) 工作距离和扫描景深

扫描器与被扫描的条形码符号之间可保持一定距离范围,这一范围称为扫描景深,通常用 DOF 表示。激光扫描器扫描工作距离一般为 20~76 cm;CCD 扫描器的扫描景深一般为 1~2 in(1 in = 2.54 cm),新型的 CCD 扫描器,其识读距离能达到 17.78 cm。

4) 译码范围

译码范围是指条形码阅读器所能识别的条形码符号的类型。一般来说,条形码阅读器的译码范围越大越好,能识别的条形码种类多,但价格相应要高,因此应视具体情况选择。

5) 接口能力

条形码阅读器与上位机进行通信和数据连接的接口方式,一般分为串口通信、键盘仿真和无线蓝牙三种。

3. 条形码阅读设备选择

条形码阅读设备的选择因素和具体内容如表 4-2 所示。

表 4-2 条形码阅读设备的选择因素和具体内容

	选择的基本因素	具体内容
1	适用范围	条形码技术应用在不同的场合,选择不同的条形码阅读器
2	译码范围	开发某一条形码应用系统时选择对应的码制;同时,在为该系统配置条形码阅读器时,要求阅读器具有正确的译此码制符号的功能
3	接口能力	阅读器的接口方式符合该环境的整体要求,通用条形码阅读器的接口方式有串口通信和键盘仿真
4	对首读率等参数的要求	首读率是条形码阅读器的一个综合指标,它与条形码符号印刷质量、译码器的设计和光电扫描器的性能均有一定关系
5	分辨率	根据具体应用中使用条形码密度来选取具有相应分辨率的阅读设备
6	扫描属性	可细分扫描景深、扫描宽度、扫描速度、一次识辨率、误码率等
7	条形码符号长度	变长度的应用领域中,选择阅读器时应注意条形码符号长度的影响
8	阅读器的价格	注意产品的性价比,应以满足应用系统要求且价格较低作为选择原则
9	特殊功能	当应用系统对条形码阅读有特殊要求时,应进行特殊选择

4.1.5 条形码应用领域

由于条形码技术具有先进、适用、容易掌握和见效快等特点,因而其应用范围极为广泛。

1. 商业领域

无论在商品的入库、出库、上架,还是和顾客结算,都要面对如何将数量巨大的商品信息输入计算机的问题。条形码技术在这里就显出其优越性了。如果在单个商品的包装或整包包装的包封上印制上条形码符号,利用条形码识读器,就可以高速、准确、及时地掌握商品的品种、数量、单价,甚至产品的生产厂家、出厂日期等信息。

商店自动销售管理系统(销售点管理系统,point of sale,POS),利用现金收款机作为终端机与主计算机相连,并借助光电识读设备为计算机录入商品信息。当带有条形码符号的商品通过结算台扫描时,商品条形码所表示的信息就被录入计算机,计算机从数据库文件中查询该商品的名称、价格等,并经过数据处理,打印出收据。

2. 工业领域

企业管理中,条形码识别设备是数据采集的有利手段,如企业的人事管理(如考勤管理、工资管理、档案管理)、物资管理(如仓库自动化管理系统)、生产管理(如产品生产中的工耗、能耗、材托、加工进度)等。此外,在生产过程的自动化控制系统中,条形码技术更是重要的数据采集手段。

3. 物资流通领域

各个物流中心、仓储中心等,都需要对物品的入库、出库和盘点进行计算机管理。以仓库盘点为例,在仓库的每个货架上都贴上标明物品编号的条形码标签。盘库时,库房管理人员用便携式条形码识别器,到每个货架前扫描物品的编号和数量,把全部数据输入条形码识别器内,在所有物品清点完毕后,将便携式条形码识别器与主机连接,把采集到的数据输入主机进行盘亏、盘盈处理。若使用无线便携式条形码识别器,可随时与主机交换信息,真正实现了数据采集的实时化。

4. 交通运输业

国际运输协会已作出规定,货物运输中,物品的包装箱上必须标有条形码符号。铁路、公路的旅客车票自动化售票及检票系统、公路收票站的自动化等,都必须应用条形码技术。早在20世纪60年代,北美铁路系统便将条形码技术应用于列车编码与自动识别。1996年初,我国的广州火车站和北京西客站,也推出一种由计算机印制并带有条形码的新型"电子火车票"。当旅客持这种"电子火车票"进站时,只要将车票插入"电子检票机"内,条形码内的信息就被自动识别、判断,并自动输入到网络管理机,车票亦被自动剪切,每张客票检票时间不到1 s。

5. 邮电通信业

在邮件上贴上或印制上条形码符号,就能用条形码阅读设备输入相应的信息,保证及时、准确地完成邮件揽收与投递,确保邮件装车的正确性,提高同城速递的效率,保证邮件服务系统业务数据的及时更新,实现自动化管理。我国的大中城市,在包裹与挂号信等邮件上已开始应用条形码技术。

4.2 无线射频技术

射频识别技术(radio frequency identification,RFID)是20世纪90年代开始兴起的一种自动识别技术,是一种非接触式的自动识别技术,它通过无线射频信号自动识别目标对象并获取相关数据。RFID被认为是目前最具前景的自动识别技术。

4.2.1 RFID的历史与发展趋势

1. RFID的历史

RFID最早应用于第二次世界大战期间,至今已有60多年的历史。最早使用RFID的是美国国防部军需供应局。第二次世界大战时,RFID被美军用于战争中识别自家和盟军的飞机,但是昂贵的价格限制了其广泛应用。在美军对伊拉克的海湾战争中,RFID 再一次大规模地使用,由于采用了 RFID、ERP 及供应链管理系统,美军实现了对战略物资的准确调配,保证了前线弹药和物资的准确供应。RFID 的发展阶段如表 4-3 所示。

表 4-3 RFID 的发展阶段

时 间	阶 段
1941—1950 年	雷达的改进和应用催生了 RFID,1948 年奠定了 RFID 的理论基础
1951—1960 年	早期 RFID 的探索阶段,主要处于实验室试验阶段
1961—1970 年	RFID 的理论得到了发展,开始了一些应用尝试
1971—1980 年	RFID 与产品研发处于一个大发展时期,各种 RFID 得到了加速发展,出现了一些最早的 RFID 应用
1981—1990 年	RFID 及产品进入商业应用阶段,各种封闭系统应用开始出现
1991—2000 年	RFID 标准化问题日益得到重视,RFID 产品得到了广泛采用
2000 年至今	标准化问题日益为人们所重视,RFID 产品种类更加丰富,有源电子标签、无源电子标签及半无源电子标签得到发展,电子标签成本不断降低

2. RFID 的发展现状

RFID 在国外发展很快,RFID 产品种类很多,像德州仪器、摩托罗拉、飞利浦等世界著名厂家都生产 RFID 产品,并且各有特点,自成系列。我国在这方面起步比较晚,但经过几年的努力已经开发出了具有自主知识产权的产品。

2004 年,全球 RFID 市场规模达到了 18.2 亿美元,市场增长率达到 32.8%。RFID 在国外的应用正在迅速发展。国内低频 RFID 应用比较成熟,2004 年国内低频 RFID 市场规模达到了 16.5 亿元;但是在高频 RFID 应用上,国内还处于试验阶段。

我国 RFID 产业链基本形成,但还不完善,特别是 RFID 中间设备商数量较少。此外,RFID 标准迟迟没有出台,电子标签价格较高以及国内用户对 RFID 认知不够等这些因素的影响,对我国 RFID 产业及市场的发展造成了一定的阻碍。

按照目前 RFID 发展的进度,相关技术问题可望在短期内得到解决,而随着芯片制作工艺的不断发展和 RFID 应用的扩展,成本问题也将得到解决。我们相信电子标签价格将随着技术的发展及生产规模的扩大而得以解决,隐私问题则需要各个国家通过立法对用户的隐私权加以保护及逐步解决。RFID 独有的优势,最终将在全球范围内形成一个巨大的产业,值得各个领域加以关注。

3. RFID 的发展趋势

近年来,RFID 已经在众多领域开始应用,对改善人们的生活质量、提高企业经济效益、加速公共安全以及提高社会信息化水平产生了重要的影响。根据预测,RFID 标签技术将在未来 2~5 年内逐渐开始大规模应用。

在未来的几年中,RFID 将继续保持高速发展的势头。电子标签、读写器、系统集成软件、公共服务体系、标准化等方面都将取得新的进展。随着关键技术的不断进步,RFID 产品的种类将越来越丰富,应用和衍生的增值服务也将越来越广泛。

芯片设计与制造技术的发展趋势是芯片功耗更低,作用距离更远,读/写速度与可靠性更高,成本不断降低。芯片技术将与应用系统整体紧密结合。

RFID 标签封装技术将与印刷、造纸、包装等技术相结合,导电油墨印刷的低成本标签天线、低成本封装技术将促进 RFID 标签的大规模生产,并成为未来一段时间内决定产业发展的关键因素之一。

RFID 与条形码、生物识别等自动识别技术,以及互联网、通信、传感网络等信息技术融合,构筑一个无所不在的网络环境。海量 RFID 信息处理、传输和安全对 RFID 的系统集成和应用技术提出了新的挑战。RFID 系统集成将向标准化、网络化、智能化、集成化方向发展,构建 RFID 公共服务体系,将使 RFID 信息资源的组织、管理和利用更为深入和广泛。

4.2.2 RFID 基础知识

1. RFID 的特点和优势

RFID 是一项易于操控、简单实用且特别适合于自动化控制的灵活性应用技术,识别工作无需人工干预,它既可支持只读工作模式也可支持读/写工作模式,且无需接触或瞄准;可自由工作在恶劣环境中,对水、油和化学药品等物质具有很强抵抗性等。RFID 所具备的独特优势是其他识别技术无法企及的,其主要具有以下几个方面的特点和优势。

(1) 读取方便快捷。数据的读取无需光源,甚至可以透过外包装来进行。有效识别距离更大,采用自带电池的主动标签时,有效识别距离可达到 30 m。

(2) 识别速度快。标签只要进入磁场,解读器就可以即时读取其中的信息,而且能够同时处理多个标签,实现批量识别。

(3) 数据容量大。数据容量最大的二维条形码(PDF417),最多只能存储 2725 个数字,若包含字母,存储量会更少;RFID 标签则可以根据用户的需要扩充到数万个数字。

(4) 使用寿命长,应用范围广。RFID 采用无线通信方式,可以应用于粉尘、油污等高污染环境和放射性环境,而且其封闭式包装使得其寿命大大超过印刷的条形码。

(5) 可重复使用。现今的条形码印刷上去之后就无法更改,RFID 标签则可以重复地新增、修改、删除 RFID 卷标内存储的数据,方便信息的更新。

(6) 安全性和可靠性高。由于 RFID 承载的是电子式信息,其数据可经由密码保护,使其内容不易被伪造及变造。

(7) 动态实时通信。标签以 50~100 次/秒的频率与解读器进行通信,所以只要 RFID 标签所附着的物体出现在解读器的有效识别范围内,就可以对其位置进行动态的追踪和监控。

近年来,RFID 因其所具备的远距离读取、高存储量等特性而备受瞩目。它不仅可以帮助一个企业大幅提高货物、信息管理的效率,还可以让销售企业和制造企业互联,从而更加准确地接收反馈信息,控制需求信息,优化整个供应链。

2. RFID 与其他识别技术的对比

RFID 是自动识别技术之一,与其他自动识别技术相比有其突出的特点,表 4-4 所示的为几种常见的自动识别技术的比较。

表4-4 各种自动识别技术性能对照

自动识别技术	信息载体	信息量	读/写性	读取方式	保密性	抗干扰能力	寿命	成本
条形码	纸、塑料薄膜	小	只读	CCD或激光束扫描	差	差	较短	最低
磁卡	磁性物质	一般	读/写	电磁转换	一般	较差	短	低
IC卡	EEPROM	大	读/写	电写入	最好	好	长	较高
RFID	EEPROM	大	读/写	无线通信	最好	很好	最长	较高

3. RFID的分类

根据RFID系统的特征，可以依据不同的标准进行分类。

1) 按频率特性分类

目前有四种频率的标签比较常见。按照无线电频率可以划分为低频标签（125 kHz或134.2 kHz）、高频标签（13.56 MHz），超高频标签（860～960 MHz）及微波标签（2.45 GHz、5.8 GHz）。

2) 按标签供电方式分类

RFID标签分为被动标签（passive tags）和主动标签（active tags）两种。主动标签自身带有电池供电，读/写距离较远，但体积较大，与被动标签相比成本更高，也称为有源标签。被动标签从阅读器产生的磁场中获得工作所需的能量，成本很低并具有很长的使用寿命，比主动标签体积小，也更轻，读/写距离则较近，也称为无源标签。表4-5所示的为有源RFID卡与无源RFID卡的性能比较。

表4-5 有源RFID卡与无源RFID卡的性能比较

有源RFID卡	无源RFID卡
内装电池	无源，利用无线波能量工作
在高温或低温下电池不能正常工作	在高温或低温下能正常工作
电池为一次性，无法更换。因此标签卡使用寿命受到使用情况的不同而差异很大，厂商理想指标为7～10年，但因每卡使用次数及环境而不同，系统的一致性较差，无法控制	系统一致性很好，无源卡的使用寿命保证10年以上，免维护
卡的外形尺寸大，较厚，较重	外形小巧，轻，薄，安装方便
无法做到标签防拆功能	容易做到标签防拆功能
无法做到"一车一卡一号"，容易进行卡之间的互换	容易做到"一车一卡一号"，为车辆实现终身ID号标记及车辆信息
成本较高	成本低
读/写距离远（10 m）	读/写距离较近
读/写数据快	读/写数据快

4. RFID 实施的技术标准

目前 RFID 存在三个标准体系：ISO 标准体系、EPC Global 标准体系和 Ubiquitous ID 标准体系。

1) ISO 标准体系

国际标准化组织（ISO）及其他国际标准化机构如国际电工委员会（IEC）、国际电信联盟（ITU）等是 RFID 国际标准的主要制订机构。大部分 RFID 标准都是由 ISO（或与 IEC 联合组成）的技术委员会（TC）或分技术委员会（SC）制订的。

RFID 领域的 ISO 标准可以分为以下四大类：技术标准（如射频识别技术、IC 卡标准等）、数据内容与编码标准（如编码格式、语法标准等）、性能与一致性标准（如测试规范等标准）、应用标准（如船运标签、产品包装标准等）。

2) EPC Global 标准体系

EPC Global 是由美国统一代码协会（UCC）和国际物品编码协会（EAN）于 2003 年 9 月共同成立的非盈利性组织，其前身是 1999 年 10 月 1 日在美国麻省理工学院成立的非盈利性组织 Auto-ID 中心，以创建"物联网"（Internet of Things）为自己的使命。为此，该中心与众多成员企业共同制订一个统一的、类似于 Internet 的开放技术标准，在现有计算机互联网的基础上，实现商品信息的交换与共享。旗下有沃尔玛集团、英国 Tesco 等 100 多家欧美的零售流通企业，同时有 IBM、微软、飞利浦、Auto-ID Lab 等公司提供技术研究支持。

EPC Global 致力于建立一个向全球电子标签用户提供标准化服务的 EPC Global 网络，前提是遵循该公司制定的技术规范。目前 EPC Global Network 技术规范 1.0 版给出了所有的系统定义和功能要求。EPC Global 已在加拿大、日本、中国等国建立了分支机构，专门负责 EPC 码段在这些国家的分配与管理、EPC 相关技术标准的制定、EPC 相关技术在本土的宣传普及以及推广应用等工作。

EPC Global 提出的"物联网"体系架构由 EPC 编码、EPC 标签及读写器、EPC 中间件、ONS 服务器和 EPCIS 服务器等部分构成。EPC 是赋予物品的唯一的电子编码，其位长通常为 64 位或 96 位，也可扩展为 256 位。对不同的应用，规定有不同的编码格式，主要存放企业代码、商品代码和序列号等。最新的 GEN2 标准的 EPC 编码可兼容多种编码。EPC 中间件对读取到的 EPC 编码进行过滤和容错等处理后，输入到企业的业务系统中。它通过定义与读写器的通用接口（API）实现与不同制造商的读写器的兼容。ONS 服务器根据 EPC 编码及用户需求进行解析，以确定与 EPC 编码相关的信息存放在哪个 EPCIS 服务器上。EPCIS 服务器存储并提供与 EPC 相关的各种信息。这些信息通常以 PML 的格式存储，也可以存放于关系数据库中。

3) Ubiquitous ID 标准体系

Ubiquitous ID Center 是由日本政府的经济产业省牵头，主要由日本厂商组成，目前有日本电子厂商、信息企业和印刷公司等 300 多家企业参与的组织。该识别中心实际上就是日本有关电子标签的标准化组织。

Ubiguitons ID Center 的泛在识别技术体系架构由泛在识别码（ucode）、信息系统服务器、泛在通信器和 ucode 解析服务器等四部分构成。ucode 是赋予现实世界中任何物理对象的唯一识别码。它具备 128 位的充裕容量，并可以用 128 位为单元进一步扩展至 256、384 或 512 位。ucode 的最大优势是能包容现有编码体系的元编码设计，可以兼容多种编码。ucode 标签具有多种形式，包括条形码、射频标签、智能卡、有源芯片等。泛在识别中心把标签进行分类，设立了 9 个级别的不同认证标准。信息系统服务器存储并提供与 ucode 相关的各种信息。ucode 解析服务器确定与 ucode 相关的信息存放在哪个信息系统服务器上。ucode 解析服务器的通信协议为 ucodeRP 和 eTP，其中 eTP 是基于 eTron(PKI)的密码认证通信协议。泛在通信器主要由 IC 标签、标签读写器和无线广域通信设备等部分构成，用来把读到的 ucode 送至 ucode 解析服务器，并从信息系统服务器获得有关信息。

泛在识别中心对网络和应用安全问题非常重视，针对未来可能出现的安全问题如截听和非法读取等进行研究，节点进行信息交换时需要相互认证，而且通信内容是加密的，避免非法阅读。

4.2.3 RFID 系统的体系结构和工作原理

RFID 作为一种非接触式的自动识别技术，可以通过射频信号自动识别目标对象，获取数据，不需人工接触，不需光学可视即可完成信息输入和处理，并且操作简单快捷。

1. RFID 系统的体系结构

(1) 电子标签。RFID 电子标签存储需要被识别物品的相关信息，通常被放置在需要识别的物品上，它所存储的信息通常可被读写器通过非接触方式读/写。

(2) 读写器。读写器是可以利用射频技术读或写电子标签信息的设备。读写器读出的标签信息可以通过计算机及网络系统进行管理和信息传输。

(3) 计算机网络系统。如图 4-9 所示，在射频识别系统中，计算机网络系统通常用于对数据进行管理，完成通信传输功能。读写器可以通过标准接口与计算机网络系统进行连接，以便实现通信和数据传输功能。

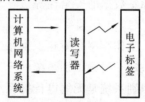

图 4-9　射频识别系统的结构框图

2. RFID 系统的基本工作原理

RFID 系统的基本工作原理如下。

(1) 读写器经过发射天线向外发射无线电载波信号。

(2) 当电子标签进入发射天线的工作区时，电子标签被激活，将自身信息经天线发射出去。

(3) 系统的接收天线接收到电子标签发出的载波信号，经天线的调节器传给读写器。读写器对接到的信号进行解调解码，送后台计算机控制器。

(4) 计算机控制器根据逻辑运算判断电子标签的合法性，针对不同的设定作出相应的处理和控制，发出指令信号控制执行机构的动作。

(5) 执行机构按计算机的指令动作。

(6) 计算机网络将各个监控点连接起来，构成总信息平台。

RFID 系统的基本工作原理如图 4-10 所示。

4.2.4 RFID 系统设备

RFID 的基础主要是大规模集成电路技术、计算机软硬件技术、数据库技术及无线电技术。最早的 RFID 硬件系统由电子标签、读写器和天线组成。

1. RFID 电子标签

RFID 电子标签由微型芯片、标签天线、连接部分和标签基板四部分构成,如图 4-11 所示。

图 4-10 工作原理图

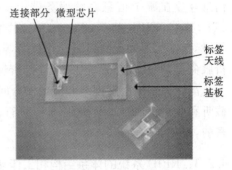

图 4-11 RFID 电子标签

1) RFID 电子标签主要技术参数

可以用来衡量 RFID 系统的技术参数比较多,如系统使用的频率、协议标准、识别距离、识别速度、数据传输速率、存储容量、防碰撞性能及电子标签的封装标准等。这些技术参数相互影响和制约。

电子标签的技术参数有:电子标签的能量要求、电子标签的容量要求、电子标签的工作频率、电子标签的数据传输速度、电子标签的读/写速度、电子标签的封装形式、电子标签数据的安全性等。

(1) 工作频率。

工作频率是射频识别系统最基本的技术参数之一。工作频率的选择在很大程度上决定了射频识别系统的应用范围、技术可行性及系统成本的高低。从本质上说,射频识别系统是无线电传播系统,必须占据一定的无线通信信道。在无线通信信道中,射频信号只能以电磁耦合或电磁波传播的形式表现出来。因此,射频识别系统的工作性能必然会受到电磁波空间传输特性的影响。

不同射频频率的电磁波存在较大的差异。低频电磁波具有很强的穿透能力,能够穿透水、金属、动物等导体材料,但是传播距离比较近。另外,由于频率比较低,可以利用的频带窄,数据传输速率较低,信噪比较低,容易受到干扰。高频系统的发射功率较小,设备比较简单,成本也比较低。高频电磁波的数据传输速率较高,没有低频的信噪比限制,但是高频电磁波的穿透能力较差,高频电磁波对障碍物的敏感性较强,很容易被水等导体媒质所吸收。

(2) 作用距离。

射频识别系统的作用距离指的是系统的有效识别距离。影响读写器识别电子标签有效距离的因素主要有:读写器的发射功率、系统的工作频率和电子标签的封装形式等。

在其他条件相同时,低频系统的识别距离最近,其次是中高频系统、微波系统,微波系统的识别距离最远。只要读写器的频率发生变化,系统的工作频率就会随之改变。

射频识别系统的有效识别距离和读写器的射频发射功率成正比。发射功率越大,识别距离也就越远。但是电磁波产生的辐射距离超过一定的范围,就会对环境和人体产生有害的影响。因此,在电磁功率方面必须遵循一定的功率标准。

电子标签的封装形式也是影响系统识别距离的原因之一。电子标签的天线越大,即电子标签穿过读写器的作用区域内所获取的磁通量越大,存储的能量也越大。

(3) 数据传输速率。

对于大多数数据采集系统来说,速度是非常重要的因素。为了不断缩短产品生产周期,要求读取和更新 RFID 载体的时间越来越短。

RFID 只读系统的数据传输速率取决于代码的长度、载体数据发送速率、读/写距离、载体和天线间载波频率,以及数据传输的调制技术等因素。无源读/写 RFID 系统的数据传输速率决定因素与只读系统的一样,不过除了要考虑从载体上读数据外,还要考虑往载体上写数据。有源读/写 RFID 系统的数据传输速率决定因素与无源系统的一样,不同的是无源系统需要激活载体上的电容充电来通信。

一个典型的低频读/写系统的工作速率可能仅为 100 B/s 或 200 B/s。这样,由于在一个站点上可能会有数百字节数据需要传送,数据的传输时间就会需要数秒钟,这可能会比整个机械操作的时间还要长。EMS 公司已经采用数项独到且专有的技术,设计出一种低频系统,其速率高于大多数微波系统。

(4) 安全要求。

安全要求一般指的是加密和身份认证。对一个计划中的射频识别系统应该就其安全要求作出非常准确的评估,以便从一开始就排除在应用阶段可能会出现的各种危险攻击。为此,要分析系统中存在的各种安全漏洞,攻击出现的可能性等。

(5) 存储容量。

数据载体存储量的大小不同,系统的价格也不同。数据载体的价格主要是由电子标签的存储容量确定的。对于价格敏感、现场需求少的应用,应该选用固定编码的只读数据载体。如果要向电子标签内写入信息,则需要采用 EEPROM 或 RAM 存储技术的电子标签,系统成本会有所增加。

基于存储器的系统有一个基本的规律,那就是存储容量总是不够用。毋庸置疑,扩大系统存储容量自然会扩大应用领域。只读载体的存储容量为 20 位,有源读/写载体的存储容量从 64 B 到 32 KB 不等,也就是说在可读/写载体中可以存储数页文本,这足以装入载货清单和测试数据,并允许系统扩展。无源读/写载体的存储空间从 48 B 到 736 B 不等,它有许多有源读/写系统所不具有的特性。

(6) RFID 系统的连通性。

作为自动化系统的发展分支,RFID 技术必须能够集成现存的和发展中的自动化技术。重要的是,REID 系统应该可以直接和个人计算机、可编程逻辑控制器或工业网络接口模块(现场总线)相连,从而降低安装成本。连通性使 RFID 技术能够提供灵活的作用,易于集成到广泛的工业应用中去。

(7) 多电子标签同时识读性。

由于系统可能需要同时对多个电子标签进行识别,因此,对读写器提供的多标签识读性也需要考虑。这与读写器的识读性能、电子标签的移动速度等都有关系。

(8) 电子标签的封装形式。

针对不同的工作环境,电子标签的大小、形式决定了电子标签的安装和性能的表现,电子标签的封装形式也是需要考虑的参数之一。电子标签的封装形式不仅影响到系统的工作性能,而且影响到系统的安全性能和美观。

对射频识别系统性能指标的评估十分复杂,影响到射频识别系统整体性能的因素很多,包括产品因素、市场因素及环境因素等。

2) RFID 电子标签相关的国际标准

RFID 电子标签相关的国际标准很多,其中的 ISO 18000 标准的组成如表 4-6 所示。

表 4-6 ISO 18000 标准组成

标准号	内 容	应 用 领 域
18000-1	一般参数定义	
18000-2	135 kHz 以下空气接口参数	适合短距离纸类标签,如门禁卡
18000-3	13.56 MHz 空气接口参数	适合中距离参数,如货架
18000-4	2.45 GHz 空气接口参数	适合较长距离使用
18000-6	860～930 MHz 空气接口参数	适合较长距离使用
18000-7	433.92 MHz 空气接口参数	只是作为一种选择,易被其他通信器材干扰

注:18000-5 规定了 5.8 GHz 参数,但已被否决,不会成为国际标准。

2. RFID 读写器

1) 读写器的功能

读写器的主要功能是在一定协议的支持下,完成读写器和电子标签之间的通信;可通过标准接口如 RS-232、RS-485、RJ-45 等与计算机相连,接收计算机发出的指令并对指令做出响应;能够在读/写区域内实现多标签同时识读,具备防冲撞功能,并能校验读/写过程中的错误信息。

2) 读写器硬件部分

读写器硬件部分由控制模块和射频模块组成。

控制模块一般由微处理器加上必要的外设元件来实现,读写器和应用系统软件的数据交互通过读写器的接口来完成。

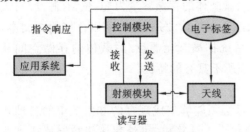

图 4-12 RFID 读写器的结构

射频模块产生高频发射能量,激活电子标签并与电子标签进行数据通信。RFID 读写器的结构如图 4-12 所示。

3) RFID 读写器分类

RFID 读写器可以根据结构和外观形式分为分离式读写器和集成式读写器。分离式读写器的特点是配置灵活、方便,但安装较为复杂。集成式读写器或一体化读写器的典型产品是手持读写器,它适合用户手持使用,具有方便、快捷、便于携带等优点,适用于野外和移动作业。

4) RFID 读写器主要技术参数

RFID 读写器主要技术参数有:读写距离一般为 10 cm～10 m;工作频率一般为 13.56 MHz、915 MHz、2.4 GHz;遵循的空气接口标准有 ISO 14443、ISO 15693、ISO 18000-6B、EPC Gen2;防冲突性能,多标签识读的性能;上位机接口有 RS-232、

RS-485、RJ-45。

5）RFID读写器天线

RFID读写器通过天线发射射频脉冲与RFID电子标签通信。常见的RFID读写器天线如图4-13所示。

图4-13 常见的RFID读写器天线

4.2.5 RFID应用领域

RFID被广泛应用于供应链管理、交通运输控制管理、工业自动化和防伪等众多领域。

1. RFID应用于供应链管理

供应链包括从原材料到最终用户的所有事物的移动过程，包括供货商选择、采购、产品计划、材料加工、订单处理、存货管理、包装、运输、仓储与客户服务，同时也包括供应链中的产品、货主、位置和时间等信息，以便供货商与客户之间更好地沟通。成功的供应链管理能无缝整合所有供应商、配货商、运输商、第三方物流公司和信息提供商。

在RFID的供应链应用中，主要的应用模式是物流的跟踪应用，技术实现是将RFID标签贴在托盘、包装箱或元器件上，进行元器件规格、序列号等信息的自动存储和传递。RFID标签能将信息传递给相当距离范围内的读头上，使仓库和车间不再需要使用手持条形码读卡器对元器件和在制品逐个扫描条形码，这在一定程度上减少了遗漏的发生，并大幅度提高了工作效率。RFID的倡导者认为，此举可能大幅度削减成本和清理供应链中的障碍。该技术正与物流供应链紧密联系在一起，有望在未来几年中取代条形码扫描技术。

2. RFID应用于交通运输控制管理

RFID技术在交通运输控制管理的应用非常广泛，包括停车场管理、不停车收费、公交车辆场站管理和车辆年检与特殊通道管理等。

RFID系统在停车场管理中的应用，实现了停车场收费管理及进出车辆控制。其工作原理为：电子标签安装在车辆的挡风玻璃上，在停车场的入口处安装RFID读头；在正常工作时，当车辆通过阅读器时，阅读器会发出"嘟"的提示音，则自动阅读成功，感应器将读取的信息通过串口传输到计算机内；当电子标签有效时，道闸自动打开，这样实现了车主无须停车即可出入停车场，通过计算机自动识别持卡人身份，确定对车是放行或拦截。这为车主通行及物业管理提供了极大的方便。

RFID系统在不停车收费系统中的应用，实现了不停车自动缴费、免现金、免找赎、与银行联网结算、货币电子化的智能化收费管理，解决了因停车交费而产生的交通堵塞、资源浪费、空气污染及资金失控等问题。其工作原理为：用于标志车辆的标签附于汽车挡风玻璃上，并将汽车识别信息进行编码，校准标签使其与系统一致；当带有标签的汽车进入阅读区域时，读头向其发射射频信号；标签调节所接受的一部分信号并反射回阅读器，反射信号含有该物体的识别密码，经过预处理和放大，阅读器将反射至读码器，读码器从信号中分解出识别密码，并根据用户确定的标准确认密码，读码器还可将时间、日期等有用信息加入密码，将密码存入存储器缓冲区，并将密码传递至主计算机或其他数据记录设备中。中央计算机收费系统管理运输、服务交易，就像银行管理自动提款机一样。用户购买或租借电子标签，就像车辆使用的 ATM 卡，通过建立收费系统账户来加入中央计算机收费网。该系统适用于高速公路、城市快车道、国道。

利用 RFID 实现公交车场的管理，为城市公交调度系统提供了信息采集功能，实现了公交车进/出站（总站）信息自动、准确、远距离、不停车采集，从而在真正意义上实现了公交车派车无纸化，使公交调度系统准确掌握公交停车场公交车进出的实时动态信息。系统适用于城市各类公交车场和长途车辆停车场。利用自动化手段管理车辆，可以提高公交车的管理水平，告别过去那种人工登记方法。利用计算机信息研究车辆运用规律，杜绝了在车辆管理中存在的漏洞，填补了原有公交车调度系统管理中信息采集功能的不足。

RFID 可以应用于车辆年检，在新购汽车登记或已有车辆的年检时，将"年检"标志（简称"检"字）换成带有 RFID 标签射频标签的"检"字。这样，交通警察在马路上通过手持阅读器或马路上方的阅读器就可以识别该车辆是否参加了年检。也可以通过手持机的读写系统对该车辆进行违章等登记管理，将所有数据实时传输到交管部门的中心数据库。

3. RFID 应用于工业自动化

RFID 因其具有抗恶劣环境能力强、非接触识别等特点，在生产过程控制中有很多应用。通过在大型工厂的自动化流水作业线上使用 RFID，实现了物料跟踪和生产过程自动控制、监视，提高了生产效率，降低了成本。

在生产线的自动化及过程控制方面，德国 BMW 公司为保证汽车在流水线各位置准确地完成装配任务，将 RFID 系统应用在汽车装配线上。而 Motorola 公司则采用 RFID 的自动识别工序控制系统，满足了半导体生产对环境的特殊要求，提高了生产效率。

4. RFID 应用于防伪

伪造问题在世界各地都是令人头疼的问题，现在应用的防伪技术如全息防伪等同样会被不法分子伪造。将 RFID 应用在防伪领域有它自身的技术优势，它具有成本低而又很难伪造的优点。电子标签的成本相对便宜，且芯片的制造需要有昂贵的过程，使伪造者望而却步。电子标签本身具有内存，可以存储、修改与产品有关的数据，利于进行真伪的鉴别。利用这种技术不用改变现行的数据管理体制。唯一的产品标识号完全可以做到与已用数据库体系兼容。

4.3 全球定位系统技术

全球定位系统 GPS（global positioning system），是美国研制的新一代卫星导航定位系统。GPS是一种可以授时和测距的空间交会定点的导航系统,可向全球用户提供连续、实时、高精度的三维位置、三维速度和时间信息。

4.3.1 GPS的发展历程

长期以来,判别敌我位置就是各国军队迫切渴求的能力。在古代,即使是绘制粗糙的地图也是将领们的无价之宝,到了近代出现了绘制等高线、经纬度的高精度地图。1957年10月4日,苏联Sputnik-1人造卫星发射成功,世界上第一颗人造地球卫星诞生。1958年12月,美国海军开始研制子午仪卫星定位系统——Transit,1960年开始发射卫星并于1964年正式投入使用。尽管这个为核潜艇开发的定位系统具有诸多弊端,如无法确定高度信息,定位时间长,无法连续导航,无法提供高度信息,难以修正电离层延迟误差等,但对比传统定位方式已经是一场革命了。1967年,美国宣布解密子午卫星系统的部分导航电文供民间使用,该系统不受气象条件的限制,自动化程度高,具有良好的定位精度。

1973年12月,美国开始建立新一代的卫星导航系统——GPS全球定位系统,GPS实施计划共分三个阶段。

第一阶段为方案论证和初步设计阶段。从1973年到1979年,共发射了4颗试验卫星,研制了地面接收机及建立地面跟踪网。

第二阶段为全面研制和试验阶段。从1979年到1984年,又陆续发射了7颗试验卫星,研制了各种用途接收机。实验表明,GPS定位精度远远超过设计标准。

第三阶段为实用组网阶段。1989年2月14日,第一颗GPS工作卫星发射成功,表明GPS系统进入工程建设阶段。1993年底实用的GPS网即(21+3)GPS星座已经建成,今后将根据计划更换失效的卫星。1994年6月完成第二代卫星发射。1996年开始发射第三代(Block IIR)卫星。1994年GPS系统基本建成,成为全球共享的空间信息资源,是空间信息系统的一个重要组成部分。从1973年至今,美国政府还在不断地研究和更新GPS的软硬件设备,累计耗资超过200亿美元。

4.3.2 GPS系统特点

与其他导航和定位技术相比,GPS定位技术主要有以下特点。

(1) 全球范围内连续覆盖。

由于GPS卫星的数目较多,其空间分布和运行周期经精心设计,可使地球上任何地点在任何时候都能观测到至少4颗卫星,从而保证全球范围的全天候连续三维定位。

(2) 实时导航、定位精度高、数据内容多。

利用GPS定位时,在1 s内可以取得几次位置数据,这种近乎实时的导航能力对于高动态用户具有重要意义,同时能为用户提供连续的三维位置、三维速度和精确的时间信息。目前利用C/A码的实时定位精度可达20~50 m,速度精度为0.1 m/s,利用特殊处理可达0.005 m/s,相对定位可达毫米级。

随着GPS系统的不断完善,软件的不断更新,目前,20 km以内相对静态定位,仅需15~20 min;快速静态相对定位测量时,当每个流动站与基准站相距在15 km以内时,流动站观测时间只需1~2 min,然后可随时定位,每站观测只需几秒钟。

(3) 静态定位观测效率高。

根据精度要求不同,GPS 静态观测时间从数分钟到十天不等,从数据采集到数据处理基本上都是自动完成的。而使用传统的测绘技术要达到相同的精度则比较困难,且往往需要几倍乃至十几倍的观测时间并耗费大量人力物力。

(4) 抗干扰能力强、保密性好。

GPS 采用扩频技术和伪码技术,用户只需接收 GPS 的信号,自身不会发射信号,因而不会受到外界其他信号源的干扰。

(5) 功能多、应用广。

GPS 是军民两用的系统,其应用范围极其广泛。在军事上,GPS 将应用于自动化指挥系统,在民用上可广泛应用于农业、林业、水利、交通、航空、测绘、安全防范、军事、电力、通信、城市多个领域,尤其以地面移动目标监控最具代表性和前瞻性。

4.3.3 GPS 系统的组成

GPS 定位技术是利用高空中的 GPS 卫星,向地面发射 L 波段的载频无线电测距信号,由地面上用户接收机实时地连续接收,并计算出接收机天线所在的位置。因此,GPS 定位系统是由空间星座部分、地面监控部分和用户设备部分组成,如图 4-14 所示。这三个部分对 GPS 系统的正常工作所起的作用各不相同,缺一不可。

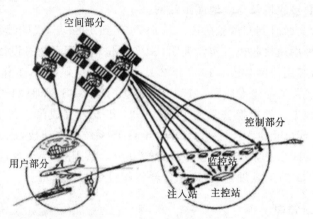

图 4-14　GPS 系统的组成

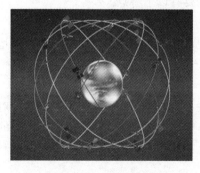

图 4-15　GPS 卫星图

1. GPS 卫星星座(空间部分)

GPS 的空间部分是由 24 颗卫星组成(21 颗工作卫星,3 颗备用卫星),它位于距地表 20 200 km 的上空,均匀分布在 6 个轨道面上(每个轨道面 4 颗),轨道倾角为 55°,如图 4-15 所示。卫星的分布使得在全球任何地方、任何时间都可观测到 4 颗以上的卫星,并能在卫星中预存导航信息。GPS 的卫星因为大气摩擦等问题,随着时间的推移,导航精度会逐渐降低。

2. 地面监控系统(地面控制部分)

地面控制系统由监测站(monitor station)、主控制站(master monitor station)、地面天线(ground antenna)所组成,主控制站位于美国科罗拉多州春田市(colorado spring)。地面控制站负责收集由卫星传回的信息,并计算卫星星历、相对距离、大气校正等数据。

3. GPS 信号接收机(用户设备部分)

用户设备部分即 GPS 信号接收机。其主要功能是能够捕获到按一定卫星截止角所选择的待测卫星,并跟踪这些卫星的运行。当接收机捕获到跟踪的卫星信号后,就可测量出接收天线至卫星的伪距离和距离的变化率,解调出卫星轨道参数等数据。根据这些数据,接收机中的微处理计算机就可按定位解算方法进行定位计算,得到用户所在地理位置的经纬度、高度、速度、时间等信息。

4.3.4 GPS 系统定位原理

GPS 的定位原理就是利用空间分布的卫星,以及卫星与地面点的距离交会得出地面点位置。简言之,GPS 定位原理是一种空间的距离交会原理。

根据高速运动的卫星瞬间位置作为已知的起算数据,采用空间距离后方交会的方法,确定待测点的位置。如图 4-16 所示,假设 t 时刻在地面待测点上安置 GPS 接收机,可以测定 GPS 信号到达接收机的时间 Δt,再加上接收机所接收到的卫星星历等其他数据可以确定以下四个方程式:

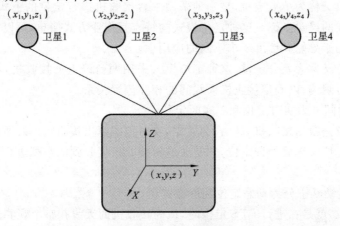

图 4-16 GPS 定位原理

$$\begin{cases} [(x_1-x)^2+(y_1-y)^2+(z_1-z)^2]^{1/2}+c(v_{t_1}-v_{t_0})=d_1 \\ [(x_2-x)^2+(y_2-y)^2+(z_2-z)^2]^{1/2}+c(v_{t_2}-v_{t_0})=d_2 \\ [(x_3-x)^2+(y_3-y)^2+(z_3-z)^2]^{1/2}+c(v_{t_3}-v_{t_0})=d_3 \\ [(x_4-x)^2+(y_4-y)^2+(z_4-z)^2]^{1/2}+c(v_{t_4}-v_{t_0})=d_4 \end{cases}$$

式中:(x,y,z)——待测点坐标的空间直角坐标;

(x_i,y_i,z_i)——卫星 i 在 t 时刻的空间直角坐标;

Δt_i——卫星 i 的信号到达接收机所经历的时间;

c——GPS 信号的传播速度(即光速);

d_i——卫星 i 到接收机之间的距离,$d_i=c\Delta t_i$;

v_{t_i}——卫星 i 的卫星钟的钟差,由卫星星历提供;

v_{t_0}——接收机的钟差。

由以上四个方程即可解算出待测点的坐标 x、y、z 和接收机的钟差 v_{t_i}。

4.3.5 GPS 定位方法

GPS 定位的方法有很多种，用户可以根据不同的用途采用不同的定位方法。GPS 定位方法可依据不同的分类标准，作不同的划分。

（1）依据观测值划分为伪距定位和载波相位定位。

伪距定位所采用的观测值为 GPS 伪距观测值，所采用的伪距观测值既可以是 C/A 码伪距，也可以是 P 码伪距。伪距定位的优点是数据处理简单，对定位条件的要求低，不存在整周模糊度的问题，可以非常容易地实现实时定位；其缺点是观测值精度低，C/A 码伪距观测值的精度一般为 3 m，而 P 码伪距观测值的精度一般也在 30 cm 左右，从而导致定位精度低。另外，若采用精度较高的 P 码伪距观测值，还存在 AS (anti-spoofing，反编码) 的问题。

载波相位定位所采用的观测值为 GPS 的载波相位观测值，即 L1、L2 或它们的某种线性组合。载波相位定位的优点是观测值的精度高，一般优于 2 mm；其缺点是数据处理过程复杂，存在整周模糊度的问题。

（2）依据定位模式分为绝对定位和相对定位。

绝对定位又称为单点定位，是一种采用一台接收机进行定位的模式，它所确定的是接收机天线的绝对坐标。这种定位模式的特点是作业方式简单，可以单机作业。绝对定位一般用于导航和精度要求不高的应用中。

相对定位又称为差分定位，这种定位模式采用两台以上的接收机，同时对一组相同的卫星进行观测，以确定接收机天线间的相互位置关系。

（3）按时间分为实时定位和非实时定位。

实时定位是根据接收机观测到的数据，实时地解算出接收机天线所在的位置。

非实时定位又称后处理定位，它是通过对接收机接收到的数据进行后处理以进行定位的方法。

（4）按运动状态分为动态定位和静态定位。

动态定位，就是在进行 GPS 定位时，认为接收机的天线在整个观测过程中的位置是变化的。也就是说，在数据处理时，将接收机天线的位置作为一个随时间的改变而改变的量。动态定位又分为 Kinematic 和 Dynamic 两类。

静态定位，就是在进行 GPS 定位时，认为接收机的天线在整个观测过程中的位置是保持不变的。也就是说，在数据处理时，将接收机天线的位置作为一个不随时间的改变而改变的量。在测量中，静态定位一般用于高精度的测量定位，其具体观测模式由多台接收机在不同的测站上进行静止同步观测，时间有几分钟、几小时甚至数十小时不等。

4.3.6 GPS 的应用领域

1. GPS 应用于交通

出租车、租车服务、物流配送等行业利用 GPS 技术对车辆进行跟踪、调度管理，合理分布车辆，以最快的速度响应用户的乘车请求，降低能源消耗，节省运行成本。GPS 在车辆导航方面发挥了重要的角色，在城市中建立数字化交通电台，实时播放城市交通信息，车载设备通过 GPS 进行精确定位，结合电子地图以及实时的交通状况，自动匹配最优路径,并实行车辆的自主导航。民航运输通过 GPS 接收设备,使驾驶员着陆时能准确对准跑道,同时还能使飞机紧凑排列,提高机场利用率,引导飞机安全进离场。

2. GPS 应用于测量

GPS 精密定位技术对经典测量学和导航学等产生了极其深刻的影响。其主要应用范围包括:大地测量、地球动力学的研究、地区性测量控制网的联测、海洋测量、精密工程测量、工程变形监测、航空遥感、土地资源调查和地籍测量等;在导航学中的应用主要包括:车辆、船舶和飞机的精密导航、测速,以及运动目标的监控与管理等。除此之外,GPS 定位技术在运动载体的姿态测量、弹道导弹制导、卫星的定轨、精密测量,以及在气象学和大气物理学的研究领域得到广泛应用。

3. GPS 应用于农业

当前,发达国家已开始把 GPS 技术引入农业生产,即所谓的"精准农业耕作"。该方法利用 GPS 进行农田信息定位获取,包括产量监测、土样采集等,计算机系统通过对数据的分析处理,决策出农田地块的管理措施,把产量和土壤状态信息装入带有 GPS 设备的喷施器中,从而精确地给农田地块施肥、喷药。通过实施精准耕作,可在尽量不减产的情况下,降低农业生产成本,有效避免资源浪费,降低因施肥除虫对环境造成的污染。

4. GPS 应用于救援

利用 GPS 定位技术,可对火警、救护进行应急调遣,提高紧急事件处理部门对火灾、犯罪现场、交通事故、交通堵塞等紧急事件的响应效率。GPS 应用于特种车辆(如运钞车)等,可对突发事件进行报警、定位,将损失降到最低。有了 GPS 的帮助,救援人员就可在人迹罕至、条件恶劣的大海、山野、沙漠,对失踪人员实施有效的搜索、拯救。装有 GPS 装置的渔船,在发生险情时,可及时定位、报警,使之能更快、更及时地获得救援。

5. GPS 应用于娱乐消遣

随着 GPS 接收机的小型化以及价格的降低,GPS 逐渐走进了人们的日常生活,成为人们旅游、探险的好帮手。通过 GPS,人们可以在陌生的城市里迅速地找到目的地,并且可以最优的路径行驶;野营者携带 GPS 接收机,可快捷地找到合适的野营地点,不必担心迷路;甚至一些高档的电子游戏,也使用了 GPS 仿真技术。

6. GPS 应用于军事

战斗机导航,如海湾战争中应用于 B-52、F-16;导弹制导和导航,如空战指挥和控制;军事目标的定位,精确标定战场重点设施的位置,如防空站、掩体、指挥中心、电站等。

4.4 地理信息系统技术

地理信息系统 GIS(geographic information system),是以地理空间数据库为基础,在计算机软硬件的支持下,运用系统工程和信息科学的理论,科学管理和综合分析具有空间内涵的地理数据,以提供管理、决策等所需信息的技术系统。地理信息系统作为获取、存储、分析和管理地理空间数据的重要工具、技术和学科,近年来得到了广泛关注和迅猛发展。

4.4.1 GIS 的概念、历史和发展趋势

1. GIS 的基本概念

GIS 是综合处理和分析地理空间数据的一种技术系统,是以测绘测量为基础,以数据库作为数据储存和使用的数据源,以计算机编程为平台的全球空间分析技术。它是一门集多学科为一体的新兴边缘学科。

GIS 重视对拓扑结构的管理,重视拓扑关系的自动生成,强调与空间相关的查询统计,强调空间分析,强调三维模型分析。

地理信息系统中"地理"的概念并非指地理学,而是广义地指地理坐标参照系统中的坐标数据、属性数据以及以此为基础而演义出来的知识。

地理信息系统按其内容分为以下三大类。

(1) 专题地理信息系统(subject GIS),是具有有限目标和专业特点的地理信息系统。为特定的专门的目的服务,如水资源管理信息系统、矿产资源信息系统、农作物估产信息系统、草场资源管理信息系统、水土流失信息系统、环境管理信息系统等。

(2) 区域地理信息系统(regional GIS),主要以区域综合研究和全面信息服务为目标,如国家级、地区级、市级或县级等。

(3) 地理信息系统工具(GIStools),是一组具有图形图像数字化、存储管理、查询检索、分析运算和多种输出等地理信息系统基本功能的软件包。

地理信息系统 GIS 在信息系统中占据关键性的位置,如图 4-17 所示。

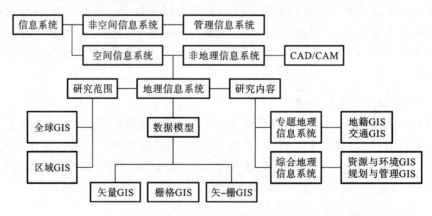

图 4-17 GIS 在信息系统中的位置

2. GIS 在我国的发展

我国的地理信息系统起步较晚,但发展较快,大体上可分为以下几个阶段。

1) 准备阶段

20 世纪 70 年代初,我国开始探讨计算机在测量、地图制图和遥感领域的应用。例如,1972 年开始研制制图自动化系统,1974 年引进美国地球资源卫星图像,开展了卫星图像的处理和信息解释工作,随后召开了各种区域性遥感技术规划会议,先后开展了多项卫星系列数据与图像的接收、处理和应用的实验,如京津唐地区红外遥感试验、新疆哈密地区航空遥感实验室等。此外,还开展了全国范围的航空摄影测量与地

形制图,为我国地理信息系统数据库的建立打下了坚实的基础,并于 1977 年诞生了我国第一张全要素数字地图。所有这些都为我国地理信息系统的研制和开发做了技术准备,为 GIS 的发展开辟了道路。

2) 试验阶段

20 世纪 80 年代,随着计算机技术的发展和我国对"信息革命"的热烈响应,地理信息系统这一新技术在我国正式进入全面试验阶段。我国在 GIS 理论探索、规范探讨、实验技术、软件开发、系统建立、人才培养、典型试验和专题试验等方面都取得了实质性的进展。在典型试验中主要研究建立数据规范和标准、空间数据库建立、数据处理和分析算法以及系统分析软件和应用软件的开发等。在专题试验和应用方面,探索地理信息系统的设计与应用,包括人口、资源、环境与经济等广泛专题的试验和应用。建成的区域性系统有 1∶1000000 国土基本信息系统和全国土地信息系统、1∶4000000 全国资源和环境信息系统、1∶2500000 水土保持信息系统等,专题信息系统如黄土高原信息系统、洪水灾害预报与分析系统、矿产资源数据库等。一些用于辅助城市规划的各种小型信息系统在城市建设和规划部门获得了认可。此外,国际 GIS 学术会议多次在我国举行,有关高校开设了地理信息系统课程,这一切均为 GIS 的进一步发展和实际应用打下了基础。

3) 发展阶段

从 1986 年到 1995 年前后,我国 GIS 随着社会主义市场经济的发展走上了全面发展道路。由于沿海、沿江经济开发区的发展,土地的有偿使用和外资的引进,急需 GIS 为之服务,推动了 GIS 的发展和应用。GIS 研究正式列入国家科技攻关项目,开始有计划、有组织、有目标地进行理论研究和应用建设。同时,全国许多行业部门和部分省市积极发展各自专业 GIS 和区域 GIS,上海、北京、深圳、海口、三亚、常州等大中城市都在积极建设城市 GIS。

4) 产业化阶段

1996 年以来,我国 GIS 技术在技术研究、成果应用、人才培养、软件开发等方面进展迅速,并力图将 GIS 从初步发展时期的研究实验、局部应用推向实用化、集成化、工程化,为国民经济发展提供辅助分析和决策依据。GIS 在研究和应用过程中走向产业化道路,成为国民经济建设普遍使用的工具,并在各行各业发挥重大作用。

GIS 的发展大事件如表 4-7 所示。

表 4-7 GIS 发展大事件

时 间	事 件
1974 年	开始引进国外地球资源卫星图像
1977 年	诞生中国第一张由计算机输出的全要素地图
1978 年	原国家计委召开全国第一届数据库(空间)学术讨论会
1981 年	在四川渡口二滩地区进行航空遥感 GIS 建设实验
1982 年	中国科学院地理研究所建成全国县界数据库
1984 年	国家测绘局开始启动中国国家基础地理信息系统建设工作
1985 年	国家资源与环境信息系统重点开放实验室成立
1990 年	国产软件如 MapGIS、GeoStar、SuperMap、CityStar、方正智绘等相继问世

续表

时间	事件
1992 年	国办秘书局和国家测绘局联合研建的"综合国情 GIS"(9202 工程)开始启动
1993 年	建成 1∶1000000 国家基础地形数据库为支撑的综合国情电子地图系统
1997 年	地理系本科生与研究生专业目录增设 GIS 专业;研究生专业目录设立地图学与地理信息工程专业
1997 年	建成以局域网支持下的分布式综合国情 GIS
1998 年	建成 1∶250000 基础地理数据库
2000 年	开发了基于网络环境的 Geo Windows 软件系统

3. 地理信息系统的发展趋势

随着信息技术,尤其是计算机技术的快速发展、数字地球(digital earth)的提出与实施,以及 GIS 应用的不断深入,GIS 正处于急剧变化与发展之中,同时对 GIS 提出了许多新的要求。一方面,计算机的进步、信息网的发展和利用,使得以数字形式表示信息更加容易;另一方面,地理信息仍滞后于其他更适合于以数字形式表示的信息,如数字和文本。因此,地理信息的使用,又存在一定的困难和障碍,如果这些障碍能够妥善解决,GIS 的应用将会取得突飞猛进的发展。

随着数字地球的提出与实施,GIS 的发展已经进入成熟期,多媒体技术、空间技术、虚拟实景、数字测绘技术、数据仓库技术、通信技术得到突破性进展,数据多维化(3D&4D GIS)、平台网络化(Web GIS)、集成化成为 GIS 的发展方向。

1) 网格 GIS

网格 GIS 是以网格为平台的 GIS,是网格及网格计算技术与 GIS 相结合而形成的新技术。它是指在网格环境下为各种地理信息科学应用提供 GIS 的基本功能(如分析工具、制图功能)、分布式计算和空间数据管理的空间信息管理系统。它本质上是一个基于网络的分布式空间信息管理与服务系统,能实现空间设计管理、分布式协同作业、网上发布、代理信息应用服务等多种功能。

网格 GIS 可以为空间信息应用提供一个强大的空间数据管理和信息处理基础设施,确保来自任何空间信息源的信息经过处理后,在任何时候都能应用在任何地点、任何有权限的用户,它是一个在广域范围内的空间信息无缝集成和协同处理系统。

2) 移动 GIS

当前,嵌入式移动 GIS 软硬件技术、移动定位技术、无线通信互联技术在不断发展,使得移动 GIS 空间信息服务的能力得到进一步拓展和完善。移动 GIS 已经成为一种重要的空间信息服务技术。移动 GIS 有以下主要功能:定位用户所在的位置,根据位置查找最近的、用户迫切想知道的信息,并以图形方式显示;实现实时救助服务;根据用户当前位置及最终目的地进行路线查询,并可以监视运行轨迹;其他与位置相关的服务等。

3) 3D GIS

3D GIS 一直是 GIS 理论和应用研究中的热点问题之一,也是"数字地球"的核心技术问题。但是,目前达到成熟应用的只有 2.5 维(准三维)GIS。所谓的 2.5 维功能,也只是相对传统 GIS 多了属性值,而不是真正的空间坐标值。真正意义上的 3D GIS,是空间某一点的属性值独立于 X、Y 的自变量即三维空间中的 Z 坐标值。目前相对成熟的技术有 VRML、Java3D、GeovRML 等。

利用 3D GIS、无线网络传输技术,建立基于海量数据的 3D 地理信息平台。在 3D GIS 平台支持下,指挥员可迅速从数据库中调出事发地点的 3D 地理信息地图、三维建筑模型,指挥员可以根据现场的地形、交通、救灾设施和物资分布及建筑情况进行分析并作出正确的决策,合理安排前进路线、交通管制、物资分配,必要时确定人群疏散的范围。还可针对震区情况,对部分重要目标(如政府机关、重点文物保护单位、人群密集场所、危险源等)进行重点数据采样,建立更加完整的评估模型。3D GIS 在地震应急指挥中的应用越来越广泛。

4.4.2　GIS 软件技术平台

1. 国外主流 GIS 软件

国外主流 GIS 软件主要有 Arc/Info、MapInfo、GeoMedia 等。

1) Arc/Info

Arc/Info Unix/NT 版(以下合称 Arc/Info)是 ESRI 公司系列产品中最经典、功能最强大的专业 GIS 产品,它是 ESRI 公司实力的标志,经受了时间的考验,其许多先进的设计思想和概念被其他产品借鉴和采纳,成为引导全球 GIS 发展方向的旗帜。

Arc/Info 可运行于各种平台上,可直接共享数据及应用。实行全方位的汉化,包括图形、界面和数据库,并支持 NLS(native language system),实现可重定义的自动语言本地化。

Arc/Info 是最全面的、可扩展的 GIS 软件。它囊括了 ArcView 和 ArcEditor 的全部功能,并且增加了高级的地理处理和数据转换功能。专业的 GIS 用户使用 Arc/Info 可以进行各方面的数据构建、模拟、分析,以及地图的屏幕显示和输出。

作为一款杰出的、全面的 GIS 软件,Arc/Info 具有创建和管理智能 GIS 的全部功能。界面可通过模型、脚本和应用程序来实现自定义和扩展设置。利用 Arc/Info 可以构建用于发现关系、分析数据和整合数据的强大地理处理模型;执行矢量叠加、邻近及统计分析功能;生成线要素事件和与其他要素的叠加事件;多种数据格式间的转换;构建复杂数据和分析模型,以及用脚本来实现 GIS 自动处理。

Arc/Info 具有全面的数据管理和地理处理工具。它包括大约 200 种能操作任何要素数据的地理处理工具及 50 种附加的用于专门处理 coverage 数据的地理处理工具。使用 Arc/Info 地理处理环境,用户能够自动进行数据转换、管理和分析。通过对这些重要任务的标准化,节省了时间,提高了工作质量。

2) MapInfo

MapInfo 是美国 MapInfo 公司的桌面地理信息系统软件,是一种数据可视化、信息地图化的桌面解决方案。它依据地图及其应用的概念,采用办公自动化的操作,集成多种数据库数据,融合计算机地图方法,使用地理数据库技术,加入了地理信息系统分析功能,形成了极具实用价值的、可以为各行各业所用的大众化小型软件系统。MapInfo 含义是"Mapping ＋ Information(地图＋信息)",即地图对象＋属性数据。

MapInfo 是个功能强大、操作简便的桌面地图信息系统,它具有图形的输入与编辑、图形的查询与显示、数据库操作、空间分析和图形的输出等基本操作。系统采用菜单驱动图形用户界面的方式,为用户提供了 5 种工具条(主工具条、绘图工具条、常用工具条、ODBC 工具条和 MapBasic 工具条)。用户通过菜单条上的命令或工具条上的按钮进入对话状态。系统提供的查看表窗口为:地图窗口、浏览窗口、统计窗口,以及帮助输出设计的布局窗口,并可将输出结果方便地输出到打印机或绘图仪。

图形的输入是将各种地图信息数据进行数字化或转换,以获得 MapInfo 的基本图形数据组织——表,并随数据源的不同,可用手持数字化仪、扫描仪输入或其他标准数据格式转入,如 AutoCAD 的(.dxf 和.dwg)、Intergraph 的(.dgn)、ESRI 的 ArcView Shape 数据等。

在 MapInfo 中,可以使用两种表来建立、存储、查询和显示属性数据。一种是数据表,可分为包含图形(地图)对象的数据表和不包含图形对象的数据表,如电子表格或外部数据表;另一种是栅格表,它是一种只能在地图窗口中显示的图像,没有数据表的记录、字段和索引等表结构。

MapInfo 系统为用户提供了强大而灵活的查询功能,在系统中称为选择(selection)功能。通过选择既可以直接从地图上查询到相应数据表的信息,也可以利用系统提供的 SQL Selection 从数据表查到相应的数据和地图信息。系统用一个临时表(selection 表)存放选择的结果,对于临时表也可执行很多用于基础表的操作,如浏览、统计、复制或编辑表,还可进一步生成新的 Selection。

MapInfo 支持二次开发,MapBasic 是 Mapinfo 自带的二次开发语言,它是一种类似 Basic 的解释性语言,利用 MapBasic 编程生成的 *.mbx 文件,能在 Mapinfo Professional 软件平台上运行,早期的 Mapinfo 二次开发都是基于 MapBasic 进行的。Mapxtreme 是 MapInfo 提供的二次开发包(SDK),基于面向对象,提供 COM 加载,可在 VB、Delphi、C++、.net 和 Java 等开发语言和环境中进行开发。

3) GeoMedia

GeoMedia 提供了真正的数据集成技术,可以将多个异构的数据库集成到一个单独的 GIS 环境中浏览、分析和显示,而无需进行数据转换,从而避免了数据冗余及数据更新不及时等问题,因为所有的人都是从同一个数据源获得数据。GeoMedia 的数据服务器技术支持开放的标准,可以直接访问所有主流的地理空间/CAD 数据格式和行业标准的关系数据库。

GeoMedia 提供了一整套功能强大的分析工具,包括属性和空间查询、缓冲区、空间叠加和专题分析。使用 GeoMedia 的数据库服务器技术,可以方便地对多种空间数据格式同时进行分析。GeoMedia 是唯一适合进行 what…if 分析的工具,因为它可以让你在同一个分析管道中使用多个操作,该管道中的数据发生任何变化,分析结果都会自动变更。

对于大多数应用来说,最终的目标都是地图显示。GeoMedia 的布局组合工具可以灵活设计地图以满足企业的独特需求。使用简单、标准的工具,可以在需要时快速创建艺术级的地图,或者专注于高质量的地图输出。无论是想在网上发布地图,还是想打印出来,或者是作为文件传输,GeoMedia 提供了在企业内共享地图所需要的工具。

2. 国产主流 GIS 软件

国产主流 GIS 软件有 MapGIS、Geostar、GeoMap、SuperMap 等。

1) MapGIS

MapGIS 地理信息系统是中国地质大学信息工程学院开发的工具型地理信息系统软件。该软件产品在由国家科技部组织的国产地理信息系统软件测评中连续三年名列前茅，是国家科技部向全国推荐的唯一国产地理信息系统软件平台。以该软件为平台，开发出了用于城市规划、通信管网及配线、城镇供水、城镇煤气、综合管网、电力配网、地籍管理、土地详查、GPS 导航与监控、作战指挥、公安报警、环保监测、大众地理信息制作等一系列的应用系统。

2) GeoStar

GeoStar 是武汉吉奥信息工程公司所开发的地理信息系统基础软件——吉奥之星系列软件的核心（基本）板块，用于空间数据的输入、显示、编辑、分析、输出，构建与管理大型空间数据库。GeoStar 最独特的优点在于矢量数据、属性数据、影像数据、DEM 数据高度集成。这种集成面向企业级的大型空间数据库中的矢量数据、属性数据、影像数据和 DEM 数据可以单独建库，并可进行分布式管理。通过集成化界面，可以将四种数据统一调度，无缝漫游，任意开窗放大，实现各种空间查询与处理。

GeoStar NT 版采用当前计算机领域最先进的面向对象技术，根据地理信息系统和计算机技术的发展趋势，将网络化和集成化作为软件的基本特征。它几乎涉及地理信息系统和遥感应用领域的所有基本功能。

GeoStar NT 版定位在企业级，面向大型的空间数据管理。同时管理 GIS 中的图形数据、属性数据、影像数据和 DEM 数据，通过 ODBC 可以与各种商用数据库管理系统连接，如 SQL Server、Sybase、Oracle 等，通过自行开发的空间数据交换模块可以与当前流行的 GIS 软件及我国的空间数据交换数据。

3) GeoMap

GeoMap 作为 GeoStar NT 版的二次开发工具，以 COM（component object model）为基础，以"控件＋对象"的形式，向二次开发用户提供 GeoStar NT 版的强大功能。二次开发用户可以利用 GeoMap 及其他软件供应商提供的大量构件，诸如绘图、多媒体和数据库对象等，并根据终端用户的需要规划设计满足特定需求的应用程序。GeoMap 由一个 OLE 控件和一组近 20 个 OLE 自动化对象构成，应用于标准 Windows 开发环境，用户可以根据需要选择合适的开发工具。GeoMap 是基于 Windows NT 4.0 开发的，因而其开发平台也立足于 Windows NT 4.0, Windows NT 4.0 下的 Visual Basic、Dephi、PowerBuilder 等环境均适合利用 GeoMap 进行软件开发。

4) SuperMap

SuperMap 是北京超图地理信息技术有限公司依托中国科学院的科技优势，立足技术创新而研制的新一代大型地理信息系统平台，满足各行业不同类型的用户需要。SuperMap GIS 5 系列产品是 SuperMap GIS 产品的最新版本。

凭借公司领先的技术、开放的理念、优质的服务，SuperMap GIS 系列软件目前已成为中国主流的 GIS 平台，并已成功地进入了日本、韩国、新加坡、美国、意大利等国家。SuperMap 正逐步向一个国际化的 GIS 品牌迈进。

4.4.3 GIS 的构成及功能

地理信息系统作为一个功能强大的空间信息系统，主要由四个部分组成：系统硬

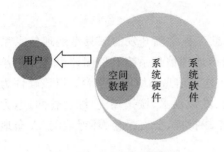

件，完成计算机与一些外部设备及网络设备的连接，构成 GIS 的硬件环境；系统软件，支持数据采集、存储和加工，包括回答用户问题的计算机程序系统；空间数据，完成系统分析与处理的对象，构成系统的应用基础；系统的用户。GIS 的系统结构如图 4-18 所示。

图 4-18　GIS 系统结构图

(1) GIS 的计算机硬件系统的构成如图 4-19 所示。

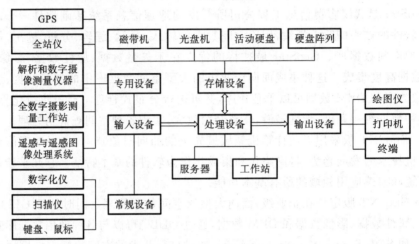

图 4-19　GIS 的计算机硬件系统的构成

(2) GIS 的计算机软件系统的构成如图 4-20 所示。

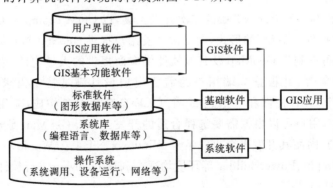

图 4-20　GIS 的计算机软件系统的构成

(3) GIS 处理的数据包括：空间数据（图），如空间位置、几何特性；属性数据（文），如文字属性、表格、其他非几何数据（声音、动画、影像等）。

GIS 的数据构成如表 4-8 所示。

表 4-8　GIS 的数据构成

空间事物类型	典型对象	典型属性	图形图像表达形式
点	学校、环保监测站	规模、有关监测指标	点状符号
线	道路、电缆、水系	交通量、电压、水质	线型

续表

空间事物类型	典型对象	典型属性	图形图像表达形式
面(多边形)	地块、行政区	土地使用、人口	填充符号、边界线
网络	交通系统	交通量、交叉口延误	节点符号、线段线型
三维表面	地形、土壤	高程、土壤成分	彩色图像、立体网状图
辅助地形注记	地名、高程	制图参数	文字、辅助线、点符号

GIS 的基本功能：数据储存和管理；查询；制图与输出(可视化表达)；分析。GIS 基本功能的实现过程如图 4-21 所示。

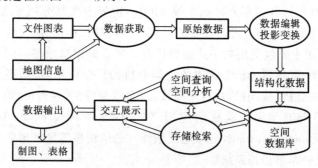

图 4-21 GIS 基本功能的实现过程

4.4.4 GIS 应用领域

GIS 是一门以应用为目的的信息产业，它的应用已深入各行各业。总的来说，相当一段时间内，我国 GIS 应用的三大主体市场是政府部门、企业应用和公众信息服务。

1. 政府 GIS

政府 GIS 简称 GGIS(government GIS)，政府部门是 GIS 的重要用户，是 GIS 应用的主体。它们既是 GIS 的主要用户，也是城市空间数据的主要生产、使用和管理者。据统计，政府机关管理、分析和决策所用的政务信息中，有 85% 以上的信息与空间有关。这意味着 GGIS 在政府信息化中具有巨大潜力。

目前，我国各中央部委，如水利、交通、农林、地矿、环保部门纷纷建立了为领导提供信息咨询和辅助决策的综合信息系统。许多城市在城市建设规划、城市管理、土地管理、房产管理部门建立了 GIS 应用系统。部分城市的城市规划、土地管理等部门，已将 GIS 应用系统作为日常办公的业务系统。

电子政务与 GIS 关系非常密切，表现在电子政务需要空间数据的支撑，需要 GIS 技术的支持。随着各地电子政务建设的启动，给 GIS 应用带来了更多的机遇。在我国，电子政务与 GIS 结合的代表工程是"国务院综合国情 GIS"，用来作为国务院系统的业务管理和宏观分析决策的辅助工具。

当然，GGIS 的建立和应用需要广域网环境的支持、权威的国家空间信息基础设施的支持、高安全保密机制及各种业务技术系统的支持等。

2. 军事 GIS

军事行动都是在一定的地理环境中进行的,地理环境对军事行动有着极其重要的影响与作用。随着信息技术的发展,未来高技术战争中信息对抗的含量将越来越高,指挥决策智能化、作战指挥自动化、武器装备信息化成为未来战争取胜的关键。在这种需求下,出现了数字化战场。数字化战场建设已成为未来战场发展的主流,建设数字化战场和数字化部队已成为 21 世纪军队发展的大趋势,引起了各国的普遍关注。目前,数字化的地理环境信息已成为指挥决策的必要条件之一,因此,MGIS(military GIS)已成为现代化军事斗争的一项重要内容。

GIS 在军事方面的应用,是指在计算机软硬件的支持下,对军事地形、资源与环境等空间信息进行采集、存储、检索、分析、显示和输出。

自海湾战争以后,各国军方普遍重视 MGIS,世界上大部分国家都建立了用途不同、规模大小不等的 MGIS。报道较多的是美国、俄罗斯、英国、澳大利亚等国。

MGIS 的应用主要包括用数字式地图代替了笨重的模拟地图,并利用各种数字地图,实现地理查询;以地形分析为代表的空间分析的广泛应用,包括距离量测、面积量测、武器打击轨迹分析、战场模拟、行军路线、应急线路分析、越野机动、涉水分析、通视点分析等;MGIS 与其他系统集成的应用,如 MGIS 和 RS(remote sensing,遥感)、GPS(global positioning system,全球定位系统)、通信情报等紧密地联系在一起,形成一个多功能的统一军事指挥系统。

3. 企业 GIS

EGIS(enterprise GIS)的应用主要指企业设施管理、商业管理与决策问题等。企业设施管理从空间分布的角度了解企业设施的状况,以提高企业的工作效率,优化服务,节约成本,从而产生经济效益。我国的自来水、煤气、电力、电信、油田、制造业等大型工厂企业纷纷启动 GIS 项目用于设施管理。

在商业管理与决策中,EGIS 主要用在商业网点布设、物流管理、客户关系管理(CRM)、电子商务处理中,以便企业了解客户、合作伙伴、资源、商业竞争对手的空间分布及规律。

4. 公众 GIS

信息服务业是 21 世纪最具有发展潜力的产业之一。通常将直接为公众提供信息服务,辅助公众进行行为决策的 GIS 称为公众 GIS。随着 Internet 和 WebGIS 技术的发展,为公众提供网上地图浏览服务的 GIS 网站越来越多。无线通信的广泛应用,形成一门新的无线定位技术。无线定位服务的兴起,加快了 GIS 走向社会化服务的步伐。

公众 GIS 的主要特点是数据采集要有全面性、现实性和准确性;数据传输以无线通信为主;数据表现除了使用电子地图外,大量采用多媒体形式,以减少操作难度,增加友好性。

从发展看,公众 GIS 的诸多应用中,最引人注目的是提供城市公共信息服务,如汽车导航服务、智能交通、城市紧急呼叫、城市交通管理、公安部门及个性化服务等。

公众 GIS 信息服务体系的建立需要有公众 GIS 平台的支持,其中无线接入方式是信息服务的主要方式;无线移动定位是其定位的主要方式;手机、数字助理(personal data assistant，PDA)、手提式电脑是空间信息服务终端。总之，GIS 在面向公众的信息服务中的应用具有宽广的前景。

5. GIS 在地学领域中的应用

GIS 起源于地学领域中的应用，目前在地学及其相关领域中，GIS 已得到广泛应用，并出现了许多以 GIS 为主要支撑技术的信息系统，如自然资源信息系统(natural resources information system)、资源与环境信息系统(resources and environment information system)、土地资源信息系统(land resources information system)、地学信息系统(geological information system)、地球科学或地质信息系统(geoscience or geological information system)、空间信息系统(spatial information system)、空间数据分析系统(spatial data analysis system)、空间数据处理系统(spatial data processing system)等。

GIS 在地学领域中的应用广泛，涉及经济、社会、资源、环境、管理等因素。从区域范围来讲，大到全球、全国，小到乡村；从专业领域来讲，涉及农业、林业、水利水土保持、环境、生态、土地、城市、园林等众多与地学相关的领域；从解决的问题来讲，涉及管理、评价、规划决策、监测等各个环节；从 GIS 功能来讲，涉及空间数据的可视化、空间数据管理、空间分析；从技术方法上讲，涉及 GIS 技术、GIS 和其他技术集成，尤其是 GIS 和专业模型的集成。

4.4.5 GPS/GIS 应用系统案例

以某物流企业 GPS 车船监控系统为例，其系统结构如图 4-22 所示，由通信服务器、应用服务器、客户端三个部分组成，采用基于 GPS/GIS 的三层 C/S 体系结构。系统通过 GPS 设备采集车船数据，在地图上实时显示车船位置信息，其主界面如图 4-23 所示；用户可以对超速、超长时间停车等进行实时监控；用户还可以借助区域调度、轨迹回放、查询地物信息及信息统计等功能完成对车船的监控调度，系统详细功能和结构如表 4-9 所示。

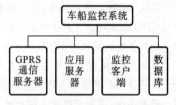

图 4-22 某物流企业 GPS 车船监控系统结构图

表 4-9 某物流 GPS 系统结构功能

系统	子模块	功能描述
车船监控系统	GPRS 通信服务器	通过 GPRS 通信网络接收 GPS 设备传输过来的 GPS 信号，检查 GPS 设备的合法性，将合法的 GPS 信号转换为与设备无关的、符合内部通信协议的 GPS 数据，然后传输至应用服务器
	应用服务器	应用服务器用于接收 GPRS 通信服务器发送过来的 GPS 数据，根据设备分组信息，向特定的客户端发送特定的 GPS 数据；接收、监控客户端的各种业务请求，连接数据库并进行相应的数据库操作；解析来自接口的文本文件，将其转换成字符串并写入数据库中
	监控客户端	监控客户端完成地图加载与漫游，提供基本的 GIS 地图操作与地物查询功能，在此基础上，提供车辆的报警监控、区域调度等服务

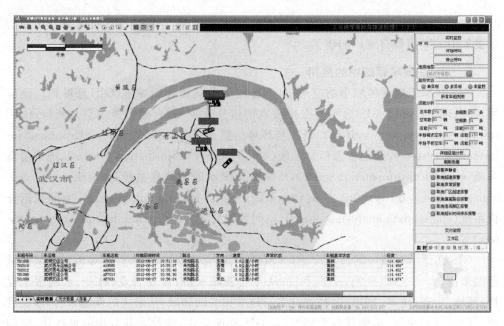

图 4-23 某物流企业 GPS 车船监控系统主界面

习 题 4

4-1 简述条形码识读的基本工作原理,并说明条形码识读设备的分类及各类设备的工作方式和性能。

4-2 简述 RFID 技术的特点,并说明 RFID 系统的基本工作原理。

4-3 RFID 系统中工作频率对电子标签的工作有什么影响?

4-4 比较条形码技术和 RFID 技术的区别与联系。

4-5 简述 GPS 定位技术的特点及其定位原理。

4-6 简述地理信息系统 GIS 分类及其构成。

4-7 调查实践:以某一物流系统为例,说明自动识别技术的应用情况。

5 监控组态软件技术

5.1 监控组态软件的概念

组态软件 HMI(human and machine interface)/MMI(man and machine interface)/SCADA(supervisory control and data acquisition)是数据采集监控系统的软件平台工具。在此软件平台上开发的监控组态软件是人与控制器(通常是 PLC)之间的信息交互媒介,是工业应用软件的一个组成部分,也是工业领域中应用最早、最为广泛的自动化软件产品。

监——监视(supervisory),采集控制系统的实时运行数据,监视系统的行为,实现报警功能。

控——控制(control),手工干预系统行为或改变控制系统设定点。

组态(与组装类似)——可配置(configuration),监控画面的灵活配置和修改。

监控组态软件不是完整的控制系统,而是位于控制设备之上,侧重于管理的纯软件。它所接的控制设备通常是 PLC(可编程控制器),也可以是智能表、板卡等。

早期的监控组态软件运行于 DOS、UNIX、VMS,现在多数运行在 Windows 操作系统上,有的可以运行在 Linux 系统上,采用类似资源浏览器的窗口结构,并对工业控制系统中的各种资源(设备、标签量、画面)进行配置和编辑、处理数据报警及系统报警、提供多种数据驱动程序、各类报表的生成和打印输出、使用脚本语言提供二次开发的功能、存储历史数据并支持历史数据的查询等。

5.2 组态软件的发展

5.2.1 组态软件的发展历史

组态软件在 20 世纪 80 年代初出现,20 世纪 80 年代末进入我国,1995 年以后在国内的应用逐渐得到了普及,它取代了传统的上位机编程式的工控系统,这种工控系统通过手工或委托第三方编写 HMI 应用,有着开发时间长、效率低、可靠性差的缺点。而购买专用的工控系统,通常是封闭的系统,选择余地小,往往不能满足需求,很难与外界进行数据交互,升级和增加功能受到严重限制。

组态软件具有如下的功能特点:运行于32位Windows平台;采用类似资源浏览器的窗口结构,对工业控制系统中的各种资源(设备、标签量、画面等)进行配置和编辑;提供多种数据驱动程序;使用脚本语言提供二次开发功能。

不同的组态软件实现上述这些功能的方法各不相同。

5.2.2 组态软件的发展趋势

最早的组态软件用来支撑自动化系统的硬件。那时候,硬件系统如果没有组态软件的支持就很难发挥作用,甚至不能正常工作。现在的情况有了很大改观,软件部分与硬件发生分离,大部分自动化系统的硬件和软件现在不是由同一个厂商提供,这样就为自动化软件的发展提供了可以充分发挥作用的舞台。实时数据库的作用将进一步加强。实时数据库存储和检索的是连续变化的过程数据,现在越来越多的用户通过实时数据库来分析生产情况、汇总和统计生产数据,作为指挥、决策的依据。未来的监控组态软件的发展趋势有:

(1) 通过OPC统一数据采集方式;
(2) 用脚本语言扩充组态系统功能;
(3) 组态环境的可扩展性(ActiveX组件);
(4) 组态软件的开放性(与MIS/EIS集成,出现数据分析与决策功能模块);
(5) 由单一的人机界面朝数据处理机方向发展,管理的数据量越来越大;
(6) 基于Internet的远程监控(国际化、分部生产);
(7) 组态软件的控制功能日益强大(软PLC/PC、嵌入先进过程控制策略)。

5.2.3 软件PLC

软件PLC(SoftPLC,也称为软逻辑SoftLogic)是一种基于PC开发的控制系统,它提供了与硬件PLC同样的功能,同时又提供了PC环境的各种优点,同时具有硬件PLC在功能、可靠性、速度、故障查找等方面的特点,而且利用软件技术可以将标准的工业PC转换成全功能的PLC过程控制器。软件PLC综合了计算机和PLC的开关量控制、模拟量控制、数学运算、数值处理、网络通信、PID调节等功能,并且通过一个多任务控制内核,提供强大的指令集、快速而准确的扫描周期、可靠的操作和可连接各种I/O系统,以及网络的开放式结构。

软件PLC由开发系统和运行系统组成,是相互独立而又密不可分的两个应用程序,可以分别单独运行。

软件PLC开发系统:实际上就是带有调试和编译功能的PLC编程器。

软件PLC运行系统:这一部分是软件PLC的核心,它完成输入处理、程序执行、输出处理等工作。软件PLC运行系统通常由I/O接口、通信接口、系统管理器、错误管理器、调试内核和编译器组成。软件PLC运行系统除了单独运行外,还可以通过RS-232、RS-485、TCP/IP、DDE或DLL与HMI软件通信,构成监控和数据采集系统(SCADA)。

使用软件PLC代替硬件PLC的优势:用户可以自由选择PLC硬件(PC硬件);用户可以获得PC领域技术/价格优势,而不受某个硬件PLC制造商本身专利技术的限制;用户可以少花钱但又很方便地与强有力的PC网络相连;用户可以用他熟悉的编程语言编制程序;对超过几百个 I/O 点的 PLC 系统来说,用户可以节省投资费用。

软件 PLC 也具有其缺点和不足:可靠性比传统的 PLC 低,就像工控机 IPC 的故障率要远远高于 PLC;以 PC 为基础的控制引擎的实时性较差;受到攻击的可能性大,就像现在的病毒一样,因为其软件的依赖性太强,即使不上网,只要用了其他软件,就有感染病毒的可能;软硬件的不断升级,给用户造成沉重的负担。

目前,在欧美等西方国家都把软件 PLC 作为一个重点对象进行研究开发,已投入市场的软件 PLC 产品较多。据了解,在美国底特律汽车城,大多数汽车装配自动生产线、热处理工艺生产线等都已由传统 PLC 控制改为软件 PLC 控制。而国内能见到的软件 PLC 产品的演示版或正式发行版有:德国 KW-software 公司的 Multiprog wt32、法国 CJ International 公司的 ISaGRAF、法国 Schneider Automation 公司的 Concept V2.1、英国 Wonderware 公司的 InControl7.0、北京亚控自动化软件科技有限公司的 KingACT1.52。

5.3 监控组态软件的体系结构

5.3.1 监控组态软件的硬件结构

通常监控组态软件系统分为两个层面,即客户/服务器体系结构。服务器用于与硬件设备通信,进行数据处理和运算。而客户用于人机交互,如用文字、动画显示现场的状态,并可以对现场的开关、阀门进行操作。

近年来又出现一个层面,通过 Web 发布,在 Internet 上进行监控,可以认为这是一种"超远程客户"。

一般的监控组态软件的硬件结构如图 5-1 所示。

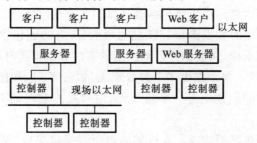

图 5-1 监控组态软件的硬件结构

硬件设备(如 PLC)一般既可以通过点到点方式连接,也可以以总线方式连接到服务器上。点到点连接一般通过串口(RS-232),总线方式可以是 RS-485、以太网等连接方式。总线方式与点到点方式的区别主要在于:点到点是一对一,而总线方式是一对多,或多对多。

一个系统可以只有一个服务器,也可以有多个服务器,客户可以是一个或多个。只有一个服务器和一个客户的,并且两者运行在同一台机器上的就是通常所说的单机版。服务器之间,服务器与客户之间一般通过以太网互连,有些场合(如安全性考虑或距离较远)也通过串口、电话拨号或 GPRS 方式相连。

5.3.2 监控组态软件的软件结构

一般监控组态软件由很多任务组成，每个任务完成特定的功能。位于一个或多个机器上的服务器负责数据采集和数据处理（如量程转换、滤波、报警检查、计算、事件记录、历史存储、执行用户脚本等）。一般的监控组态软件的软件结构如图5-2所示。

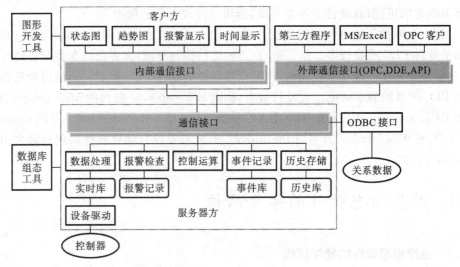

图 5-2 监控组态软件的软件结构

服务器间可以相互通信。有些系统将服务器进一步单独划分成若干专门服务器，如报警服务器、记录服务器、历史服务器、登录服务器等。

各服务器逻辑上作为统一整体，但物理上可能放置在不同的机器上。分类划分的好处是可以将多个服务器的各种数据统一管理、分工协作，缺点是效率低，局部故障可能影响整个系统。

监控组态软件的内部组织主要包括服务器和客户端两部分。

服务器主要包含实时数据库和I/O驱动两部分，有的还包含Web服务器。其中的核心部分是实时数据库，用于保存系统产生的实时数据。实时数据库中的数据通过"点"来定义，即I/O点。每个点由多个参数定义，如名字、上限值、下限值、目标值、测量值等。一般一个点的参数中有一个与外界（通常是控制器的I/O通道）相连，通常是测量值。

客户端主要由人机界面构成。人机界面由很多窗口组成，窗口包含图形和文字。文字和图形可动态变化。例如，文字可显示现场I/O点的大小；图形的颜色变化表示现场状态量的改变等。除了图形以外，人机界面还包含趋势图和报表等。

5.4 监控组态软件的通信机制

5.4.1 内部通信机制

客户与服务器间以及服务器与服务器间一般有三种通信形式：请求式、订阅式和广播式。

请求式:客户周期性向服务器发出请求,然后服务器为客户准备数据,传送给客户。

订阅式:客户向服务器注册所关心的数据,服务器记录每个用户关心的数据。当数据变化时通知相应的用户。

广播式:当数据发生变化时,服务器向所有客户发出通知。

5.4.2 与 I/O 设备的通信机制

设备驱动程序与 I/O 设备的通信一般采用请求式,大多数设备都支持这种通信方式,当然也有的设备支持主动发送方式。主动发送方式即 I/O 设备在数据改变时主动向外界报告数据。有的设备也支持订阅式通信。设备驱动程序应该能够支持各种通信模式。

常见的通信协议有 Modbus、Profibus 等,设备驱动程序必须为每种协议编制相应的代码。监控组态软件一般不包含设备驱动程序,而是将其单独做成标准开发包,用户可以自己开发,如 Wonderware 的 I/O Server 提供大量的 PLC 驱动程序。

5.4.3 与外部程序的通信机制

监控组态软件的数据分为实时数据、历史数据和事件记录数据。一般这些数据都以私有格式存放,实时数据驻留在内存中,而历史数据保存在磁盘中。但有些软件可以将这些数据直接存放到关系数据库(如 SQL Server,ORACLE)中。

外部程序获取这些数据的方式主要可以分为 OPC、API、DDE、ODBC 等几种。

1. OPC 方式

这是一种基于微软的 OLE 自动化技术开发而成的,主要用于工业控制领域的设备通信接口标准,是目前主流的通信方式。它采用客户机/服务器的通信模式。目前绝大多数的硬件厂商都提供 OPC 服务器,外部程序只需要根据各种设备的 OPC 服务器格式开发相应的客户端程序就可以与之通信。

OPC 是一种基于开放标准的开放式连接,允许在自动化/控制应用、现场设备和商业/办公室应用之间进行简明的、标准化的数据交换。

字母 O、P、C 最初来源于 OLE-Object Linking and Embedding(对象链接与嵌入) for Process Control(于过程控制);而现在字母 O 代表开放性(openness)和互操作性 (interOperability),字母 P 代表产业性(productivity)和高性能(performance),字母 C 代表连通性(connectivity)和协作性(collaboration)。

OPC 提供了一个单一的、一致的工业标准接口,它允许软件供应商将更多的精力集中到增加软件的功能性上,而不是开发一系列专有的硬件设备驱动程序。

OPC 提供了一个鼓励设备制造商投资开发自己的 OPC 服务器的环境,而且同样的服务器能被每一个软件、HMI、PLC 或 ACS 供应商所使用。这激励了设备制造商把他们开发工业网络方面所获得的知识转向 OPC 服务器的开发上,从而保证了设备的性能能够达到最优。

OPC 被应用于工业自动化系统的开放式连接,通过对开放标准规范的创建和维护来确保互操作性。

2. API 方式

客户方直接通过编程方式调用设备提供商的 API 函数实现与设备间的通信。这种方式比 OPC 方式更灵活，但开发效率比较低，主要的开发工具为 VC 或 VB。

API 是一种函数，包含在一个附加名为 DLL 的动态链接库文件中。用标准的定义来讲，API 就是 Windows 的 32 位应用程序编程接口，是一系列很复杂的函数、消息和结构，它使编程人员可以用不同类型的编程语言编制出运行在 Windows 操作系统上的应用程序。

3. ODBC 方式

ODBC 主要用于访问存放在关系数据库的历史数据和事件记录数据。

ODBC(open database connectivity，开放式数据库互联)是微软公司开放服务结构(windows open services architecture，WOSA)中有关数据库的一个组成部分，它建立了一组规范，并提供了一组对数据库访问的标准 API(应用程序编程接口)。这些 API 利用 SQL 来完成其大部分任务。ODBC 本身也提供了对 SQL 语言的支持，用户可以直接将 SQL 语句送给 ODBC。一个完整的 ODBC 由下列几个部件组成：应用程序(application)、ODBC 管理器(administrator)、驱动程序管理器(driver manager)、ODBC 驱动程序、数据源。

4. DDE 方式

DDE(dynamic data exchange)是一种动态数据交换机制。使用 DDE 通信需要两个 Windows 应用程序，其中一个作为服务器处理信息，另外一个作为客户机从服务器获得信息。客户机应用程序向当前所激活的服务器应用程序发送一条消息请求信息，服务器应用程序根据该信息作出应答，从而实现两个程序之间的数据交换。

5.5 监控组态软件的主要功能

5.5.1 过程报警

监控组态软件具有过程报警的功能，这是过程数据库的基本功能。报警是对测量值的范围、变化速度的预警。

报警包括限值报警、变化率报警、偏差报警、常报警等。更复杂的报警可以通过对测量值进行数学运算，然后对运算结果进行报警检查而产生。

报警后，操作员可以通过报警画面对报警进行"确认"，"确认"就是告诉系统我知道发生事了，以免系统再次提醒。

报警信息、报警确认信息、报警恢复(报警消除)等信息都可以被系统自动记录下来。

报警按照重要程度可分为多个优先级，如低级、高级、紧急。

报警发生时系统可以通过发出声响，甚至可以发送短信或电子邮件，至于使用哪种方式，用户可以自由指定。其中有多种方式通知用户，如弹出报警窗。

5.5.2 历史存储

监控组态软件可以对实时数据进行历史存储。

历史数据对于生产状况分析、实现先进/优化控制,以及生产事故的分析非常重要,所以重要的工艺数据都会进行长期保存。

为了节省存储空间,对保存的数据使用压缩保存。常用的保存方式有周期性保存和变化保存(数据只有变化到一定程度才保存)。

5.5.3 脚本语言

监控组态软件除了固定功能外,如点内部处理(能够完成几种固定形式的功能,如量程转换、报警检查、PID运算)、动画连接(能够完成几种固定形式的动画,如颜色、位置改变)等,监控软件还允许用户定义特殊的逻辑、运算,这是通过监控软件的内置编程语言实现的。

监控组态软件的脚本语言与一般编程语言类似,在脚本中提供多种运算操作(如赋值、数学运算、逻辑运算)、控制语句(如条件判断、循环、分支)及内置函数等。

脚本的触发方式有多种:一次性执行(如进入窗口时执行)、周期执行和事件触发执行(如数据改变时执行、按键触发)。

脚本也能产生多种输出动作,如向过程数据库写数据、发送短信、调用窗口、产生声响等。

5.6 监控组态软件的主流产品及其特点

目前,市场上使用的监控组态软件有多种,这里只介绍其中的几款监控组态软件,既有国外公司研发的产品,也有国内厂商研发的产品。

(1) InTouch:英国 Wonderware 公司的产品,是目前应用最广泛的监控组态软件,适用于中、小规模的控制系统,其特点是使用方便,开发效率高。

(2) iFix:美国 GE 公司的产品,适合于较复杂的控制系统开发,使用较为复杂,但功能更强大。

(3) WinCC:德国西门子公司的产品,主要用于开发西门子控制器的控制系统。

(4) 组态王:北京亚控科技发展有限公司的产品,是国产众多的监控组态软件中应用较为广泛的一个产品。

(5) LabWindows、LabView:美国 NI(National Instruments)公司的产品。

(6) RS View:美国 Rockwell 公司的产品。

(7) 易控(inspec):北京九思易自动化软件公司产品,全球首款完全基于.net 平台开发的组态软件。

以上几种监控软件在解决工业控制中系统功能与性能的矛盾时,因调节矛盾方向不同而形成各自的特色。

InTouch 功能最为简单,设计人员容易掌握。因为都是内部函数,且语句格式又可以直接获取,所以脚本的编写也很方便。对功能要求不高时,其性能较好。在没有大量嵌入 ActiveX,或者嵌入的 ActiveX 没有错误时,可以很好地运行,响应很快,是运行速度最快的软件,这也是其一直都是主流监控软件之一的主要原因。同时,对于熟练的软件编程人员来说,InTouch 的功能可以更为完善,使用 ActiveX 技术,嵌入自编的控件,可以使其功能大大扩展,弥补报表、管理上的欠缺,加入的控件对运行速度不会有太大的影响,能保证系统的性能,但这样的话,对编程人员的要求就更高了。

iFix是所有这些软件中功能最强大的,它对硬件的要求也最高。它可以不用任何别的工具就能实现监控和此外的设备管理工作,对于复杂的监控系统来说,它是唯一的选择。它有完整的Tag扩展方案,在某种程度上可以降低组态成本。而且,组态功能很方便,运行时数据源可改变,设计人员可以更灵活地实现控制。此外,它有专门的技术支持,可以为设计人员解决很多问题,与工程人员一起面对工业现场的棘手问题。

WinCC是西门子产品的套装软件,功能上没有太多的特色,它与iFix一样,都是画面分层管理。在实际运用中,WinCC与操作系统的兼容性不是很好,技术支持的工作及其推广的工作开展并不全面。但其新版本WinCC 5.0在功能上有很大的改善,色彩、图库的美观性大大提高了,西门子正着手在监控领域谋取与其自动化领域同样地位的准备,所以WinCC的市场会因其PLC技术在工业现场的运用而越来越多。

组态王具有适应性强、开放性好、易于扩展、经济、开发周期短等优点。通常可以把这样的系统划分为控制层、监控层、管理层三个层次结构。其中监控层对下连接控制层,对上连接管理层,它不但实现了对现场的实时监测与控制,并且在自动控制系统中完成上传下达、组态开发的重要作用。尤其考虑了这三方面问题:画面、数据、动画。通过对监控系统要求及实现功能的分析,采用组态王对监控系统进行设计。组态软件也为试验者提供了可视化监控画面,有利于试验者实时现场监控。而且,它能充分利用Windows的图形编辑功能,方便地构成监控画面,并以动画方式显示控制设备的状态,具有报警窗口、实时趋势曲线等,可便利地生成各种报表。它还具有丰富的设备驱动程序和灵活的组态方式、数据链接功能。

LabWindows是National Instruments公司(美国国家仪器公司,简称NI公司)推出的交互式C语言开发平台。LabWindows将功能强大、使用灵活的C语言平台与用于数据采集分析和显示的测控专业工具有机地结合起来,利用它的集成化开发环境、交互式编程方法、函数面板和丰富的库函数大大增强了C语言的功能,为熟悉C语言的开发设计人员编写检测系统、自动测试环境、数据采集系统、过程监控系统等应用软件提供了一个理想的软件开发环境。LabWindows是一个久经验证的、用于测试和测量的ANSI C开发环境,极大地提高了工程师和科学家们的生产效率。他们使用LabWindows来开发高性能的、可靠的应用程序,用于制造测试、军事/航天、通信、设计验证和汽车工业等领域。开发人员可以在设计阶段利用LabWindows的硬件配置助手、综合调试工具及交互式执行功能,来运行各项功能,使得这些领域的开发流水线化。使用内置的测量库,可以迅速地开发出复杂的应用程序,如多线程编程和ActiveX的服务器/客户端程序。由于LabWindows的便利性,可以通过在相似环境中重复使用以前的代码来维护你的代码投资,并且实现Windows、Linux或实时平台上分布测试系统的无缝集成。

LabView是一种程序开发环境,类似于C和BASIC开发环境,但是LabView与其他计算机语言的显著区别是:其他计算机语言都是采用基于文本的语言产生代码,而LabView使用的是图形化编辑语言G编写程序,产生的程序是框图的形式。LabView是一种图形化的编程语言的开发环境,它广泛地被工业界、学术界和研究实验室所接受,视为一个标准的数据采集和仪器控制软件。LabView集成了与满足

GPIB、VXI、RS-232 和 RS-485 协议的硬件及数据采集卡通信的全部功能。它还内置了便于应用 TCP/IP、ActiveX 等软件标准的库函数。这是一个功能强大且灵活的软件。利用它可以方便地建立自己的虚拟仪器，其图形化的界面使得编程及使用过程都生动有趣。

罗克韦尔软件公司(Rockwell Software)的工业控制人机界面软件 RS View32 是基于 Windows 的软件程序，用来制作人机界面(HMI)，完成数据采集、数据处理、数据表示和操作控制，由图形编辑器、数据库管理、数据登录、事件检测、报警、趋势图以及密码保护图等功能图组成，最多可以支持 32000 个设备点，实现对自动控制设备或生产过程高速、有效地监视和控制。RS View32 是一种易学、实用、可集成和基于组件的人机界面系统，它可以方便地对工业自动化系统进行监控和人机交互。RSView32 不仅包括了许多著名人机界面软件所必备的功能，还包括了许多采用了最新网络技术开发的独特功能，是实现工业自动化全厂数字神经系统的理想工具。它具有以下优点：开放的工业标准，包括友好的 Windows 风格界面、OLE(目标链接与嵌入)和 DDE(动态数据交换)等技术的集成、可共享的数据格式以及开放的实时数据和历史数据，支持 ActiveX 插件；采用面向对象编程方法；提供一个集成而完整的工程管理器，方便开发管理，而且各子任务间可以多窗口运行与切换；特有的简洁编程语言可以显著地节约开发与调试时间。

RS View 是集成式的、组件化的人机接口产品，它用来监视和控制自动化设备和过程。RS View 运行于 Windows 操作系统下，它被评价为目前最好的人机接口产品之一。RS View 采用开放性技术，从而扩展了您的视野，这种开放技术开创了与其他 Rockwell 公司的软件产品、微软产品及第三方应用程序的史无前例的连接性，RS View 率先提供了如下功能：使用直接嵌入到图形显示中的可再利用和定制的 ActiveX 控件扩展您的工程；对象模型外露，用户和其他软件产品可访问接口部分；集成微软的 VBA(visual basic for applications)作为内建的程序设计语言，您可以很容易地自定制 RS View；支持 OPC 标准，并且既可作为服务器，也可作为客户，利用此技术可与多种设备进行快速可靠的通信。

易控(inspec)是全球首款完全基于.Net 平台开发的新一代组态软件，实现大量最新 IT 技术和设计理念(如 WPF、WCF、XAML、SOA、SaaS、Webservices)在自动化软件领域的同步应用。软件基于分布式和开放式架构设计，稳定可靠，其图形系统、多语言和 C#用户程序等众多功能给客户带来的是效率的提高，能够轻松实现工厂自动化和信息化的融合。

5.7　WinCC 使用简介

本节主要介绍 WinCC 的基本使用方法。如需深入学习其他产品的使用方法，请参考其他相关资料。

1. WinCC 特点

"WinCC"即"Windows Control Center"(窗口控制中心)，可在标准 PC 和 Windows 环境下实现 HMI(人机界面)的功能。它是 HMI/SCADA 软件的后起之秀，是基于最新技术开发的软件。它是包括所有 SCADA 功能在内的客户机/服务器系统。即使是最基本的 WinCC 系统仍能够提供复杂的可视化任务的组件和函数,生成画面、脚本、报警、趋势和报表的编辑器是最基本的 WinCC 系统组件。

(1) 具有良好的可扩充性:采用客户机/服务器模式,可实现从简单到复杂任务的扩充,具备基于各行业和特定技术的扩展功能。

(2) 有良好的开放性:集成 ODBC/SQL 数据库;具有强大的标准接口(如 OLE、ActiveX、OPC),开放的 API 程序接口用于对 WinCC 功能和数据库的存取;支持通用的脚本语言,包括 ANSI-C 和 Visual Basic 脚本语言;涵盖所有主要 PLC 厂商的通信接口程序,提供所有的主要 PLC 系统的通信通道,支持所有连接 Simatic S5/S7 505 控制器的通信通道。

2. WinCC 的开放性

WinCC 的集成开放性如图 5-3 所示。它的安装步骤如下:

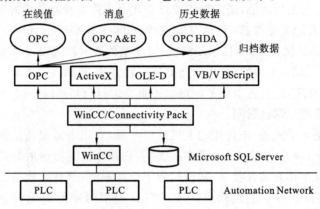

图 5-3 WinCC 的集成开放性结构

(1) 安装 Microsoft 消息队列服务;
(2) 安装 SQL server 2000 for WinCC;
(3) 安装 WinCC。

Simatic WinCC 具有最高水平的开放性和集成性,因为它一直以 Microsoft 技术作为后盾。WinCC 几乎集成了 Microsoft 所有的开放性技术,包括 ActiveX、OPC、VBA、OLE 以及 Microsoft 强大而高效的数据库 Microsoft SQL Server 2000。

3. 数据库

ODBC(open database connectivity,开放式数据库互联)是 Microsoft 公司开放服务结构中有关数据库的一个组成部分,它建立了一组规范,并提供了一组对数据库访问的标准 API(application interface)。

这些 API 利用 SQL 来完成其大部分任务。ODBC 本身也提供了对 SQL 语言的支持,用户可以直接将 SQL 语句送给 ODBC。一个基于 ODBC 的应用程序对数据库的操作不依赖任何 DBMS(database management system),不直接与 DBMS 打交道,所有的数据库操作由对应的 DBMS 的 ODBC 驱动程序完成。也就是说,不论是 FoxPro、Access 还是 Oracle 数据库,均可以用 ODBC API 进行访问。由此可见,ODBC 的最大特点就是能以统一的方式处理所有的数据库。

应用程序要访问一个数据库,首先必须用 ODBC 管理器注册一个数据源,管理器根据数据源提供的数据库位置、数据库类型及 ODBC 驱动程序等信息，建立 ODBC 与具体数据库的联系。这样，只要应用程序将数据源名提供给 ODBC，ODBC 就能建立起与相应数据库的连接。

在 ODBC 中，ODBC API 不能直接访问数据库，必须通过驱动程序管理器与数据库交换信息。驱动程序管理器负责将应用程序对 ODBC API 的调用传递给正确的驱动程序，而驱动程序在执行完相应的操作后，将结果通过驱动程序管理器返回给应用程序。

在访问 ODBC 数据源时需要 ODBC 驱动程序支持，ODBC 在访问数据库中的作用如图 5-4 所示。

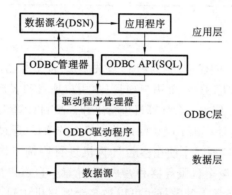

图 5-4 ODBC 访问数据库的过程

4. WinCC 通信和系统组态

1) WinCC 通信结构及原理

WinCC 使用变量管理器来处理变量的集中管理，此变量管理器不为用户所见。它处理 WinCC 项目产生的数据和存储在项目数据库中的数据。在 WinCC 运行系统中，它管理 WinCC 变量。WinCC 的所有应用程序必须以 WinCC 变量的形式从变量管理器中请求数据。这些 WinCC 应用程序包括图形运行系统、报警记录运行系统和变量记录运行系统等。

WinCC 变量管理器管理运行时的 WinCC 变量。它的任务是从过程中取出请求的变量值，这个过程通过集成在 WinCC 项目中的通信驱动程序来完成，通信驱动程序利用其通道单元构成 WinCC 与过程处理的接口。WinCC 通信驱动程序使用通信处理器来向 PLC 发送请求消息；然后通信处理器将回答相应的消息请求的过程值发回 WinCC。

2) 建立 WinCC 与 PLC 间通信的步骤

首先，创建 WinCC 站与自动化系统间的物理连接；接着，在 WinCC 项目中添加适当的通道驱动程序；然后，在通道驱动程序适当的通道单元下建立与指定通信伙伴的连接；最后，在连接下建立变量。

3) 系统组态

WinCC 客户机/服务器结构(client/server)是在网络基础上的、以数据库为后援、以微机为工作站的一种系统结构。C/S 结构包括连接在一个网络中的多台计算机。处理应用程序请求另外一台计算机服务的计算机称为客户机(client)，而处理数据库的计算机称为服务器(server)。表 5-1 列出了客户机/服务器的功能描述。

表 5-1　客户机/服务器的功能描述

客户机功能	服务器功能
管理用户接口	从客户机接收数据库请求
从用户接收数据	处理数据库请求
处理应用逻辑	格式化结果并传送给客户机
产生数据库请求	执行完整性检查
向服务器发送数据库请求	提供并行访问控制
从服务器接收结果	执行恢复
格式化结果	优化查询和更新处理

5. WinCC 组态

1) 创建新项目

第一次启动 WinCC 创建应用程序时,首先需要选择所创建的应用程序的类型。WinCC 提供 3 种应用程序类型:单用户项目、多用户项目和客户机项目。

单用户项目:WinCC 使用一台计算机进行工作。项目计算机既作为服务器,又是操作员输入站(监控),其他计算机不能访问该计算机上的项目(通过 OPC 访问的除外)。

多用户项目:WinCC 项目中使用多台计算机进行协调工作,可创建多用户项目。多用户项目可以组态一至多台服务器和客户机,任意一台客户机可以访问多台服务器上的数据;任意一台服务器上的数据也可以被多台客户机访问。

在服务器上创建多用户项目,与可编程控制器建立连接的过程只在服务器上进行。多用户项目中的客户机没有与 PLC 进行连接。在多用户项目中,可以组态对服务器进行访问的客户机,在客户机上创建的项目类型为客户机项目。

客户机项目:如果创建了多用户项目,则随后必须创建对服务器进行访问的客户机,并在将要用作客户机的计算机上创建一个客户机项目。

以单用户项目为例,选择单用户项目后,出现项目管理器对话框。

(1) 新建单用户项目。选择单用户项目,如图 5-5 所示。管理器左边是导航栏,右边是相应于所选项目的设计区。

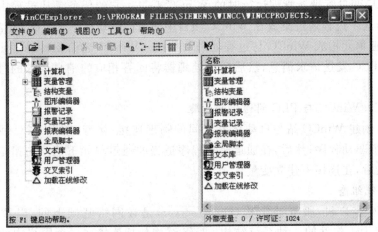

图 5-5　选择单用户项目

(2) 设计监控界面。在项目管理器的导航栏中选择"图形编辑器",然后右击鼠标,选择"新建画面",进入图形编辑界面,如图5-6和图5-7所示。

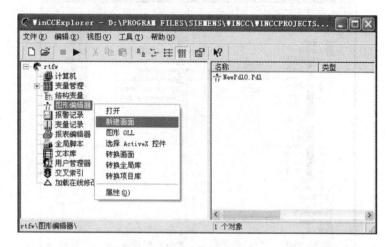

图 5-6　监控界面的设计一

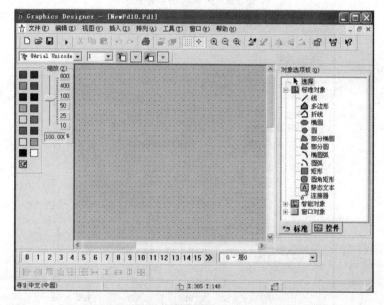

图 5-7　监控界面的设计二

(3) 标记名(变量)设置。WinCC中的标记分为两类:内部标记(internal tag)和过程标记(process tag)。内部标记主要用于内部计算得到的变量定义,过程标记用于连接外部过程数据。在项目管理器导航栏的"变量管理"中选择"内部变量",右击鼠标,选择"新建变量",如图5-8所示。

出现"变量属性"对话框后,设置相应标记的属性,如图5-9所示。

要建立过程标记,首先需要进行通信设置,将系统与外部控制器建立连接后才能设置过程标记。

若要使用WinCC来访问自动化系统(PLC)的当前过程值,则在WinCC与自动化系统间必须组建一个通信连接。WinCC有针对自动化系统Simatic S5/S7/505的专用通道以及与制造商无关的通道,如Profibus-DP与OPC。

下面添加一个通信驱动程序,右击"变量管理",选择"添加新的驱动程序",如图5-10

图 5-8　内部标记名设置

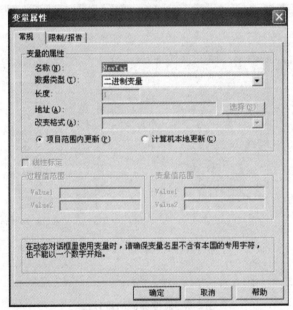

图 5-9　内部标记名属性设置

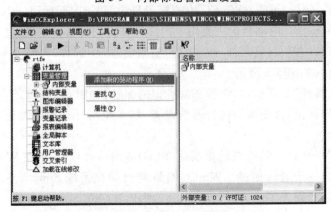

图 5-10　添加新的驱动程序

所示,在弹出的对话框中选择"SIMATIC S7 Protocol Suite.chn",如图 5-11 所示,这时所选择的驱动程序将显示在变量管理的子目录下。展开,右击 MPI 通道单元,在快捷菜单中选择"新驱动程序的连接",如图 5-12 所示。这时在"连接属性"对话框中输入 Plc1 作为逻辑连接名,如图 5-13 所示,点击确认。

图 5-11　选择驱动程序类型

图 5-12　添加新驱动程序连接

在项目管理器的导航栏中选择一个外部连接,右击鼠标,选择"新建变量"如图 5-14 所示。出现"变量属性"对话框后,设置相应标记的属性,如图 5-15 所示。

图 5-13　连接属性设置

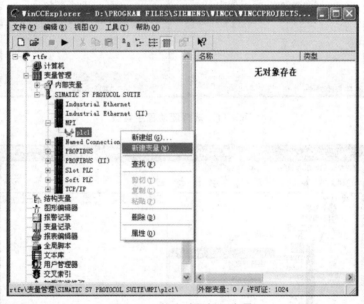

图 5-14　新建过程标记变量

（4）报警管理。在项目管理器的导航栏中选择"报警记录"，右击鼠标，选择"打开"，如图 5-16 所示。

WinCC 提供了报警设置向导功能，用户可以使用向导一步步完成报警设置。在"Alarm Logging"对话框中选择菜单"文件"→"选择向导"，打开报警设置向导，如图 5-17 所示。

2）通道单元的选择

WinCC 是应用在工业生产过程中的，对工业生产过程状态进行监控的工具。工业生产过程中一个很典型的自动化控制系统就是 PLC 自动化系统。WinCC 要实现在线监控，就必须对 PLC 进行访问，而要与现有的计算机网络建立通信连接，必须采用如下方式：某一种通道的通道单元；用于 WinCC 站的合适的通信模板；用于指定自

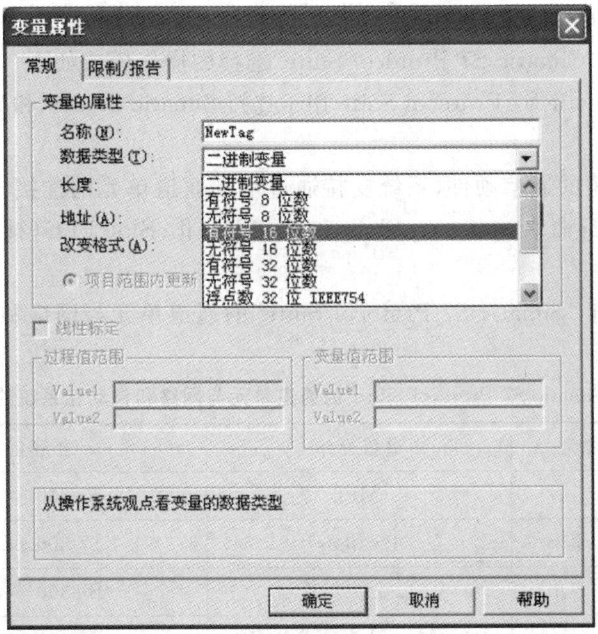

图 5-15　过程标记名属性设置

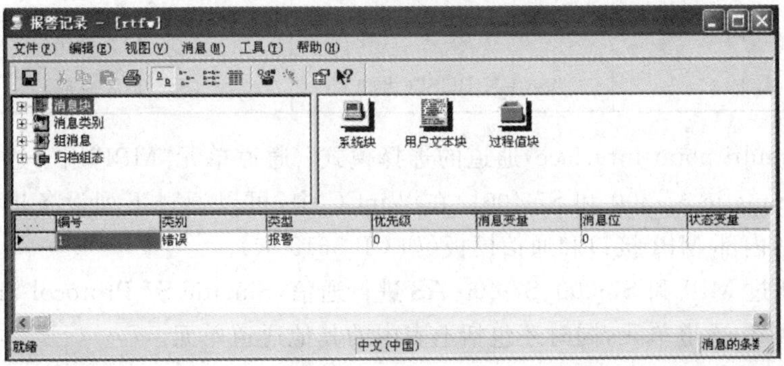

图 5-16　报警管理设置

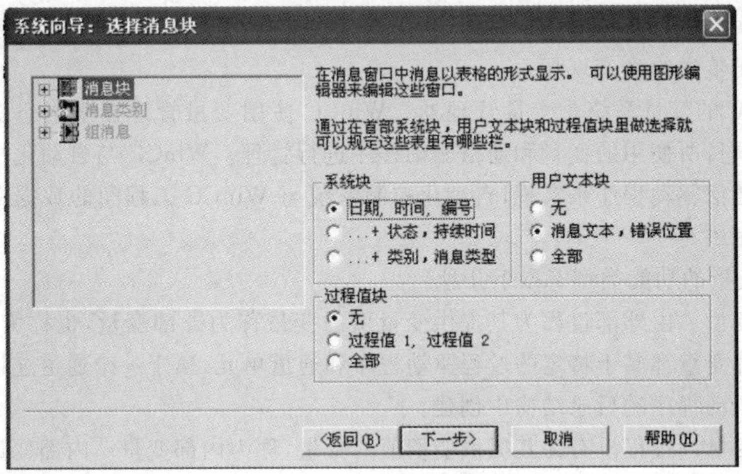

图 5-17　报警设置向导功能

动化系统的合适的通信模板。

WinCC 通道"Simatic S7 Protocol Suite"选择的操作模式如下。

（1）通道 Simatic S7 Protocol Suite 用于连接 Simatic S7-300 和 Simatic S7-400 的自动化系统。

（2）根据所用的通信硬件，系统支持通过下列通道单元的连接：工业以太网和工业以太网 II；MPI；命名连接；Profibus 和 Profibus II；Slot PLC（插槽式 PLC）；Soft PLC；TCP/IP。

表 5-2 显示了"Simatic S7 Protocol Suite"的通道单元与网络和自动化系统的分配关系。

表 5-2 "Simatic S7 Protocol Suite"的通道单元与网络和自动化系统的分配关系

通道的通道单元	通信网络	自动化系统
MPI	MPI	S7-300 和 S7-400
Profibus（I＋II）	Profibus	S7-300 和 S7-400
工业以太网（I＋II）	工业以太网	S7-300 和 S7-400
TCP/IP	工业以太网通过 TCP/IP	S7-300 和 S7-400
命名连接	工业以太网或 Profibus	S7-400 H/F 系统（高安全性要求）
Slot PLC	"Soft-K BUS"（内部）	PC（内部）
Soft PLC	"Soft-K BUS"（内部）	PC（内部）

MPI（multi point interface）通道的选择模式：通道单元"MPI"用于连接到 S7 自动化系统 Simatic S7-300 和 S7-400。在 WinCC 中，可以通过下列设备进行：编程器（PG/PC）的内部 MPI 接口和通信模板（如 CP 5613 卡）。

对于通过 MPI 和 S7-300、S7-400 AS 进行通信，Simatic S7 Protocol Suite 通道已经包含了 MPI 通道单元，同时还包括上表中的其他通道单元。

3）变量

变量系统是组态软件的重要组成部分。在组态软件的运行环境下，工业现场的生产状况将实时地反映在变量的数值中；操作人员监控过程数据，在计算机上发布的指令通过变量传送给生产现场。

WinCC 的变量系统是变量管理器。WinCC 使用变量管理器来组态变量。变量管理器对项目所使用的变量和通信驱动程序进行管理。WinCC 与自动化控制系统的通信依靠通信驱动程序来实现；自动化控制系统与 WinCC 工程间的数据交换通过过程变量来完成。

（1）变量的功能类型有以下几种。

外部变量。由外部过程为其提供变量值的变量称为外部变量，也称为过程变量。每一个外部变量都属于特定的过程驱动程序和通道单元，属于一个通道连接。相关的变量将在驱动程序的目录结构中创建。

内部变量。过程没有为其提供变量值的变量，称为内部变量。内部变量没有对应的过程驱动程序和通道单元，不需要建立相应的通道连接。内部变量在"内部变量"目录中创建。

系统变量。WinCC 提供了一些预定义的中间变量,称为系统变量。每个系统变量均有明确的意义,可以提供现成的功能,一般用以表示运行系统的状态。系统变量由 WinCC 自动创建,组态人员不能创建系统变量,但可以使用由 WinCC 创建的系统变量。系统变量以"@"开头,以区别于其他变量,可以在整个工程的脚本和画面中使用。

脚本变量。脚本变量是在 WinCC 的全局脚本及画面脚本中定义并使用的变量。它只能在其定义时所规定的范围内使用。

(2) 变量的数据类型。

变量拥有自己的数据类型,当创建变量时,给变量分配某种数据类型,数据类型取决于用户将怎样使用该变量。WinCC 中的变量类型大体可分为以下三类。

① 字符串型变量:包括 8 位字符集文本变量和 16 位字符集文本变量。

② 其他类型变量:原始数据类型(系统预定义的)。

③ 数值型变量:各种数值型变量的 WinCC、STEP7 和 C 动作变量的类型声明如表 5-3 所示。

表 5-3 各种数值型变量的 WinCC、Step7 和 C 动作变量的类型声明

变量类型名称	WinCC 变量	Step7 变量	C 动作变量
二进制变量	Binary Tag	Bool	Bool
有符号 8 位数	Signed 8-bit Value	Byte	char
无符号 8 位数	Unsigned 8-bit Value	Byte	Unsigned char
有符号 16 位数	Signed 16-bit Value	Int	Short
无符号 16 位数	Unsigned 16-bit Value	Word	Unsigned short,Word
有符号 32 位数	Signed 32-bit Value	Dint	Int
无符号 32 位数	Unsigned 32-bit Value	Dword	Unsigned int,Dword
32 位浮点数	Floating-point 32-bit	Real	Float
64 位浮点数	Floating-point 64-bit		Double

4) 创建和组态画面

图形编辑器是用于创建过程画面并使其动态化的编辑器,只能为 WinCC 项目管理器中当前打开的项目启动图形编辑器。WinCC 项目管理器可以用来显示当前项目中可用画面的总览,如图 5-18 所示。

所有变量的组态都是在图形编辑器中完成的,可以实现对象属性和事件的动态化,包括用动态对话框实现、用 C 动作实现、用 VBS 动作实现和用变量链接实现等几种。

(1) 过程值归档。过程值归档的目的是采集、处理和归档工业现场的过程数据。以这种方法获得的过程数据可用于获取与设备的操作状态有关的管理和技术标准。

在运行系统中,采集并处理将被归档的过程值,然后将其存储在归档数据库中。在运行系统中,可以以表格或趋势的形式输出当前过程值或已归档过程值,也可将所归档的过程值作为记录打印输出。

(2) 消息系统。在 WinCC 中,报警记录编辑器负责消息的采集和归档。消息系统给操作员提供了关于操作状态和过程故障状态的信息。系统可用画面和声音的形式记录消息事件,由此通知操作员在生产过程中发生的故障和错误消息,用于及早警

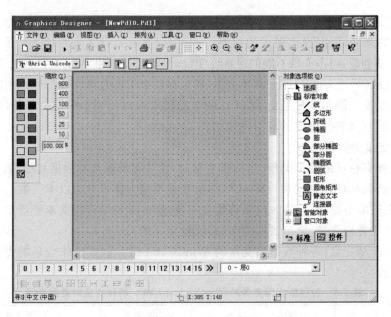

图 5-18 图形编辑器

告临界状态,并避免停机或缩短停机时间。

(3) 报表系统。报表编辑器是 WinCC 基本软件包的一部分,提供了报表的创建和输出功能。创建是指创建报表布局,输出是指打印输出报表。WinCC 有下列输出报表样式:项目文档报表,输出 WinCC 项目的组态数据;运行系统数据报表,可在运行期间输出过程数据。

所有的过程可视化系统基本上都或多或少地提供了一些脚本语言。WinCC 提供了两种脚本:ANSI-C 和 VBScript。脚本用来组态一些对象的动作(触发函数),这些动作均由触发器来启动。WinCC 资源管理器的"全局脚本 Global Script"组件提供编辑脚本的功能。

① ANSI-C。WinCC 可以通过使用函数和动作使 WinCC 项目中的过程动态化。这些函数和动作均以 ANSI-C 语言编写。

a. 函数和动作的差异:动作由触发器启动,也就是由初始事件启动。函数没有触发器,作为动作的组件来使用,如图 5-19 所示。

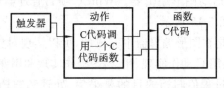

图 5-19 C-Script 中动作和函数的工作原理图

b. 触发器类型如图 5-20 所示。

② VBScript。WinCC V6.0 首次集成了 VBScript,既可以利用 VBScript 来使运行环境动态化,也可以利用 VBScript 创建动作(action)和过程(procedure)来动态化图形对象。

a. 过程和模块。过程是一段代码,类似于 C 语言中的函数,只需创建一次,就可以在工程中多次调用。

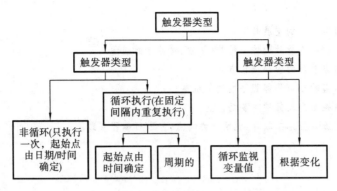

图 5-20　触发器类型图

相互关联的过程应该存放在同一个模块中。在运行状态下,如果通过动作调用某个过程时,那么包含此过程的模块也会被加载。

过程特征:由用户创建或修改;可通过设置密码来保护过程代码;不需要触发器;被存储于模块中。

模块特征:模块是一个文件,存放着一个或多个过程;可通过设置密码来保护模块;具有 *.bmo 扩展名。

b. 动作。动作总是由触发器启动。例如,在运行状态下,当单击画面上的某个对象时,或者定时时间到,或者某个变量被修改后,都可以触发动作。

动作的有效期:动作在全局脚本中只定义一次,独立于画面而存在。全局脚本动作只在定义它的工程中有效。与画面对象相连接的动作,只在定义它的画面中有效。

动作的属性:动作由用户创建和修改;全局脚本中的动作可通过设置密码得到保护;动作至少具有一个触发器;全局脚本中的动作具有 *.bac 文件扩展名;动作可由时间、变量和事件触发。

动作的应用范围:可应用在全局脚本中,全局动作在运行状态下独立于画面系统而运行;可应用于图形编辑器中:动作只运行在组态的画面中。图形编辑器中,动作被组态在画面的对象属性和对象时间中。

c. VBS 动作工作原理。VBS 的动作原理如图 5-21 所示。

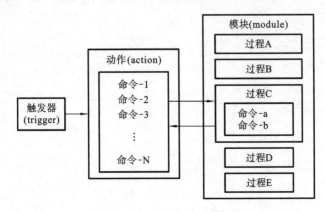

图 5-21　VBS 动作工作原理图

习 题 5

5-1 简述监控组态软件的发展趋势。
5-2 详细描述监控组态软件的体系结构(从软、硬件方面描述)。
5-3 描述监控组态软件的内部通信方式。
5-4 介绍监控组态软件与外部程序的通信机制。
5-5 详细描述监控组态软件的主要功能。
5-6 选取某一主流监控组态软件,说明软件特点,并进行编程实践。

6 自动分拣技术

6.1 分拣概念及人工分拣方式

6.1.1 分拣的基本概念

物品在从生产企业流向顾客的过程中,总是伴随着物品数量及其集合状态的变化。因此,为了准确地存储、运输和配送,常需要将集装化的货物单元解体并重新分类,集成为新的供货单元。分拣就是按顾客的订货要求把很多货物按品种、不同的地点和单位,迅速、准确地从其储位拣取出来,按一定方式进行分类、集中并分配到指定位置,等待配装送货。按分拣的手段不同,分拣可分为人工分拣(人力搬运/拣选)、机械分拣(机械搬运/人工分拣)和自动分拣(依据指令自动完成)。

分拣是配送中心的中心业务,占作业量的大部分,一般要投入仓库作业的一半以上人力,作业时间至少占配送中心全部作业时间的 30%～40%,作业速度、效率及出错率直接影响配送中心的效率及顾客的满意程度。高效率的按订单分拣作业能显著缩短订发货周期,改善作业效率,提高顾客服务水平。

分拣的基本方法主要有以下三种。

(1) 单一分拣:先按客户每张订单进行分拣,再将订单汇总。
(2) 批量分拣:先汇总多张订单分拣,再按不同的客户分货。
(3) 单一分拣与批量分拣的组合。

6.1.2 人工分拣作业方法

人工分拣基本上是靠人力搬运,或利用最简单的器具和手推车等,把所需的货物分门别类地送到指定的地点。这种分拣方式劳动强度大,效率最低。

传统的分拣系统的基本构成有 3 个元素:分拣货架、集货点(集货货架)和分拣人员。将其中一个元素静止不动,再与其他两个元素组合,或将其中两个元素静止不动,与其他一个元素组合,可以分成 6 种不同的分拣方法。按人在分拣中是否移动,人工分拣又可以分为人到货分拣法和货到人分拣法两种。

(1) 人到货分拣法:作业人员到货架去取货物;其特点是,分拣货架不动,人和集货货架动。

(2) 货到人分拣法：利用旋转货架将货物自动地旋转到作业人员所在处，取出所需货物；特点是，分拣货架动，人和集货货架不动。

6.1.3 人工分拣作业程序的分类法

人工分拣作业可以分为以下几类。

(1) 一人分拣法：一个人按照一张订单要求进行分拣的方法。

(2) 分程分拣法：数人分拣，每个人承担不同的种类和货架的范围，拣出货物后分程传递或转交下一个分拣人员的方法。

(3) 区间分拣法：数人分拣，每个人分拣出相应的货物后，将各区间分拣的货物汇总起来的办法。

(4) 分类分拣法：将各种各样的形状、外形尺寸、重量的货物进行分类，在配送中心内进行保管，按每一个产品类别进行分拣的办法。

最常用的组合分拣作业法有摘果式和播种式两种。

1. 摘果式分拣作业法

拣货人员巡回于储存场所，按客户订单挑选出每一种商品，巡回完毕后就完成了一次分拣作业。将配齐的商品放置到发货场所指定的货位，即可开始处理下一张订单。摘果式分拣作业法如图 6-1 所示。

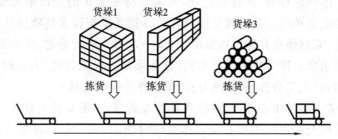

图 6-1 摘果式分拣作业法

(1) 摘果式分拣作业法的优点主要有：作业方法单纯；订单处理前置时间短（收到订单到拣选时间间隔短）；作业人员责任明确，派工容易、公平；拣货后不必再进行分拣作业，适用于数量大、品种少的订单的处理。

(2) 摘果式分拣作业法的缺点主要有：商品品种多时，拣货行走路线过长，拣取效率低；拣取区域大时，搬运系统设计困难；少量、多批次拣取时，会造成拣货路径重复费时，效率降低。

(3) 摘果式分拣作业法的适用范围如下：

① 出货量少、频率小的物品拣选；

② 种类多，数量少，但识别条件多（颜色\尺寸等）；

③ 体积小，单价高；

④ 涉及批号管制，且每批数量不定；

⑤ 用户不稳定，波动较大，不能建立相对稳定的用户分货货位；

⑥ 用户之间共同需求差异较大；

⑦ 用户需求种类不多；

⑧ 用户配送时间要求不一；

⑨ 传统仓库改造为配送中心,或新建的配送中心初期运营。

2. 播种式分拣作业法

将每批订单的同种商品累加起来,从储存仓位上取出,集中搬运到理货场,并按每张订单要求的数量投入对应的分拣箱,分拣完成后放到待运区域,直至配货完毕。播种式分拣作业法如图 6-2 所示。

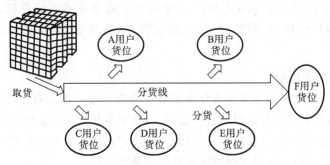

图 6-2 播种式分拣作业法

(1) 播种式分拣作业法的优点主要有:适合订单数量大(多)的系统;可以缩短拣取时的行走搬运距离,增加单位时间的拣取量;对于少量、多批次的配送十分有效。

(2) 播种式分拣作业法的缺点主要有:由于必须等订单达到一定数量时才做一次处理,因此订单处理前置时间长。

(3) 播种式分拣作业法的适用范围如下:
① 用户稳定,而且用户数量很多;
② 用户需求具有很强的共同性,品种差异小,只是数量有一定差异;
③ 用户需求种类有限;
④ 用户配送时间要求没有严格限制;
⑤ 追求效率、降低成本;
⑥ 专业性强的配送中心,容易形成稳定的用户和需求,货物种类有限。

6.2 分拣配货作业

分拣配货作业是指按客户的要求将商品从储存区分拣出来,配货后送入指定发货区的物流活动。分拣配货作业主要包括拣货作业和配货作业两部分。拣货作业是指根据订单,将顾客订购的货物从保管区或拣货区取出,或直接在进货过程中取出,并运至配货区的作业过程。配货作业是指配送中心人员对分拣出来的货物根据用户或配送路线进行分类,集中放置在集货暂存区的作业过程。分拣配货作业是不可分割的整体,通常是同时进行的。分拣配货作业方式有四种:拣选式配货作业、分货式配货作业、分拣式配货作业和自动分拣式配货作业。

1. 拣选式配货作业

1) 拣选式配货作业过程

分拣作业过程包括四个环节,即行走、拣取、搬运和分类。从分拣作业的四个基本过程可以看出,其所消耗的时间主要包括以下四个方面:

(1) 形成拣货指令的订单信息处理过程所需的时间；
(2) 行走或货物运动的时间；
(3) 准确找到储位并确认所拣货物及其数量所需的时间；
(4) 拣取完毕，将货物分类集中的时间。

2) 拣选式配货作业管理

分拣作业系统的能力和成本取决于配送中心或仓库的组织管理。分拣作业管理内容包括：储位管理、出货管理、拣选路径管理、补货管理、空箱和无货托盘的管理等。

2. 分货式配货作业

分货式配货作业是分货人员或分货工具从储存点集中取出各个用户共同需要的第一种货物，然后巡回于各用户的货位之间，将货物按用户需要量进行分放，再集中取出共同需要的第二种货物，如此反复进行，直至用户需要的所有货物都分放完毕，完成各个用户的配货工作。分货式配货作业有以下两种方法。

1) "人到货"分拣方法

这种方法是分拣货架不动，即货物不运动，通过人力拣取货物。在这种情况下，分拣货架是静止的，而分拣人员带着流动的集货货架或容器到分拣货架，即拣货区拣货，然后将货物送到静止的集货点。

2) 分布式的"人到货"分拣方法

这种分拣作业系统的分拣货架也是静止不动的，但分货作业区被输送机分开，也简称为"货到皮带"法。

3. 分拣式配货作业

分拣式配货作业有以下两种方法。

1) "货到人"的分拣方法

这种作业方法是人不动，托盘(或分拣货架)带着货物来到分拣人员面前，再由不同的分拣人员拣选，拣出的货物集中在集货点的托盘上，然后由搬运车辆送走。

2) 闭环"货到人"的分拣方法

闭环"货到人"分拣方法中的载货托盘(即集货点)总是有序地放在地上或搁架上，处在固定位置。输送机将分拣货架(或托盘)送到集货区，拣货人员根据订单拣选货架中的货物，放到载货托盘上，然后移动分拣货架，再由其他分拣人员拣选，最后通过另一条输送机，将拣空后的分拣货架(拣选货架或托盘)送回。

4. 自动分拣式配货作业

自动分拣系统的分拣作业与前面介绍的传统分拣系统有很大差别，可分为三大类：自动分拣机分拣、机器人分拣和自动分类输送机分拣。

1) 自动分拣机分拣

自动分拣机一般称为盒装货物分拣机，是药品配送中心常用的一种自动化分拣设备。这种分拣机有两排倾斜的、放置盒状货物的货架，架上的货物用人工按品种、规格分别分列堆码；货架的下方是皮带输送机；根据集货容器上条码的扫描信息控制货架上每列货物的投放；投放的货物装进集货容器，或落在皮带上后，再由皮带输送进入集货容器。

2) 机器人分拣

与自动分拣机分拣相比,机器人分拣具有更高的柔性。

3) 自动分类输送机分拣

当供应商或货主通知配送中心按订单发货时,自动分拣系统在最短的时间内可从庞大的存储系统中准确找到要出库的商品所在的位置,并按所需数量、品种、规格出库。自动分拣系统一般由识别装置、控制装置、分类装置和输送装置组成,需要自动存取系统(AS/RS)支持。

6.3 自动分拣系统的基本概念

自动分拣系统是第二次世界大战后在美国、日本的物流中心广泛采用的一种分拣系统,该系统目前已经成为发达国家大中型物流中心不可缺少的一部分。自动分拣系统的作业过程可以简单描述如下:物流中心每天接收成百上千家供应商或货主通过各种运输工具送来的成千上万种商品,在最短的时间内将这些商品卸下并按商品品种、货主、储位或发送地点进行快速准确的分类;将这些商品运送到指定地点(如指定的货架、加工区域、出货站台等),同时,当供应商或货主通知物流中心按配送指示发货时,自动分拣系统在最短的时间内从庞大的高层货架存储系统中准确找到要出库的商品所在位置,并按所需数量出库;将从不同储位上取出的不同,数量的商品按配送地点的不同运送到不同的理货区域或配送站台集中,以便装车配送。

自动分拣系统的规模和能力已有很大发展,目前大型分拣系统规模大多包括几十个到几百个分拣机,分拣能力每小时在万件以上。大规模的自动分拣系统,主要包括进给台、信号盘、分拣机、信息识别、设备控制和计算机管理等几大部分,还要配备外围的各种运输和装卸机械组成一个庞大而复杂的系统;有的还与立体仓库连接起来,配合无人驾驶小车、拖链小车等其他物流设备,共同完成物流任务。

1. 自动分拣系统的组成

自动分拣系统一般由识别装置、控制装置、分类装置、输送装置和分拣道口组成。

(1) 识别装置通过条形码扫描、色码扫描、重量检测、语音识别、高度检测及形状识别等方式,利用 LAN、总线技术或 RF 技术将分拣要求传给分拣控制装置。

(2) 控制装置的作用是识别、接收和处理分拣信号,根据分拣信号的要求指示分类装置,按商品送达地点或按货主的类别对商品进行自动分类。

(3) 分类装置的作用是根据控制装置发出的分拣指示,对具有相同分拣信号的商品经过该装置时,该装置动作,改变商品在输送装置上的运行方向,进入其他输送机或分拣道口。

(4) 输送装置的主要组成部分是传送带或输送机,其主要作用是使待分拣商品通过控制装置和分类装置。在输送装置的两侧,一般要连接若干分拣道口,使分好类的商品滑下主输送机(或主传送带),以便进行后续作业。

(5) 分拣道口是已分拣商品脱离主输送机(或主传送带)进入集货区域的通道,一般由钢带、皮带、滚筒等组成滑道,使商品从主输送装置滑向集货站台,在那里由工作人员将该道口的所有商品集中后,或入库储存,或组配装车并进行配送。

2. 自动分拣系统的要素

(1) 动力输送线(主输送线、支线),用以输送货物,并将货物从主输送线分拣到对应支线的指定位置;

(2) 包装上的分拣标志或信息,如条形码等;

(3) 分拣信息辨识、读取装置,如条形码扫描仪等;

(4) 分拣系统控制计算机(监控机);

(5) 可编程序控制器(PLC),用来接收主控机指令并用来控制相应的分拣装置,在小规模系统中可取代系统控制计算机;

(6) 数据信息,给计算机提供分拣控制决策信息。

3. 自动分拣系统的特点

(1) 能连续、大批量地分拣货物。由于采用大规模生产中使用的流水线自动作业方式,自动分拣系统不受气候、时间、人的体力等的限制,可以连续运行 100 小时以上,每小时可分拣 7000 件包装商品;如用人工则每小时只能分拣 150 件左右,且人工分拣人员在这种劳动强度下一般只能连续工作 8 小时。

(2) 分拣误差率极低。自动分拣系统的分拣误差率大小主要取决于所输入分拣信息的准确性大小,这又取决于分拣信息的输入机制,如果采用人工键盘或语音识别方式输入,则误差率在 3% 以上,如果采用条形码扫描输入,除非条形码的印刷本身有差错,否则基本上不会出错。因此,目前自动分拣系统主要采用条形码技术来识别货物。

(3) 分拣作业基本实现无人化。建立自动分拣系统的目的之一就是为了减少人员的使用,减轻劳动强度,提高人员的使用效率,自动分拣系统能最大限度地减少人员的使用,甚至实现无人化。

4. 引进自动分拣系统需考虑的两个问题

(1) 第一个需要考虑的是一次性投资巨大的问题。

自动分拣系统本身需要建设短则 40~50 m,长则 150~200 m 的机械传输线,还有配套的机电一体化控制系统、计算机网络及通信系统等,这一系统不仅占地面积大,动辄 20 000 m^2 以上,而且一般自动分拣系统都建在自动主体仓库中,这样就要建 3~4 层楼高的立体仓库,库内需要配备各种自动化的搬运设施,这丝毫不亚于建设一个现代化工厂所需要的硬件投资。这种巨额的先期投入要花 10~20 年才能收回,如果没有可靠的货源作保证,类似系统大都由大型生产企业或大型专业物流公司投资,小企业无力进行此项投资。

(2) 第二个需要考虑的是对商品外包装要求高的问题。

自动分拣机只适于分拣底部平坦且具有刚性的包装规则的商品。袋装商品、包装底部柔软且凹凸不平、包装容易变形、易破损、超长、超薄、超重、超高、不能倾覆的商品不能使用普通的自动分拣机进行分拣。因此,为了使大部分商品都能用机械进行自动分拣,可以采取以下两条措施:一是推行标准化包装,使大部分商品的包装符合国家标准;二是根据所分拣的大部分商品的统一包装特性,定制特定的分拣机。

6.4 自动分拣装置结构及特点

6.4.1 自动分拣作业

拣货作业由订单下达、储位识别、拣取搬运货物、核对数量、汇总等一系列环节组成。

1. 分拣信息

分拣作业是在分拣信息的引导下,通过查找货位、拣取和搬运货物,并按一定的方式将货物分类、集中。分拣信息是分拣工作的命令。分拣信息是对顾客的订单进行加工后产生的,主要包括以下几点。

(1) 基本部分:货物品名、规格、数量;订单要求的货物总量;货物发送单元的要求。

(2) 主要部分:货物储位、拣货集中地;储备货物的补货量;储备货物的储存;补货登记。

(3) 附加部分:货物价格、代码和标签;货物包装;货物发送单元的可靠性要求,发送货物单元的代码和标签。

2. 分拣信息传递方式

1) 订单传递

订单传票即直接利用客户的订单或以配送中心送货单来作为拣货指示凭据。这种方法适用于订单订购品种比较少,批量较小的情况。订单在传票和拣货过程中易受到污损,可能导致作业过程发生错误,而且订单上未标明货物储放的位置,靠作业人员的记忆拣货,影响拣货效率。

2) 拣货单传递

拣货单传递即把原始的用户订单输入计算机进行拣货信息处理后打印出拣货单的方式。这种方式的优点是:经过处理后形成的拣货单上所标明的信息能更直接、更具体地指导拣货作业,提高拣货作业效率和准确性。但处理打印拣货单需要一定的成本,而且必须尽可能防止拣货单据出现误差。

3) 显示器传递

显示器传递是在货架上安装灯号或液晶显示器,来显示通过控制系统传递过来的拣货信息,显示器安装在储位上,相应储位上的显示器显示该商品应拣取的数量,这就是数字拣选系统(digital picking system, DPS)。这种系统可以安装在重力式货架、托盘货架、一般货物棚架上。显示器传递方式可以配合人工拣货,防止拣货错误,增加拣货人员的反应速度,提高拣货效率。

4) 计算机随行指示

计算机随行指示是指在叉车或台车上设置辅助拣货的计算机终端,拣取前先将拣货信息输入计算机或软件,拣货人员依据叉车或台车上计算机屏幕的指示,到正确位置拣取货物。通常在叉车上安装无线通信设备,通过这套设备把应从哪个储位拣取何种商品及拣取数量等信息,指示给叉车上的司机以拣取货物。这种传递方式通常适应于大批量出货时的拣货作业。

5）条形码或 RFID 方式

条形码、RFID 等方式主要在自动分拣系统中用来表示和传递分拣信息。

6.4.2 自动分拣装置结构及特点

1. 自动分拣系统的拓扑结构

自动分拣系统的结构有两种：一种是线状结构或称梳状结构；另一种是环状结构。拓扑的选择取决于安装的场地、所拣货物特性、同时处理的订单数及分类装置的类型。如果是订单大、拣货终端数量少，可采用线状结构；如果订单小且多，可采用环状结构。环状结构的分拣系统有一定的储货能力，支持批处理方式。在环状结构中，货物只要不拣取下线，就能不断地在环路上一直运行，多次通过同一个位置，直到在某个终端取下。在这种情况下，即使只有一个拣货终端工作，系统也能运行。在环状结构上多设置拣货终端，就能提高系统分拣能力。自动分拣系统的拓扑结构如图 6-3 所示。

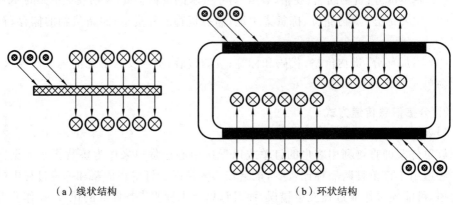

（a）线状结构　　　　　　　　（b）环状结构

图 6-3　自动分拣系统的拓扑结构图

2. 自动分拣系统的工作过程

一个分拣系统是由一系列各种类型的输送机、各种附加设施和控制系统等组成，大致可分为合流、分拣信号输入、分拣和分流、分运等四个分段。

1）合流

商品可以通过人工搬运方式或机械化、自动化搬运方式，也可以通过多条输送线进入分拣系统。经过合流逐步将各条输送线上输入的商品合并于一条汇集输送机上，同时，将商品在输送机上的方位进行调整，以适应分拣信号输入和分拣的要求。

2）分拣信号输入

在这一阶段，激光扫描器对商品的条形码标签进行扫描，或者通过其他自动识别方式，如光学文字读取装置、声音识别输入装置等，将商品分拣信息输入计算机。商品之间保持一个固定的间距，对分拣速度和精度是至关重要的。即使是高速分拣机，在各种商品之间也必须有一个固定的间距。当前的微型计算机和程序控制器已能将这个间距减小到只有几英寸。

3）分拣和分流

商品离开分拣信号输入装置后在分拣输送机上移动，根据不同商品分拣信号所确定的移动时间，使商品行走到指定的分拣道口，由该处的分拣机构按照上述的移动时间自行启动，将商品排离主输送机进入分流滑道排出。

4) 分运

分拣出的商品离开主输送机,再经滑道到达分拣系统的终端。分运所经过的滑道一般是无动力的,利用商品的自重从主输送机上滑行下来。各个滑道的终端,由操作人员将商品搬入容器或搬上车辆。

3. 自动分拣装置

各种自动分拣系统的差别在于所用的分类装置(也称分拣装置),它们的种类很多,一般有横向货物分拣装置、活动货盘分拣装置、翻盘式分拣装置、直落式分拣装置、辊子浮出式分拣装置、皮带浮出式分拣装置、滑动式分拣装置、摇臂式分拣装置和推出式分拣装置。

1) 横向货物分拣装置

横向货物分拣装置是由多条短平带输送机并联组成的分拣系统。皮带机的运动方向与分类装置的运动方向垂直,每条皮带机的驱动装置独立,可分别驱动,整套装置由牵引链拖动。整套装置的价格取决于该分拣装置的分拣效率要求。该装置对一般货物的分拣具有良好的适应性,但如果货物的重心较高、底面不平整,对装置的正常运行会有相当的影响。

2) 活动货盘分拣装置

活动货盘分拣装置由圆管或金属板条组成,每块板条或管子上都有一个活动的货物托盘作横向运动,当货物到达分类装置出口时,将货物分到指定的岔道实现分类。这种分拣装置的分拣效率很高,但仅适于较轻、较小货物的分拣。

3) 翻盘式分拣装置

翻盘式分拣装置由牵引链牵引,翻盘到达指定的分岔道口时,向左或向右倾斜,被拣货物靠重力滑入分岔道口。这种分拣装置的牵引链能在水平和垂直两个平面转向。工作时,被拣货物通过喂料输送机送入托盘,送入角度可以是斜角或直角,因此翻盘式分拣装置的布置十分灵活,或水平或倾斜或隔层布置,组成一个变化多样的空间分拣系统。此类装置的翻盘一般都做成马鞍形,对底面不平整的软包装货物有良好的适应性。

4) 直落式分拣装置

与翻盘式分拣装置一样,直落式分拣装置也是通过牵引链驱动的。所输送的货物放在一些底部有活门的托盘上,当托盘到达预定位置后,由分拣系统发出信号,活门打开,货物落入指定的容器。采用这种装置不需要辅助作业,就很容易实现分拣货物的集中。此类装置一般用来对扁平状的货物进行分类。

5) 辊子浮出式分拣装置

与上述介绍的几种分类装置不同,这种分拣装置可与辊子输送机、平带输送机融为一体,放在输送系统的岔口处,可看做是一种分流装置。在没有分拣任务时,可作为输送机输送货物。该装置是在对应岔口的入口处设置了一排短辊子。这些短辊子与主滚道上表面水平,可通过气动元件向两侧摆动和浮出主滚道的上平面。这些短辊子通过表面上胶或是采用聚氨酯材料增大摩擦力,从而带动货物转向。

6) 皮带浮出式分拣装置

皮带浮出式分拣装置的工作原理与辊道浮出式分拣装置的一样,不同之处在于主滚道中设置的是一条宽度较窄的皮带机。皮带有花纹,摩擦力大,因而使货物改向更加容易,也使分流速度更快、更准确。这种装置多用在输送线中,既可用作分流,也可用作分拣。

7）滑块式分拣装置

滑块式分拣装置是一种特殊的板式输送机，它通过货物分流来实现货物分拣。其板面由金属板或管子组成，每块板条或管子上各有一块能作横向运动的导向板，导向板靠在输送机的侧边上。

8）摇臂式分拣装置

为提高系统分拣效率，可通过对货物的流向进行控制来实现分拣。因此，在主道上安装一根摇臂，对货物的流向进行控制也可实现货物的分拣。

9）推出式分拣装置

推出式分拣装置是附在输送机上的一类分拣装置，是通过九十度分流来实现分拣的。分流既可采用气缸侧推方式，也可采用摇臂推出方式和辊道侧翻推出方式。

各类分拣装置的性能比较如表 6-1 所示。

表 6-1　各类分拣装置的性能比较

类　　型	适应范围	最大货重 /kg	最大速度 /(m/s)	最大分拣能力 （件/小时）	费用	空间要求
横向货物	货物底面平整	20	2.5	15000	高	合适
活动货盘	小件货物	约5	2.5	15000	一般	高
翻盘式	货物底面光滑	50	2.5	12000	一般	一般
直落式	扁平和不易碎	5	1.5	12000	一般	合适
辊子浮出式	平底和无包装袋	50	2.5	7000	一般	合适
滑块式	无包装袋	约90	2.5	12000	一般	一般
气缸侧推	非易碎	约50	1.5	1500	合适	一般
旋转挡臂	所有物品	约50	1.8	2500	合适	一般
摇臂式	非易碎及形状稳定	约20	1.0	2000	合适	高
皮带浮出式	适于皮带运输	50	1.5	3000	合适	高

6.5　分拣控制系统

6.5.1　分拣控制系统组成

自动分拣控制系统的作用是要能快速处理大量的分拣信息和指令，准确识别每件货物，通过系统的控制网络控制输送系统和分拣装置，及时、准确、协调地完成分拣作业，并将作业信息和数据反馈到主控监视系统。其任务包括两个方面：一是控制分拣装置准确动作；二是提取、处理分拣信息和指令，实时快速地与主控计算机和各装置控制器或 PLC 间进行双向数据通信，进而控制存取、输送、识别和分拣系统高效、协调地工作。分拣控制系统必须具备数据通信和装置驱动控制两大功能系统。操作人员输入一个或一批分拣指令，主控系统处理后将其转换为对应货物的识别数码、分拣数量和分拣目的位置等一系列分拣控制信息和指令，输送给分拣控制器，并打印出相应的清单、文件和货物标签。

当拣取的货物被输送并经过激光扫描或 RFID 等识别系统装置时,该货物的分拣信息被提取,并传送给分拣控制器。对照主控系统传送的信息和指令以确认该货物的分拣要求,控制器由此产生控制指令传输给控制输送和分拣装置的 PLC,将货物准确输送到指定分拣道口并分拣到目标位置或集货点。一旦货物到达目的位置后,PLC 再将作业信息反馈到分拣控制器以对该项分拣作业及时进行调整更新,此过程反复自动进行,直到该项分拣作业完成或人为终止。

实际运行时,分拣控制系统能够同时处理多项分拣作业。大量的待分拣货物在进入分拣系统前汇合到主输送线上,并被引导逐个通过自动识别装置。识别后,每件货物的分类信息和分拣指令传输给分拣控制器,从而控制分拣装置将各自对应的货物分拣到位。

6.5.2 分拣指令输入

在分拣机上输送的商品,向哪个道口分拣,均通过分拣信号的输入发出指令,一般均需在分拣商品上贴有发运地点等标签,以此进行分拣。在自动分拣系统中,分拣信号输入方法大致有下列五种。

(1) 键盘:由操作人员按各种商品的分拣编码,即商品从主输送机上向哪个分拣道口排出的道口编码,进行按键将分拣信号输入。键盘有十键式和全键式两种,常用的为十键式,配置有 0~9 这十个数字。每个分拣编码为 2~3 位数。

(2) 声音识别输入:操作人员通过话筒朗读每件商品的配送商品名称和地点,将声音输入变换为编码,由分拣机的微计算机控制分拣机构启动。声音识别输入装置的处理能力是每分钟约可输入 60 个词语。

(3) 条形码:把条形码标签粘贴在每件商品上,通过放置在分拣机上的激光扫描器时被阅读。因此,为了正确输入,要求条形码标签粘贴在商品包装的一定位置上,同时商品在输送机上粘贴条形码标签的一面应面向扫描器。扫描器从商品上面或从侧面扫描,或者同时从上面、侧面扫描。扫描器能对在输送机上每分钟移动 40 m 的商品进行扫描阅读,扫描速度为每秒 500~1500 次,但以扫描输入次数最多的信号为准。

(4) 激光扫描器:激光扫描器在对商品上条形码标签扫描时,将商品分拣信号输入的同时,也一并将条形码上包括商品名称、生产厂商、批号、配送商店等编码作为在库商品的信号输入主计算机,为仓库实行计算机业务管理提供数据,这是其他输入方法所不及的。

(5) 光学文字读取装置(OCR):这种装置能直接阅读文字,将信号输入计算机。但是这种输入方法的拒收率较高,影响信号输入的效率。目前这种方式在分拣邮件的邮政编码上应用较多,而在物流中心的分拣系统中应用较少。

6.6 自动分拣系统设计

6.6.1 设计内容和步骤

自动分拣系统一般都建在有自动立体仓库的配送中心,系统规模大,设备多,且自动化程度高。系统控制点多且相互关联,导致系统控制复杂,一次性投资大,同时对物品的外包装也有较高要求。因此,无论是设计、建造,还是使用自动分拣系统都必须具备一定的技术经济条件。

1) 自动分拣系统设计主要内容

(1) 系统总体规划及性能参数设计,包括确定系统组成结构、系统规模、各环节作业方式、设备布局,分析并明确系统的分拣处理能力、分拣速度、分拣效率等性能参数。

(2) 设计规划配合分拣作业的货物输送系统,如输送方式和规模的选择确定、输送线路及合流、分流点的布局、系统通过率和极限能力的分析,系统未来的更新及可扩展性分析等。

(3) 控制系统设计,包括控制系统结构、控制工作流程和程序设计,分拣信息和指令的提取、处理、传输及通信(即控制总线网络)方法的分析确定,传感检测点的布置,执行器件的运动控制分析,控制装置及元器件的设计选型等。

(4) 系统设备装置的设计选型,如输送和搬运设备、自动识别装置、自动分类装置的形式、规格、数量及性能参数的选择确定,非标准部件及系统装配具体结构的设计。

(5) 系统评估分析和相关技术文件编写等。

2) 设计过程主要步骤

(1) 分析用户对所建系统的技术及特性要求。

这是系统设计的依据和基础。关键的技术条件和特性要求如下。

① 分拣货物的特性,如长、宽、高外形尺寸,质量,材质,包装形式,输送稳定性等。

② 系统分拣能力、规模、分拣效率和分拣速度。分拣效率和分拣速度分别指系统一个工作周期内总的分拣货物量;单位时间内拣出货物或包装箱的件数,以及连续分拣两件货物的最短时间(即输送速度与货物长度及货物间距之和的比值)。分拣效率和分拣速度都能体现系统作业的速度,虽指标不同而实际结果是互通的,但在选择、定义分拣装置的性能特性时,这是两个不同的特性指标。分拣效率注重数量,反映了分拣装置作业能力;分拣速度是货物分拣数量和尺寸规格的综合反映,能决定分拣装置的作业频率。此外,允许的货物最大输送速度和最小间距,也是设计选择分拣装置必须考虑的指标因素。

③ 系统操作运行参数,如工作环境、操作形式、自动化程度、货物进出流量、设备能力范围、运行使用频率、货物方位、分拣货物量的波动幅度、提取和发送货物输送线的数量、新旧设备衔接、是否多向分拣和多分拣指令的并行传输等。

(2) 明确系统总体概念和各环节运行方案。

在对上述系统特性和技术条件分析明确后,可进行系统总体和各环节的运行方案设计,设计的过程中,某些因素条件还需要同时考虑,如设备建造成本、运行和维护成本、使用寿命周期、系统管理、系统柔性和今后的扩展变化等。

(3) 选择设计系统设备装置。

在总体技术框架和系统方案确定后,主要工作就是进行具体的技术设计和设备及元器件选型。设备装置的性能指标、功能要求和成本是本阶段的核心目标。设计中,尽量将复杂的系统按设备功能分解为若干个子系统或功能模块来设计,这样可以简化并明确设计对象,而且也有助于今后的系统建造和运行维护。同时,要尽量选用标准部件和成型产品及成熟技术,可进一步缩短设计周期,降低系统成本。

(4) 系统建立和运行调试。

根据技术设计提交的工程图纸和相关技术文件及说明书，进行系统建造、安装调试和试运行，并给出有关报告作为技术文件和系统评价及改进的技术依据。建造之前，应对设计进行评估、仿真分析，对设计作进一步验证和修改。

6.6.2 输送系统通过率和极限能力分析

货物在到达分拣目标位置之前，在整个分拣作业过程中，都一直被不停地输送和移动，即从输送系统某个货物入口点出发，经合流、引导后通过自动识别装置，当到达对应的分拣装置时，被分拣到相应岔道，最后到达分拣目标位置。如果大量的被拣货物能有序并快速地完成这一过程，就能让分拣系统具有较高的作业能力和分拣效率。也就是说，输送系统"通过率"高，输送速度快，"极限绩效"大，是整个设计所期望的结果。

输送系统中每个节点和路段的通过率和绩效决定了整个系统可能的通过率和绩效，在每个节点元素处的等待甚至阻塞，都会延长输送对象到达分拣目的位置的时间，降低系统的作业能力和分拣效率。因此，为了更好地规划和设计整个自动分拣系统，需要对所设计的系统在各个节点的通过率和极限能力进行分析，从而改进系统节点的布局和节点元素的形式，确定合流处货物的输送通过策略，控制输送路段上相邻货物达到合理的间距和运动间隔时间，这也有助于更好地设计输送设备和分拣装置。

实际上，不同的连续输送设备的最大输送速度和极限绩效是不同的，而不同的分拣装置和识别装置对货物最大运动速度和最小间距也有相应的具体要求。因此，进行此类分析是必不可少的。可见，找到较优的平衡点来确定各部分的通过策略及输送速度，使输送系统、自动识别系统、分拣系统三者之间达到最佳的配合协调工作状态，就可以大大提高整个系统的作业能力和效率，降低"拣错率"。

1. 通过策略概述

由单元负载式输送机构组成的运输系统中，货物的装载和卸载均可在输送不停顿的情况下进行，输送效率高。一旦建成，就不易增加或减少输送段和变更货物的运输路线及输送速度。因此，单元流量在企业因生产任务变化而发生变化时，往往会在输送系统中形成瓶颈。物流系统的通过策略规定了输送单元的优先权和流向。要考虑"捆绑"、"有序"、"可靠"和"战略组合"的要求。

2. 实施通过策略的目的

实施通过策略的目的主要有以下几个方面。

(1) 最大能力目的：使输送单元通过的数目最大。
(2) 绩效目的：使各输送方向的通过率最大或使某个特定方向的通过率最大。
(3) 时间目的：使各输送方向的通过时间最小或使某个特定方向的通过时间最小。
(4) 通畅目的：使排队时间最短、等待时间最小，无瓶颈现象。
(5) 可靠目的：最大可能地实现系统无事故运行的目的。

3. 最大能力策略

群体是指将多个类型相同的输送单元编成一组，成组安排服务。不变群体是指群体中的输送单元个数不变。可变群体是指群体中的输送单元个数不同。最大能力策略有以下几种。

(1) 逐向发货策略：向服务区或转运区的输送单元一次仅发一个方向，或一次仅向一个方向转运。

(2) 不变群体发货策略：向服务区或转运区按不变群体方式工作，将多个群体混合发货，用定向转运减少换向工作所需的时间。

(3) 可变群体发货策略：向服务区或转运区按可变群体方式工作，将多个群体混合发货，用定向转运减少换向工作所需的时间。

4. 放行策略

当节点元素的输入端口不止一个时，放行策略有以下几种。

(1) 通过权平等策略：按"先到先服务"的原则，处理到达入口的输送单元。存在的主要问题是输送单元的排队个数和通过时间。

(2) 限制行驶策略：来自支流路段的输送单元只在信息控制点没有检查到主流支路有输送单元到达时，才能送到服务区。

(3) 绝对优先策略：按照"绝对优先"的策略，主流上的输送单元获得绝对先行的特权。

5. 通畅策略

使排队长度最短、等待时间最小、无"瓶颈"现象的通畅策略有以下几种。

(1) 固定周期接通：每个输入端口 E_i 的接通时间 t_{zi} 是常数。在固定周期内，按节点循环，依次接通每个方向后再输送单元。

(2) 变周期接通：每个输入端口 E_i 的接通时间 t_{zi} 根据需要变化，按节点循环，依次接通每个方向后再输送单元。

6. 系统策略

为了改善系统中各个节点的通过能力、通过时间和运行成本，除了可以采用合适的通过策略外，还可通过具有支配意义的系统策略对系统进行优化。对于不同的物流系统，如转运、运输、仓储和配送系统，有不同的系统策略，主要包括并行策略和串行策略。

1）系统策略之并行策略

输送单元在通过分流节点后，在功能相同的服务区或流程节点中进行选择时，可采用下列并行策略。

(1) 周期性逐个分配：对所有的服务区，按周期循环，将输送单元逐一分配到各并行的目的地。

(2) 周期性群体分配：对所有的服务区，按周期循环，将输送单元以群体方式逐一分配到各并行的目的地。群体的长度可以不变或按节点最大能力充分利用的原则确定。

(3) 以最大能力发挥为宗旨的分配：将输送单元发送到当时能力未能充分发挥的服务区或流程节点。

(4) 最大能力填充分配：将输送单元首先发送到某些节点，使其能力利用系数达到最大，然后再将其他单元送到其他节点。

2）系统策略之串行策略

(1) 顺序通过：将输送单元依次通过各节点，送到预定的位置，在那里根据相应的通行策略安排放行。

（2）单体节制通过：发送单元时，使单元时间间隔 t 小于绩效链服务节点中最长的服务时间 t_{max}。在入口处，优先通过 $t=t_{max}$ 的输送单元。

（3）群体节制通过：在入口处，将到达的输送单元，按群分组，使服务节奏等于服务节点中最长的服务时间 t_{max}。

（4）不停顿通过：调整过程链中各节点的接通周期，使之各不相同。大小不同的接通周期互相配合，使一个长度较大的群体无停顿地通过整个物流链。

习 题 6

6-1 分拣的基本方法有哪些？
6-2 试述分拣作业所消耗的时间的组成。
6-3 简述摘果式分拣作业法和播种式分拣作业法各自的优缺点，以及适用范围。
6-4 什么叫分拣配货作业？有哪几种方式？
6-5 简述自动分拣系统的组成和要素。
6-6 自动分拣装置的种类有哪些？各自有什么特点？
6-7 简述自动分拣系统的设计步骤。

7

自动导引小车

7.1 自动导引小车概述

7.1.1 自动导引小车的基本概念

AGV 是 automatic guided vehicle(自动导引小车)的缩写。AGV 是以电池为动力,装有非接触导向装置、独立寻址系统的无人驾驶自动运输车,是现代物流系统的关键设备。它是一种集声、光、电、计算机为一体的简易移动机器人。它可以按照监控系统下达的指令,根据预先设计的程序,依照车载传感器确定的位置信息,沿着规定的行驶路线和停靠位置自动驾驶。根据美国物流协会定义,AGV 是指装备有电磁或光学导引装置,能够按照规定的导引路线行驶,具有小车运行和停车装置、安全保护装置,以及具有各种移载功能的运输小车。

AGV 的显著特点是无人驾驶,可以保证系统在不需要人工导航的情况下自动行驶,柔性好,自动化和智能化水平高。AGV 可以根据仓储货位要求、生产工艺流程等灵活配置,运行路径改变的费用与传统的输送带或刚性的传送线相比非常低廉。如果配有装卸机构,AGV 还可以与其他物流设备自动接口,实现货物或物料装卸与搬运全过程自动化。此外,AGV 还具有清洁生产的特点,AGV 依靠自带的蓄电池提供动力,运行过程中噪声极低、无污染,可以应用在许多要求工作环境清洁的场所。

AGVS 是 automatic guided vehicle system(自动导引车系统)的缩写,由管理计算机、监控管理子系统、数据传递子系统、若干辆沿导引路径行驶的自动导引小车、地面子系统等组成,用于及时有效地分派 AGV 到规定位置完成指定动作。

7.1.2 自动导引小车的分类

根据用途和产品结构的不同,AGV 逐步发展成各种型号,并且不断有新型的 AGV 问世,国际上对其无统一分类。

1. 按导引原理的不同进行分类

(1) 外导式 AGV(固定路径导引)。在运行路线上设置导向信息媒介,如导线、色带等,由车上的导向传感器检测接收导向信息(如频率、磁场强度、光强度等),再将此信息经实时处理后用以控制车辆沿运行线路正确地运行。

(2) 自导式 AGV(自由路径导引)。采用坐标定位原理,即在车上预先设定运行作业路线的坐标信息,并在车辆运行时,实时地检测出实际的车辆位置坐标,再将两者进行比较、判断后控制车辆导向运行。

2. 按自主程度进行分类

(1) 智能型 AGV。每台小车的控制系统中通过编程存有全部的运行路线和线路区段控制的信息,小车只需知道目的地和到达目的地后所需完成的任务,就可以自动选择最优线路完成指定的任务。这种方式下,AGVS 中使用的主控计算机可以比较简单。主控计算机与各 AGV 车载计算机之间通过通信装置进行连续的信息交换,主控计算机可以实时监控所有 AGV 的工作状态和运行位置。

(2) 普通型 AGV。每台小车的控制系统一般比较简单,其本身的所有功能、路线规划和区段控制都由主控计算机进行控制。此类系统的主控计算机必须有很强的处理能力。小车每隔一段距离通过地面通信站与主控计算机交换信息,因此小车在通信站之间的误动作无法及时通知主控计算机。当主控计算机出现故障时,小车只能停止工作。

3. 按物料搬运的作业流程要求进行分类

(1) 牵引式 AGV。牵引式 AGV 使用最早,包括牵引车和挂车。牵引车只起拖动作用,货物则放在挂车上。大多采用 3 个挂车,拖动能力为挂车载重 2~20 t,个别可达 50 t 以上,驱动电动机功率一般为 0.75 kW~10 kW,蓄电池容量为 300~1000 A·h,拖动行走速度为 60~100 m/min,转弯和坡度行走时要适当降低。牵引式 AGV 可用于中等运量或大批运量,运送距离为 50~150 m 或更远。目前,牵引式 AGV 多用于纺织工业、造纸工业、塑胶工业及一般机械制造业,提供车间内和车间外的运输。

(2) 托盘式 AGV。托盘式 AGV 的车体工作台上主要运载托盘。托盘与车体移载装置的衔接方式有辊道、链条、推挽、升降架和手动等形式,适合于整个物料搬运系统处于地面上的某高度时,从地面上一点送到另一点。AGV 的任务只限于取货、卸货,完成即返回待机点,运载重量为 1.5~2.0 t,驱动电动机的功率小于 0.7 kW,蓄电池容量为 210~400 A·h,行驶车速在直线行走时为 60 m/min,弯路行走时为 30 m/min,反向与缓行行走时为 15 m/min,车上可载 1~2 个托盘。

(3) 单元载荷式 AGV。根据载荷大小和用途,单元载荷式 AGV 可分为不同的形式。根据生产作业中物料和搬运方式的特点,采用单元化载荷的运载车比较多,适应性也强。一般用于总运输距离比较短、行走速度快的情况,有效载荷可达 0.5~5 t,行走速度为 30~80 m/min。其适合大面积、大重量物品的搬运,且自成体系,还可以变更导向线路,迂回穿行到达任意地点。当用于搬运小型物品时,由于其最小转弯半径小,通常为 1.5~2.0 m,可运行于活动面积窄小的地段。

(4) 叉车式 AGV。根据载荷装卸叉子方向、升降高低程度,叉车式 AGV 可分为各种形式。叉车式 AGV 不需要复杂的移载装置,能与其他运输仓储设备相衔接,一般可处理 2~3 t 物品,能将物品提升到 3~4 m 高处,当货架高于 4 m 时,可采用桅架框形结构或伸缩式结构,采用电气或液压驱动。若采用侧叉式 AGV,还可使转弯半径减少。叉子部件应根据物品形状,采用不同的形式,如对大型纸板、圆桶形物品,应采用夹板、特种结构或双叉结构。叉车式 AGV 需装设检知器,以防止碰撞。同时,为了保持 AGV 有载行走的稳定性,车速不能太快,且搬运过程速度要慢。有时由于叉车伸出太长,所需活动面积和行走通道较大。

(5) 轻便式 AGV。考虑到轻型载荷使用得日益广泛,各种形式的轻便式 AGV 应运而生。这是一种轻小简单、使用非常广泛的 AGV。它的体形不大、结构相对简化许多、自重很轻、价格低廉。如日本松下电气公司生产的 PW-s10 型 AGV,全高 195 mm,自重 95 kg,可以驮载 3.0 kg 的物品。由于采用计算机控制,组成的 AGVS 具有相当大的柔性,主要用于医院、办公室、精密轻量部件加工等行业。

(6) 专用式 AGV。专用式 AGV 根据其用途可分为装配用 AGV、特重型物品用 AGV、特长型物品用 AGV、冷库使用的叉车 AGV、处理放射性物品的专用搬运 AGV、超洁净室使用的 AGV、胶片生产暗房或无光通道使用的 AGV 等。

(7) 悬挂式 AGV。日本某些公司把沿悬挂导向电缆行走的搬运车也归入 AGV,多用于半导体、电子产品洁净室,载重为 50~700 kg。这种 AGV 多为轻型,承重多为单轨,如日本 Muratec 公司生产的空中无人导引运输车(SKY-RAV)。

7.1.3 AGV 发展及应用

AGV 出现于 20 世纪 50 年代,是现代工业自动化物流系统如计算机集成制造系统(CIMS)中的关键设备之一。AGV 具有灵活性、智能化等显著特点,可以方便地重组系统,达到生产过程的柔性化运输。与传统的人工或半人工的物料输送方式相比,AGV 系统减轻了劳动强度,降低了危险性,提高了生产效率,在各行各业均可发挥重要作用。

1. AGV 的发展概况

世界上第一台自主导航车是美国 Barrett 电子公司于 1953 年开发成功的,它是由一辆牵引式拖拉机改造而成的,带有车兜,在一间杂货仓库中沿着布置在空中的导线运输货物。世界上第一个 AGV 系统于 1954 年安装在南加州哥伦比亚城 Mecury 汽车货物运输公司,为牵引式小车系统。20 世纪六七十年代,得益于欧洲托盘标准化,AGV 在欧洲顺利发展。1973 年,瑞典 Volvo 公司在 Kalmar 轿车厂采用 AGV 完成装配作业;20 世纪 70 年代,欧洲装备了大约 520 个 AGVS,4800 多台 AGV;1985 年,约 450 家工厂使用了 1 万台左右 AGV。日本于 1965 年引入无人牵引车;经过 10 年改造,1975—1985 年间出现了手动移载式 AGV 和自动移载式 AGV,完成装卸作业;到 1994 年,日本累计生产 AGVS 6485 个,AGV 18570 台,平均每个系统 3 台 AGV。

AGV 在我国的发展历史较短。1975 年,北京起重运输机械研究所研制出第一台电磁导引定点通信 AGV;1989 年,北京邮政科学研究规划室研制出我国第一台双向通信 AGV;1999 年 3 月,昆明船舶设备集团有限公司研制出激光无人导引车系统,并在红河卷烟厂投入试运行,是我国首套投入使用的 AGVS。目前,AGV 主要使用在科研机构、汽车装配、邮政报刊分拣输送、大型仓库 AS/RS。

2. AGV 的应用

随着 AGV 的性能不断完善,其应用范围不断扩展,不仅在工业、农业、国防、医疗、服务等行业中得到了广泛应用,而且在排险、搜捕、救援、辐射和空间领域等有害与危险场合得到很好的应用,几乎适合于仓储、制造、邮局、图书馆、港口、机场、烟草、医药、食品、化工、危险场所和特种行业等各种场合。

1) 在重工业中的应用

AGV可在冲压生产线自动运载模具;重型AGV可运载成卷带钢到坯料加工冲压机,剪切成长方坯件后又将坯件输送到冲压生产线或存储区;把6轴机器人安装在重型AGV上,用以喷漆飞机骨架等。

2) 在制造业中的应用

AGV主要用于物料分发、装配和加工制造三个方面。就AGV的数量和重要性,装配作业是AGV的主要用户。汽车工业为AGV的使用大户,大多数AGV被用于汽车装配线上。电子工业多品种、多型号的中批量生产大量引入了AGV,以构建柔性可编程输送系统。

3) 在非制造业中的应用

AGV在非制造业中的应用也有着相当大的市场,这些应用部门包括食品、服饰用品和其他供应品在医院的运载;邮件、电文和包裹在邮局中的运载。

4) 在港口中的应用

荷兰鹿特丹ECT的具有计算机控制的自动导引小车(AGV)和自动化轨道门式起重机(RMG)的方案已被应用,大大提高了码头的装卸效率。最新型的AGV能承载2个标准集装箱。该方案在Thamesport、PSA、Hessennatie、Hamburg等港口也得到了应用。

7.2 自动导引小车的基本结构

AGV的基本结构如图7-1所示。

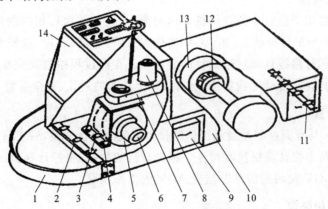

图7-1 AGV的基本结构

1—安全挡圈;2、11—认址线圈;3—失灵控制线圈;4—导向探测线圈;5—驱动轴;6—驱动电动机;7—转向机构;8—导向伺服电机;9—蓄电池箱;10—车架;12—制动用电磁离合器;13—车轮

AGV的基本构成包括车体、蓄电和充电装置、驱动装置、转向装置、车上控制器、通信装置、安全保护装置、移载装置、信息传输与处理装置。

1. 车体

车体包括底盘、车轮、车架、壳体和控制室等,是AGV的基础部分,是其他总成部件的安装基础,是运动中的主要部件之一。车体无论是框式结构还是其他结构,都考虑了运行中的 AGV 可能会同人或者其他物体相碰撞，除了操作上的需要，车身的外表不得有尖角和其他突起等危险部分。

2. 蓄电和充电装置

AGV 常采用 24 V 或 48 V 直流蓄电池为动力。蓄电池供电一般应保证连续工作 8 h 以上。蓄电池充电通常采用随机充电、全周期充电或两者结合的方式。

3. 驱动装置

AGV 的驱动装置由车轮、减速器、制动器、驱动电动机及速度控制器等部分组成，是控制 AGV 正常运行的装置。其运行指令由计算机或人工控制器发出，将电源接通驱动电动机速度控制器。其运行速度、方向、制动的调节分别由计算机控制。为了安全，在断电时制动装置能靠机械实现制动。

4. 转向装置

接收导引系统的方向信息通过转向装置来实现转向动作。实现转向的方式可分为铰轴转向式和差速转向式。

（1）铰轴转向式：方向轮装在转向铰轴上，转向电动机通过减速器和机械连杆机构控制铰轴，从而控制方向轮的取向。这种方案的优点是结构简单、成本低，适用于需要较多车数而准停精度要求不很严格的场合。

（2）差速转向式：在 AGV 的左、右轮上分别装上两个独立的驱动电动机，通过控制这两个驱动轮的速度比来实现车体的转向。这种方案结构简单、定位精度高、转弯半径小。

5. 车上控制器

车上控制器用于接收主控计算机下达的命令、任务并执行相应的指令；向主控计算机报告 AGV 小车自身状态，如 AGV 的位置、运行速度、方向、故障状态等；根据所接收的任务和运行路线自动运行到目的装卸站。在此过程中自动完成运行路线的选择、运行速度的选择、自动卸载货物、运行方向上小车的避让、安全报警等。

6. 通信装置

实现 AGV 与地面控制站及地面监控设备之间的信息交换。在工作过程中，AGV 通过通信系统从主控计算机接收指令并报告自己的状态，主控计算机向 AGV 下达任务，同时收集 AGV 发回的信息以监视 AGV 的工作状况。

7. 安全保护装置

安全保护系统包括对 AGV 本身的保护、对人或其他设备的保护等方面。AGV 的安全措施至关重要，必须确保 AGV 在运行过程中的自身安全，以及现场人员与各类设备的安全。

一般情况下，AGV 都采取多级硬件和软件的安全监控措施，如在 AGV 前端设有非接触式防碰传感器和接触式防碰传感器。AGV 顶部安装有醒目的信号灯和声音报警装置，以提醒周围的操作人员。对需要前后双向运行或有侧向移动需要的 AGV，防碰传感器需要在 AGV 的四面安装。一旦发生故障，AGV 自动进行声光报警，同时采用无线通信方式通知 AGV 监控系统。此外，AGV 根据需要还可配置移载装置，用于货物的装卸。

8. 移载装置

移载装置与所搬运货物直接接触,实现货物转载。

9. 信息传输与处理装置

信息传输与处理装置的主要功能是对 AGV 进行监控,监控 AGV 所处的地面状态,并与地面控制站实时进行信息传递。

7.3 自动导引小车的基本原理

AGV 导引方式有固定路径导引方式和自由路径导引方式两种。

固定路径导引方式:在行驶路径上设置导引用的信息媒介物,AGV 通过检测出它的信息而得到导引的一种方式,如电磁导引、光学导引、磁带导引(磁性导引)等。

自由路径导引方式:在 AGV 控制器上存储着区域布置的尺寸坐标,通过识别车体当前方位,自动地选择行驶路径的一种导引方式。

1. 电磁导引的基本原理

电磁导引的基本原理如图 7-2 所示。

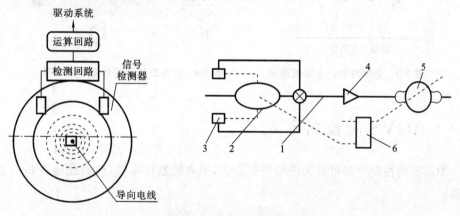

图 7-2 电磁导引的基本原理图

1—导向电线;2—导向轮;3—信号检测器;4—放大器;5—导向电动机;6—减速器

它是在 AGV 的运行路线下面埋设导向电线 1,通以 3~10 kHz 的低压、低频电流,该交流电信号沿电线周围产生磁场,AGV 上装设的信号检测器 3 可以检测到磁场的强弱,并通过检测回路以电压的形式表示出来。当导向轮 2 偏离导向电线后,信号检测器测出电压差信号,此信号通过放大器 4 放大后,控制导向电动机 5 工作,然后导向电动机再通过减速器 6 控制导向轮回位,这样就会使 AGV 的导向轮始终跟踪预定的导引路径。

2. 光学导引的基本原理

利用地面颜色与色带颜色的反差,在明亮的地面上用黑色色带,在黑暗的地面上用白色色带。导引车的下面装有光源,用以照射色带。由色带反射回来的光线由光学检测器(传感器)接收,通过检测和运算回路进行计算,将计算结果传至驱动回路,由驱动回路控制驱动系统工作。当 AGV 偏离导引路径时,传感器检测到的亮度不同,通过运算回路计算出相应的偏差值,然后由控制回路对 AGV 的运行状态进行及时修正,使其回到导引路径上来。因此,AGV 能够始终沿着色带的导引轨迹运行。光学导引的基本原理如图 7-3 所示。

3. 自由路径导引的基本原理

在导引车顶部装置一个沿 360°方向按一定频率发射激光的装置,同时在 AGV 四周的一些固定位置上放置反射镜片。当 AGV 运行时,不断接收到从 3 个已知位置反射来的激光束,经过简单的几何运算,就可以确定 AGV 的准确位置,控制系统根据 AGV 的准确位置对其进行导向控制。自由路径导引的基本原理如图 7-4 所示。

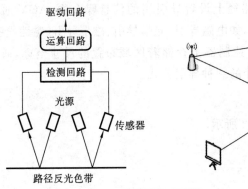

图 7-3　光学导引的基本原理图　　图 7-4　自由路径导引的基本原理图

7.4　AGVS 的控制方式

AGVS 的控制一般可分为三级控制方式:中央控制计算机、地面控制器和车上控制器。

1. 中央控制计算机

中央控制计算机是整个系统的控制指挥中心,它与各区域内的地面控制器进行通信,地面控制器接受中央控制计算机的管理。

2. 地面控制器

地面控制器负责对区域内的业务情况进行监控管理,如监视现场设备的状况、统计 AGV 利用率、小车交通管制、跟踪装载、制定目标地址、实时存储小车的地址,并将 AGV 的位置与装载物的类型、数量传输给区域主计算机。

3. 车上控制器

车上控制器解释并执行从地面控制器(站)传送来的指令,实时记录 AGV 的位置,并监控车上的安全装置。分布式(现场总线)控制系统组成结构示意图如图 7-5 所示,集中控制系统结构示意图如图 7-6 所示。

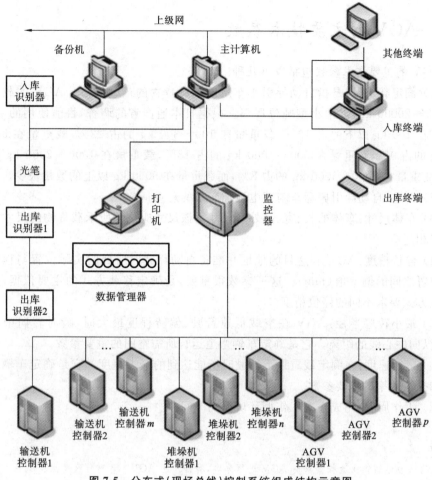

图 7-5 分布式(现场总线)控制系统组成结构示意图

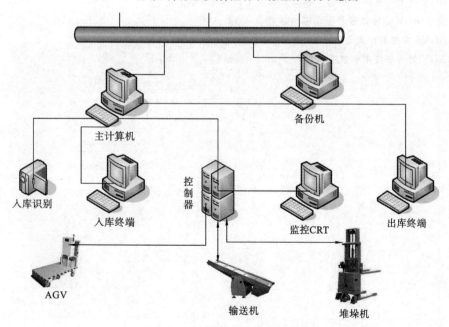

图 7-6 集中控制系统结构示意图

7.5 AGV的主要技术参数

AGV的主要技术参数包括以下几种。

(1) 额定载重量:是指自动导引小车所能承载货物的最大重量。AGV的载重范围为50~20000 kg,以中小型吨位居多。根据日本通产省的调查,目前使用的AGV载重量在100 kg以下的占19%,载重量在100~300 kg的占22%,载重量在300~500 kg的占9%,载重量在500~1000 kg的占18%,载重量在1000~2000 kg的占21%,载重量在2000~5000 kg的占8%,而载重量在5000 kg以上的数量极少。

(2) 自重:自动导引搬运车与蓄电池加起来的总重量。

(3) 车体尺寸:车体的长、宽、高外形尺寸。该尺寸应该与所承载货物的尺寸和通道宽度相适应。

(4) 停位精度:AGV到达目的地址并准备自动移载时所处的实际位置与程序设定的位置之间的偏差值(mm)。这一参数很重要,是确定移载方式的主要依据,不同的移载方式要求不同的停位精度。

(5) 最小转弯半径:AGV在空载低速行驶、偏转程度最大时,瞬时转向中心到AGV纵向中心线的距离。它是确定车辆弯道运行所需空间的重要参数。

(6) 运行速度:在额定载重量下行驶时所能达到的最大速度。它是确定车辆作业周期和搬运效率的重要参数。

(7) 工作周期:完成一次工作循环所需的时间。

习题 7

7-1 按物料搬运的作业流程要求对AGV进行分类,有哪几种AGV?各有什么特点?
7-2 AGV的组成部分有哪些?各部分的主要作用是什么?
7-3 简述AGV自由路径导引的基本原理。
7-4 AGVS的控制方式是什么?
7-5 AGV的主要技术参数有哪些?

8

工业机器人

  机器人首先是被工厂所使用的。工业机器人的使用可以追溯到20世纪50年代末。在第二次世界大战中,武器专家发明了武器瞄准用的伺服系统,直到这个时候,人们才拥有制造机器人所需的这项技术。第二次世界大战结束后不久,发明家约瑟夫·恩格尔贝格(Joseph F Engelberger)意识到这种技术能用于机器人的研制,于是,他与另一位发明家乔治·德沃尔(George Devol)共同开发了第一台工业机器人Unimate("尤尼梅特"),并于1961年在通用汽车公司的工厂里启用。它的构造相当简单,功能也只是把零件拿起来,然后放到传送带上,不能对它所处的环境作出反应,只能按预先设定的程序精确地重复同一动作。但是"尤尼梅特"的应用向人们预示了工业机械化的美好前景,具有十分重要的意义。机器人在许多工厂出现后,不但没有遭到拒绝,而且许多脏活、累活都由机器人来干,受到了工人们的欢迎。工人们并不害怕机器人抢了自己的饭碗,如果机器人取代了他们现在的工作,他们就可以从事对体力要求较低的工作,经过培训可以从事技术含量高的新职业或新工作。

  因为汽车制造业需要大量的劳动力,劳动力成本是影响企业产品成本的一个重要因素,并且汽车制造业的生产作业具有重复性,有的工作环境还具有危害性,所以工业机器人首先被广泛用于汽车制造业。不久以后,工业机器人被广泛用于食品加工业以及电子产品制造业等各行各业。工业机器人的优势是显而易见的,它比人更精确,而且能不知疲倦地工作,可以说,几乎每个有重复劳动的工厂都可以使用机器人。正在建造的所谓"无人工厂",所有的工作由先进的自动化设备和大量不知疲倦的工业机器人来承担,由计算机来控制。随着科学技术的不断发展,工业机器人已成为柔性制造系统(FMS)、自动化工厂(FA)、计算机集成制造系统(CIMS)的自动化工具。

  我国工业机器人技术的研究起步于20世纪70年代,90年代进入实用化阶段。90年代中期,国家已选择以焊接机器人的工程应用为重点进行开发研究,从而迅速掌握焊接机器人应用工程的成套开发技术、关键设备制造、工程配套、现场运行等技术。目前,已有500台左右的焊接机器人分布于我国内地各大、中等城市的汽车、摩托车、工程机械等制造业,其中55%左右为弧焊机器人,45%左右为点焊机器人,已建成机器人焊接柔性生产线5条,机器人焊接工作站300个。90年代后半期是实现国产机器人的商品化,为工业机器人产业化奠定基础的时期。

  工业机器人是综合了计算机、控制论、机构学、信息和传感技术、人工智能、仿生学等多学科而形成的高新技术,是当代研究十分活跃、应用日益广泛的领域。它的出现是为了适应制造业规模化生产,代替单调、重复的体力劳动,从而提高生产质量。在我国,工业机器人的真正使用到现在已经有20多年了,基本实现了试验、引进到自主开发的转变,促进了我国制造业、勘探业等行业的发展。随着我国改革开放的逐渐深入,工业机器人产业将面对越来越大的竞争与冲击,因此,掌握工业机器人市场的实际情况,把握我国工业机器人的相关技术与研究进展,显得十分重要。

8.1 工业机器人基本概念及分类

机器人(robot)是1920年由捷克作家卡雷尔·查培克在剧本中塑造的一个具有人的外表、特征和功能,愿意为人服务的机器奴仆"Robota"一词衍生出来的。我们可以这样说:机器人是一个在三维空间中具有较多自由度的,并能实现诸多拟人动作和功能的机器;而工业机器人(industrial robot)则是在工业生产上应用的机器人。美国机器人工业协会将工业机器人定义为:"工业机器人是用来进行搬运材料、零件、工具等可再编程的多功能机械手,或通过不同程序的调用来完成各种工作任务的特种装置。"英国机器人协会、日本机器人协会等也采用了类似的定义。国际标准化组织(ISO)曾于1987年对工业机器人给出了定义:"工业机器人是一种具有自动控制的操作和移动功能,能够完成各种作业的可编程操作机。"

工业机器人最显著的特点有以下几个。

(1) 可编程。生产自动化的进一步发展是柔性自动化。工业机器人可随其工作环境变化的需要而再编程,因此它在小批量、多品种、具有均衡高效率的柔性制造过程中能发挥很好的功用,是柔性制造系统(FMS)的一个重要组成部分。

(2) 拟人化。工业机器人在机械结构上有类似人的行走、腰转、大臂、小臂、手腕、手爪等部分,由计算机控制。此外,智能化工业机器人还有许多类似人类的"生物传感器",如皮肤型接触传感器、力传感器、负载传感器、视觉传感器、声觉传感器、语言功能等。传感器提高了工业机器人对周围环境的自适应能力。

(3) 通用性。除了专门设计的专用的工业机器人外,一般工业机器人在执行不同的作业任务时具有较好的通用性。比如,更换工业机器人手部末端操作器(手爪、工具等)便可执行不同的作业任务。

(4) 机电一体化。工业机器人技术涉及的学科相当广泛,但归纳起来是机械学和微电子学的结合——机电一体化技术。第三代智能机器人不仅具有获取外部环境信息的各种传感器,而且还具有记忆能力、语言理解能力、图像识别能力、推理判断能力等人工智能,这些都与微电子技术的应用,特别是计算机技术的应用密切相关。因此,机器人技术的发展必将带动其他技术的发展,机器人技术的发展和应用水平也可以验证一个国家科学技术和工业技术的发展和水平。

工业机器人的分类方法很多,可以按其坐标形式、控制方式和功能等进行分类。下面只介绍按坐标形式分类的各种机器人。

(1) 圆柱坐标型机器人(cylindrical coordinate robot):由一个回转和两个平移的自由度组合构成,如图8-1所示。

(2) 球坐标型机器人(polar coordinate robot):由回转、旋转、平移三个自由度构成,如图8-2所示。

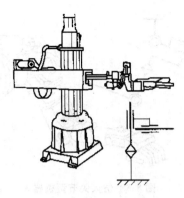 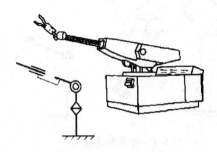

图 8-1　圆柱坐标型机器人　　　　图 8-2　球坐标型机器人

这两种机器人由于具有中心回转自由度,所以它们都有较大的动作范围(motion range),其坐标计算也比较简单。世界上最初实用化的工业机器人"Versatran"和"Unimate"分别采用圆柱坐标型和球坐标型。

(3) 直角坐标型机器人(cartesian coordinate robot):由独立沿 x、y、z 轴的自由度构成,如图 8-3 所示。其结构简单,精度高,坐标计算和控制也都极为简单。

(4) 关节型机器人(articulated robot):主要由回转和旋转自由度构成,如图 8-4 所示。它可以看成是仿人手臂的结构,具有肘关节的连杆关节结构。从肘至手臂根部的部分称为上臂,从肘到手腕的部分称为前臂。这种结构对于确定三维空间上的任意位置和姿态是最有效的,对于各种各样的作业都有良好的适应性,但其坐标计算和控制比较复杂,且难以达到高精度。

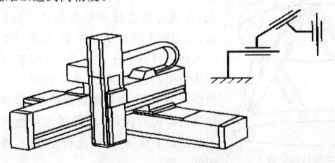

图 8-3　直角坐标型机器人

一般关节型机器人手臂采用回转、旋转的自由度结构,如图 8-4 所示。关节型机器人根据其自由度的构成方法,可进一步分成如下几类。

① 仿人关节型机器人(anthropomorphic robot):在标准手臂上再加上一个自由度(冗余自由度),如图 8-5 所示。

② 平行四边形连杆关节型机器人:手臂采用平行四边形连杆,并把前臂关节驱动用的电动机装在手臂的根部,可获得更高的运动速度,如图 8-6 所示。

③ SCARA 型机器人(selective compliance assembly robot arm):手臂的前端结构采用在二维空间内能任意移动的自由度,如图 8-7 所示。所以,它具有垂直方向刚性高、水平面内刚性低(柔顺注)的特征。但在实际操作中主要不是由于它所具有的这种特殊柔顺性质,而是因为它更能简单地实现二维平面上的动作,因而在装配作业中得到普遍采用。

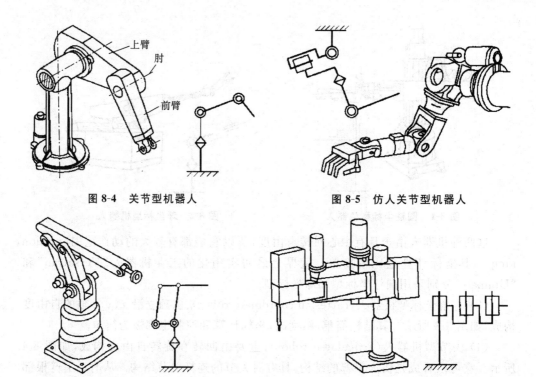

图 8-4 关节型机器人　　　　　图 8-5 仿人关节型机器人

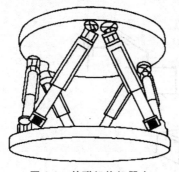

图 8-6 平行四边形连杆关节型机器人　　　图 8-7 SCARA 型机器人

④ 并联机构机器人：是一种新型结构的机器人，它通过各连杆的复合运动，给出末端的运动轨迹，以完成不同类型的作业，如图 8-8 所示。该结构的机器人特点在于刚性好，可用来完成数控机床的一些功能，因此也称为并联机床。目前已有这方面的样机，它可完成复杂曲面的加工，是数控机床的一种新的结构形式，也是机器人功能的一种拓展。其不足是控制复杂，工作范围比较小，精度也比数控机床低一些。

图 8-8 并联机构机器人

8.2　工业机器人基本组成

工业机器人系统由三大部分六个子系统组成，如图 8-9(a)所示。三大部分是机械部分、传感部分和控制部分，六个子系统是驱动系统、机械结构系统、感受系统、机器人-环境交互系统、人-机交互系统和控制系统。下面将分述这六个子系统。

1. 驱动系统

要使机器人运行起来，就需要给各个关节即每个运动自由度安置传动装置，这就是驱动系统。驱动系统可以是液压传动、气动传动、电动传动，或者把它们结合起来应用的综合系统；可以直接驱动或者通过同步带、链条、轮系、谐波齿轮等机械传动机构进行间接驱动。

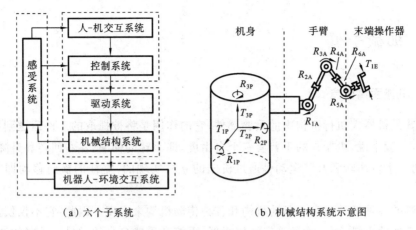

(a) 六个子系统　　　　　　　　(b) 机械结构系统示意图

图 8-9　工业机器人的基本结构

2. 机械结构系统

工业机器人的机械结构系统由机身、手臂、末端操作器三大件组成,如图 8-9(b)所示。每一大件都有若干自由度,构成一个多自由度的机械系统。若机身具备行走机构便构成行走机器人;若机身不具备行走及腰转机构,则构成单机器人臂(single robot arm)。手臂一般由上臂、下臂和手腕组成。末端操作器是直接装在手腕上的一个重要部件,它可以是二手指或多手指的手爪,也可以是喷漆枪、焊具等作业工具。

3. 感受系统

它由内部传感器模块和外部传感器模块组成,获取内部和外部环境状态中有意义的信息。智能传感器的使用提高了机器人的机动性、适应性和智能化的水准。人类的感受系统对感知外部世界信息是极其灵巧的。然而,对于一些特殊的信息,传感器比人类的感受系统更有效。

4. 机器人-环境交互系统

工业机器人-环境交互系统是实现工业机器人与外部环境中的设备相互联系和协调的系统。工业机器人与外部设备集成为一个功能单元,如加工制造单元、焊接单元、装配单元等。当然,也可以是多台机器人、多台机床或设备、多个零件存储等集成一个去执行复杂任务的功能单元。

5. 人-机交互系统

人-机交互系统是使操作人员参与机器人控制,与机器人进行联系的装置,如计算机的标准终端、指令控制台、信息显示板、危险信号报警器等。归纳起来,这些装置可分为两大类:指令给定装置和信息显示装置。

6. 控制系统

控制系统的任务是根据机器人的作业指令程序,以及从传感器反馈回来的信号,支配机器人的执行机构去完成规定的运动和功能。假如工业机器人不具备信息反馈特征,则为开环控制系统;若具备信息反馈特征,则为闭环控制系统。根据控制原理,控制系统可分为程序控制系统、适应性控制系统和人工智能控制系统。根据控制运动的形式,控制系统可分为点位控制和轨迹控制。

8.3 机械手臂

8.3.1 机械手臂概念

手臂是机器人执行机构中的重要部件,它的作用是将被抓取的工件运送到给定的位置上,一般来说,机器人的手臂有三个自由度,即手臂的伸缩、左右回转和升降(或俯仰)运动。手臂回转和升降运动是通过机座的立柱实现的,立柱的横向移动即为手臂的横移。

手臂的各种运动通常由驱动机构和各种传动机构来实现。因此,它不仅仅能承受被抓取工件的重量,而且能承受末端执行器、手腕和手臂自身的重量。手臂的结构、工作范围、灵活性以及抓重大小(即臂力)和定位精度都直接影响机器人的工作性能,所以必须根据机器人的抓取重量、运动形式、自由度数、运动速度以及定位精度的要求来设计手臂的结构形式。

机械手臂是目前在机械人技术领域中得到最广泛实际应用的自动化机械装置,在工业制造、医学治疗、娱乐服务、军事以及太空探索等领域都能见到它的身影。尽管它们的形态各有不同,但都有一个共同的特点,就是能够接收指令,精确地定位到三维(或二维)空间上的某一点进行作业。机械手臂是由电动马达、气压装置或油压制动器所驱动的机械装置。

按手臂的结构形式,手臂有单臂、双臂和悬挂式三种,如图 8-10 所示。

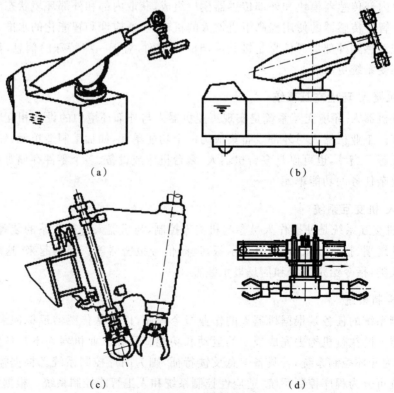

(a)　　　　　　　　　　(b)

(c)　　　　　　　　　　(d)

图 8-10　机械手臂的结构形式

按手臂的运动形式,手臂有直线运动的,如手臂的伸缩、升降及横向(或纵向)移动;有回转运动的,如手臂的左右回转、上下摆动(即俯仰);有复合运动的,如直线运动和回转运动的组合、两直线运动的组合、两回转运动的组合等。

8.3.2 机械手臂分类

机器人操纵器的基本机械结构 可分成卡式坐标、圆柱坐标、球坐标、关节式等四种。卡式坐标分成高架式和横向式两类,关节式分成水平式和垂直式两类。

(1) 卡式坐标几何(直角坐标):具有卡式坐标几何的机器人可移动握爪到工作空间的任何位置,几何结构包含横向式和高架式两种。

高架式例子,三个定位自由度由箭头指出其在 X、Y 及 Z 方向的移动,而腕部的 A、B 与 C 三个自由度可以用来定向工具板上工具的方位。高架式机器人如图 8-11 所示。

图 8-11 高架式机器人

(2) 圆柱坐标几何:圆柱坐标机械手臂系统如图 8-12 所示,可以在一个圆柱体的体积内移动握爪,系统由 R 及 Z 两个线性移动方向与一个绕着 Z 轴旋转的方向所定位。

圆柱坐标式机器人是由气压、液压或电力方式驱动。一部小型的气压圆柱几何式机器人如图 8-13 所示。

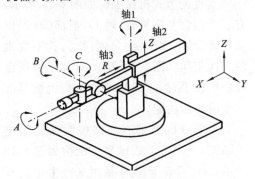

图 8-12 圆柱坐标机器人　　图 8-13 小型圆柱坐标机器人

(3) 球坐标几何:球坐标几何手臂也称为极坐标式,如图 8-14 所示。球坐标几何式机械手臂以两个旋转及一个线性移动所驱动而定位。

工具板上的方向可以透过手腕部位的三个旋转(A、B 与 C)所达成。理论上,绕着 Y 轴的角度是 180°或者更大,而绕着 Z 轴的腕部旋转可达 360°。

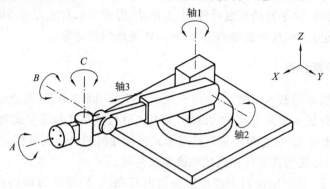

图 8-14　球坐标式机器人

图 8-15 所示的是球坐标式机器人的工作空间。此类机器手臂经常使用于早期工业应用中。球坐标式机器人使用油压或电子来驱动六个轴向的主要运动,并采用气压制动器打开或关闭握爪。

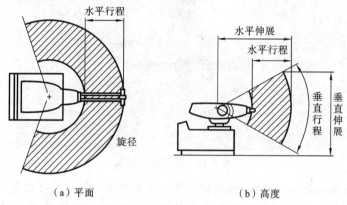

（a）平面　　　　　　　　（b）高度

图 8-15　球坐标式机器人的工作空间

（4）关节式几何:关节式工业机器人也称为关节式手臂、迥转式或是拟人式机器,具有一个不规则的工作空间。这类机器人包括垂直关节式和水平关节式。

垂直关节式机械手臂如图 8-16 所示,有三个包含基座旋转(轴1)、肩部(轴2)以及前臂(轴3)的主要角度移动,其不规则的工作空间如图 8-17 所示,如同前面所设计的机械手臂,工具板的方位是由腕部的三个旋转所决定。

大部分机器都有回馈控制系统的电子装置,一个关节式球坐标结构如图 8-18 所示,其三个滚动腕部是用来产生工具板上点焊工具的三个腕部方位运动。

水平关节式机械手臂由两个决定工具位置的角度移动(手臂与前臂旋转)以及一个垂直方向的线性移动构成。

水平关节式机械手臂具有两种机械结构:选择性顺从关节机器手臂和水平关节式

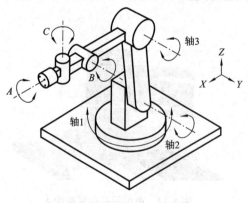

图 8-16　垂直关节式机器手臂

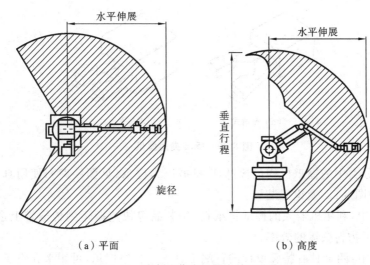

(a) 平面　　　　　　　　　　(b) 高度

图 8-17　垂直关节式机器人的工作空间

基座手臂。

SCARA 机器手臂(见图 8-19)有两个固定于刚性垂直件上的水平关节手臂部分,改变此两轴可以达到圆柱工作空间内任何位置。此类机器擅长于垂直方向插入工件。

图 8-18　关节式机器手臂进行点焊

图 8-19　SCARA 机器手臂

8.4　生产工具

单独的机器人并没有生产能力,但机器手臂上若有生产工具则会变成一个有效率的生产系统,执行工作的工具附着于手臂端点的工具板上。

用来夹持工件、具有开关动作的工具一般称为握爪,图 8-20 所示的是两种标准的握爪结构:夹角式和平行式。

机器人所使用的臂端工具可分成下列三类:

(1) 依据握爪支撑工件的方法;

(2) 依据最后握爪设计的特殊用途工具;

(3) 依据握爪的多功能能力。

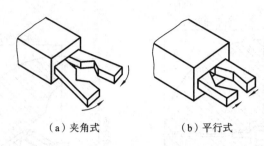

（a）夹角式　　　　　（b）平行式

图 8-20　标准夹角握爪

第一种分类中的握爪机构包含：标准机械压力握爪（见图 8-21）；使用真空支撑或举起工具（见图 8-22）及电磁装置。

图 8-21 中，利用机器人的握爪将纸箱、袋装品等快速搬运到传输带上进行传输，有效地提高了物料搬运的效率。

图 8-22 中，四个具有特殊设计的臂端工具——真空握爪，可用来在汽车生产线中将窗户放置于车上。

第二种分类中的工具包含钻头、焊枪及火嘴、喷漆枪及研磨器。

第三种分类中的握爪工具包含针对特殊工作所设计的特殊功能握爪，例如，具有特殊工具的机器人可以举起一个折叠箱子，打开并填充之。

图 8-21　码垛堆放货物的机器人握爪　　　图 8-22　安装汽车前挡风窗的真空握爪

8.5　机器人控制系统

8.5.1　机器人控制系统的特点与控制方式

1. 控制特点

机器人的结构是一个空间开链机构，其各个关节的运动是独立的，为了实现末端点的运动轨迹，需要多关节的运动协调。因此，其控制系统与普通的控制系统相比要复杂得多，具体表现如下。

（1）机器人的控制与机构运动学及动力学密切相关。机器人手足的状态可以在各种坐标下进行描述，应根据需要选择不同的参考坐标系并做适当的坐标变换。经常要求解运动学正问题和逆问题,除此之外还要考虑惯性力、外力(包括重力)及哥氏力、向心力的影响。

(2) 一个简单的机器人至少有 3~5 个自由度,比较复杂的机器人有十几个,甚至几十个自由度。每个自由度一般包含一个伺服机构,它们必须协调起来,组成一个多变量控制系统。

(3) 把多个独立的伺服系统有机地协调起来,使其按照人的意志行动,甚至赋予机器人一定的"智能",这个任务只能由计算机来完成。因此,机器人控制系统必须是一个计算机控制系统。

(4) 描述机器人状态和运动的数学模型是一个非线性模型,随着状态的不同和外力的变化,其参数也在变化,各变量之间还存在耦合。因此,仅仅利用位置闭环式是不够的,还要利用速度甚至加速度闭环。系统中经常使用重力补偿、前馈、解耦或自适应控制等方法。

(5) 机器人的动作往往可以通过不同的方式和路径来完成,因此存在一个"最优"的问题。较高级的机器人可以用人工智能的方法,用计算机建立起庞大的信息库,借助信息库进行控制、决策、管理和操作。根据传感器和模式识别的方法获得对象及环境的工况,按照给定的指标要求自动地选择最佳的控制规律。

所以,机器人控制系统是一个与运动学和动力学原理密切相关的、有耦合的、非线性的多变量控制系统。由于它的特殊性,经典控制理论和现代控制理论都不能照搬使用。然而到目前为止,机器人控制理论还是不完整、不系统。随着机器人技术的发展,机器人控制理论必将日趋成熟。

2. 控制方式

根据不同的需求,机器人的控制方式也不相同,主要有如下几种。

(1) 点位式。很多机器人要求能准确地控制末端执行器的工作位置,而路径却无关紧要。例如,在印刷电路板上安插元件以及点焊、装配等工作,都属于点位式工作方式。一般来说,这种方式比较简单,但要达到 2~3 μm 的定位精度也是相当困难的。

(2) 轨迹式。在弧焊、喷漆、切割等工作中,要求机器人末端执行器按照示教的轨迹和速度运动,如果偏离预定的轨迹和速度,就会使产品报废。其控制方式类似于控制原理中的跟踪系统,称为轨迹伺服控制。

(3) 力(力矩)控制方式。在完成装配、抓放物体等工作时,除了要准确定位之外,还要求使用适度的力或力矩进行工作,这时就要利用力(力矩)伺服方式。这种方式的控制原理与位置伺服控制原理基本相同,只不过输入量和反馈量不是位置信号,而是力(力矩)信号,因此,系统中必须有力(力矩)传感器,有时也利用接近、滑动等传感功能进行自适应式控制。

(4) 智能控制方式。机器人的智能控制是通过传感器获得周围环境的知识,并根据自身的知识库作出相应的决策。采用智能控制技术,机器人就具有较强的环境适应性及自学习能力。智能控制技术的发展有赖于近年来人工神经网络、基因算法、遗传算法、专家系统等人工智能的迅速发展。

8.5.2 运动控制

工业机器人的运动控制是指工业机器人的末端执行器从一点移动到另一点的过

程中,对其位置、速度和加速度的控制。由于工业机器人末端执行器的位置和姿态是由各关节的运动引起的,因此,对其运动控制实际上是通过控制关节运动实现的。

工业机器人关节运动控制一般可分为两步进行:第一步是关节运动伺服指令的生成,即将末端执行器在工作空间的位置和姿态的运动,转化为由关节变量表示的时间序列,或表示为关节变量随时间变化的函数,这步一般可离线完成;第二步是关节运动的伺服控制,即跟踪执行第一步所生成的关节变量伺服指令,这步是在线完成的。

关节运动伺服指令的生成方法一般有两种:一种是示教方法;另一种是轨迹规划方法。

1) 示教方法

在示教控制中,当对工业机器人进行示教编程时,每个关节即可产生自身变量随时间的变化序列或连续的函数关系。这些变化关系由工业机器人的内部传感器检测出来,并被控制系统的记忆装置所记忆,这个过程的实质就是生成关节运动伺服指令。当示教重现时,工业机器人的控制系统即可根据记忆的指令对各个关节的运动实行控制。

2) 轨迹规划方法

轨迹规划方法是指根据作业任务要求,末端执行器在作业流程中的位置变化轨迹以及变化速度、加速度,通过插补计算和运动学逆解等数学方法,生成相应的关节运动伺服指令。

在进行轨迹规划时,首先要对工业机器人的任务进行描述,并对各个关节的运动轨迹和路径进行描述,然后根据所确定的轨迹参数进行实际计算,即可根据位置、速度和加速度生成运动轨迹。

轨迹规划方法随着工业机器人末端执行器位置和姿态的控制方式不同而不同。一般来说,PTP(点到点)控制方式下的轨迹规划可在关节坐标空间进行,而CP(连续路径)控制方式下的轨迹规划是在直角坐标空间进行的。

如果工业机器人的控制过程中只考虑其端点的位置和姿态,而不考虑过程中的位置和姿态,即PTP控制时,就可用关节空间的规划方法。这是因为,工业机器人的末端执行器的运动是由关节变量直接确定的,所以对关节坐标空间进行规划,既节省了时间,又可避免雅可比矩阵奇异时所形成的速度失控。又因为关节坐标空间与直角坐标空间的几何元素不呈线性关系,所以关节变量呈线性变化时,直角坐标空间参考点的运动轨迹并不形成直线,因而此方法只适用于对路径无要求的作业中,即工业机器人的PTP控制中。

关节空间的规划方法是以关节角度的函数来描述工业机器人的轨迹进行规划的。它不需要在直角坐标系中描述两个端点之间的路径形状,因而具有简单易行的特点。

在关节空间中进行轨迹规划,需要给定工业机器人在起始点和终止点的位置,然后对关节变量进行插值运算,得到关节的运动轨迹。当各节点(起始点、提开点、下放点和终止点)上的位置、速度和加速度等有要求时,关节的运动轨迹还必须满足一组约束条件,最后可选取不同类型的关节插值函数,生成关节的运动轨迹。

8.5.3 计算机控制

随着微型计算机技术的不断发展,现有的工业机器人几乎都采用了计算机控制。由于微型计算机具有体积小、价格低、可靠性高、灵活性强、易于配置、面向任务的适应性强、能够实现丰富的运算功能等特点,使它在工业机器人的控制中很快占据了主导地位。

计算机在工业机器人控制中的应用可分成三大类型:管理型、记忆型和运算型,如图 8-23 所示。

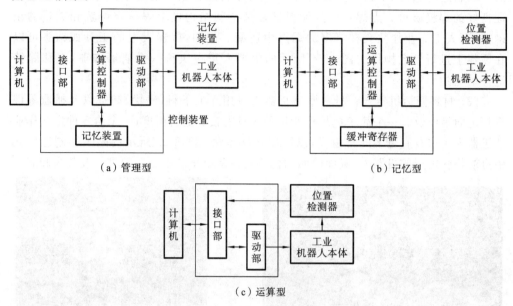

图 8-23 工业机器人的计算机控制方式

1. 管理型

这种类型的工业机器人本身就具有运算、驱动和记忆等所必需的控制装置,计算机只是给工业机器人提供动作的种类和时间等,仅起管理者的作用。这种类型的工业机器人是由控制装量进行控制的,故计算机的负荷小,可用一台计算机管理多台工业机器人。目前,这类工业机器人的控制装置也改由微型计算机完成。

2. 记忆型

这种类型的工业机器人的控制装置中,记忆装置用小容量缓冲寄存器代替,因此必须由计算机对缓冲寄存器的内容进行改写、记忆,并由计算机执行控制装置中的记忆功能。这样,计算机与工业机器人的结合就更加密切,但计算机负荷还是不大。如用计算机对这类工业机器人进行群体管理,记忆功能可全部由计算机承担,使用磁盘等记忆存储装置可构成性价比很高的系统。

3. 运算型

如果计算机直接用来控制工业机器人,则这种控制装置的类型就是运算型。这时,计算机的负荷很大,而且被专用化,1 台工业机器人就要用 1 台计算机控制,成本很高。但是,随着微型计算机的不断发展,这种控制类型的实现也比较容易。目前多数工业机器人属于这一类型。

8.6 机器人在自动化领域中的应用

在生产自动化领域,早期工业机器人在生产上主要用于:机床上下料、点焊和喷漆。随着柔性自动化的出现,机器人扮演了更重要的角色。

(1) 焊接机器人。汽车制造厂已广泛应用焊接机器人进行承重大梁和车身结构的焊接。弧焊机器人需要六个自由度,其中的三个自由度用来控制焊具跟随焊缝的空间轨迹,另外三个自由度保持焊具与工件表面有正确的姿态关系,这样才能保证良好的焊缝质量。点焊机器人能保证复杂空间结构件上焊接点位置和数量的正确性,而人工作业往往会在诸多的焊点中遗漏。例如,机器人上的工具如钻头可以在原料上进行钻孔操作。图 8-24 所示的机器人正在执行一个研磨作业,以移除铸造件的毛边。

(2) 材料搬运机器人。材料搬运机器人可用来上下料、码垛、卸货以及抓取零件重新定向等作业。一个简单抓放作业机器人只需较少的自由度;一个给零件定向作业的机器人要求具有更多的自由度,以增加其灵巧性。图 8-25 所示的是柔性制造单元中扮演物料搬运的机器人,画面前面的机器人在两个车削中心之间进行装载与卸载。

图 8-24　焊接工作中的机器人

图 8-25　柔性制造单元中扮演物料搬运的机器人

(3) 检测机器人。零件制造过程中的检测以及成品检测都是保证产品质量的关键问题。它主要有两个工作内容:确认零件尺寸是否在允许的公差内;零件质量控制上的分类。

(4) 装配机器人。装配是一个比较复杂的作业过程,不仅要检测装配作业过程中的误差,而且要试图纠正这种误差。因此,装配机器人应用了许多传感器,如接触传感器、视觉传感器、听觉传感器等。听觉传感器用来判断压入件或滑入件是否到位。组装是另一个大量使用机器人的应用领域,机器人可用来组装生产线上的汽车、组装糖果盒等,如图 8-26 所示。

(5) 喷漆和喷涂。一般来说,在三维表面作业至少需要五个自由度。由于可燃环境的存在,驱动装置必须防燃防爆。在大件上作业时,往往把机器人装在一个导轨上,以便行走。

(6) 密封和黏接、清砂和抛光、熔模铸造和压铸、锻造等领域。

图 8-26　组装机器人

8.7 机器人的选择准则

将工业机器人整合到现存的生产工作站中需要详细的设计程序。一个机器人自动化的成本与单元复杂性、现存产品设备的数量和品质,以及所选择的机器人的形态有关。组成一个 3~5 人的自动化团队进行初始的工厂调查,团队成员必须熟悉机器人与自动化。除此之外,所有工厂雇员必须知道为什么要执行此调查,并知道相关自动化工作的公司政策即将接着执行。

首先,团队成员必须个别访问各个生产区域并完成调查表(见表 8-1)。当调查完所有生产单元后,对于六个答案,每个团队成员都说 yes 的生产区域,是必须进行额外分析的区域,再从中找出满足准则的所有单元。

表 8-1 机器人调查表

机器人应用——初始的工厂调查		
针对工厂		
(1) 操作人员的检查是否可从工作站中移除? 机器人工作单元中包含工件检查是困难且昂贵的。	是	否
(2) 最短的机器周期是 3 s 或更久? 机器人的速度是受限制的,当程序需要人工操作时,可以比机器人工作更快。	是	否
(3) 机器人可以取代三轮班制中的一个或两个人? 假如机器人的计划成本是¥100,000,为了在一两年回收成本,必须节省三轮班的一两个操作员的成本。	是	否
(4) 零件是否可以定向方式运送? 从一个搬运箱中取出零件对人是简单的,但对于机器人是困难的,假如零件能以方便机器人容易存取的方向排列,则机器人自动化是可能的。	是	否
(5) 最高六个自由度可否执行工作? 相对于具有两只手臂的操作人员,机器人只能在有限的空间中移动一只手臂。	是	否
(6) 一个标准夹爪可否用来或通过修正去举起零件? 工具是加工单元中花费的最主要部分,工具越简单的执行计划其成功几率就越大。同时,零件与握爪的重量必须与机械手臂的能力相吻合。	是	否
假如上述所有问题的答案均为 yes,则可以考虑应用机器人。		

工业机器人虽然可重复完成工作精度高和危险的工作,同时可在三维空间进行操作,但是其价格高,受布局的限制,而且其控制程序的编写、调试等过程都比较复杂,所以要根据实际需要慎重选择。

总之,在选择机器人时,为了满足功能要求,必须从载重、工作空间、自由度等方面来分析,只有它们同时被满足或者增加辅助装置后才能满足功能要求的条件下,所选用的机器人才是可用的。

机器人的选用也常受机器人市场供应因素的影响,所以,还需考虑市场价格。只有那些可用而且价格低廉、性能可靠,且有较好的售后服务,才是最应该优先选用的机器人。

机器人在各种生产领域里得到了广泛应用,如装配、焊接、喷涂、搬运和码垛等,必然会有各自不同的环境条件,为此,机器人制造厂家根据不同的应用环境和作业特点,不断地研究、开发和生产出各种类型的机器人供用户选用。各生产厂家都对自己的产品定出了最合适的应用领域,他们不光考虑了功能要求,还考虑了其他应用中的问题,如强度、刚度、轨迹精度、粉尘及温度、湿度等特殊要求。

而具体选择时,主要考虑如下机器人的选取指标。

(1) 净载重量:确定载重时机械手臂所产生的最大力矩。

(2) 精度:由最小移动距离、可重复性和准确性三个因素组成,其中,最小移动距离由定位数据存储精度决定,准确性和可重复性由机械齿轮和连接件的反弹及变形决定。

(3) 速度:由整个装配操作完成的周期决定。

习题 8

8-1 简述工业机器人的概念。

8-2 简述机械手臂分类及各自的特点。

8-3 机器人应用前开展的初始工厂调查包含哪六个问题?

第二篇　系统篇

9 自动化立体仓库

9.1 自动化立体仓库概述

9.1.1 自动化立体仓库的概念

自动化立体仓库是一种利用高层立体货架（托盘系统）储存物资，用电子计算机控制管理和用自动控制堆垛运输车进行存取作业的仓库。自动化立体仓库能自动、严密、准确、迅速地对物料进行搬运、存储和拣取。

自动化立体仓库是一项复杂的系统工程，涉及工艺、系统设计、土建、结构、机械、无线电、光学、检测、信息识别、电力、电子、传动、控制、自动化、计算机、通信及视频图像处理等多种专业学科。

自动化立体仓库的主要功能包括以下几方面。

（1）存储和保管。这是自动化立体仓库最基本的功能，仓库存储物品时，需要根据存储物品的特性配备相应的设备，以保持存储物品的完好性。

（2）调节供应。由于产品生产和消费存在着不均衡性，需要仓库在生产和消费之间起调节作用，从而避免生产与消费的脱节。

（3）调节货物运输能力。各种运输工具之间的运输衔接是较困难的。

（4）流通配送加工。仓库由存储、保管货物的中心向流通、销售的中心转变。

9.1.2 自动化立体仓库的构成

自动化立体仓库是机械和电气、强电控制和弱电控制相结合的产品。它主要由货物存储系统、货物存取和传送系统、管理和控制系统等三大系统组成，还有与之配套的供电系统、空调系统、消防报警系统、称重计量系统、信息通信系统等，如图9-1所示。

1. 货物存储系统

本系统是自动化立体仓库的基础，由立体货架的货格（托盘或货箱）组成。货架按照排、列、层依次组合而成。大多数自动化仓库已经开始利用自动识别技术

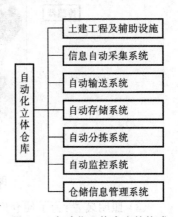

图9-1　自动化立体仓库的构成

推进货物存放的科学化和规范化,货架的货格分别贴有各种条形码标签,标有条形码的货物分别放在货格中。

2. 货物存取和传送系统

本系统承担货物存取、出入仓库的功能,它由有轨或无轨堆垛机、出入库输送机、装卸机械等组成。其中堆垛机主要完成货物存取功能,自动导引小车则是较为先进的货物输送设备。货物存取和传送系统已经开始应用以单个装卸机械为主,配以先进的识别装置和控制装置组成一个专用的货物存取单元,完成存取,并用机器人完成传送功能。

3. 管理和控制系统

本系统一般采用计算机管理和控制。

管理计算机是自动化立体仓库的管理中心,承担出入库管理、盘库管理、查询打印及显示、仓库经济技术指标的计算分析管理等功能。

中央控制计算机是自动化立体仓库的控制中心,它沟通并协调管理计算机、堆垛机、出入库输送机等之间的联系;控制和监视整个自动化立体仓库运行,并根据管理计算机或自动键盘的命令组织流程,以及监视现场设备运行情况和现场设备状态、监视货物流向及收发货显示。

4. 土建工程及辅助设施

(1) 土建工程:土建工程应根据仓库的规模和功能要求,由建筑设计师根据地质概貌情况,按照国家有关标准规定进行设计。

(2) 消防系统:依据我国的《建筑设计防火规范》进行设计,再根据所存物品的性质确定具体的消防方案和措施。

自动化仓库的消防系统大都采用自动消防系统。自动消防控制系统根据拓扑结构,可分为直接控制式和分布控制式两种类型,基本组成及工作原理如图 9-2 所示。

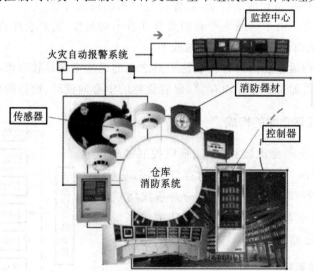

图 9-2 自动化仓库的消防系统

(3) 照明装置:为了使仓库内的管理、操作和维护人员能正常地进行生产活动,必须有一套较好的照明系统,尤其是在外围的工作区和辅助区。自动化仓库的照明系统应由日常照明、维修照明和应急照明三部分组成。对存储感光材料的黑暗库来说,由于不允许存储物品见光,因此照明系统应特殊考虑。

(4) 通风及采暖装置:通风和采暖的要求是根据所存物品的条件提出的,自动化仓库内部的环境温度一般在 $-5 \sim 45$ ℃即可。通风及采暖通常由厂房屋顶及侧面的风机、顶部和侧面的通风窗、中央空调、暖气等措施来实现。对存储散发有害气体物品的仓库要考虑环保要求,对有害气体进行适当处理后再排出室外。

(5) 动力系统:自动化仓库一般只需动力电源即可。总的电容量要根据所有用电设备的负荷,综合考虑来确定。

(6) 其他设施:其他设施包括给排水设施、避雷接地设施和环境保护设施等,这都是一个综合建筑系统所要考虑的。其中,给水设施由消防用水和工作用水两部分组成;排水设施是指将工作废水及雨水及时排出仓库外部的系统;避雷设施是必备的,因为立体仓库属于高层建筑,应设置避雷设施以防止雷击。

总之,在设计和施工自动化立体仓库时,以上各部分必须统筹考虑,以达到较好的施工效果。

9.1.3 自动化立体仓库的特点

自动化立体仓库已经在国内外投入使用了很长一段时间,历史和现实已充分证明,使用自动化立体仓库能够产生巨大的社会效益和经济效益。总结来说,立体仓库系统的主要优点有以下几点。

(1) 仓库作业全部实现机械化和自动化。自动仓储 AS/RS 使用机械和自动化设备,运行和处理速度快。使用 AS/RS 提高了劳动生产率,降低操作人员劳动强度。货物的自动存取使得仓库能够与企业其他生产系统相连接,融入企业的物流系统,使企业物流更加合理化。仓库的自动存储还较好地适应黑暗、低温、污染、有毒和易爆等特殊场合货物的存储需要。

(2) 采用高层货架、立体存储使得存储区可以大幅度地向高空发展,能有效地利用空间,减少占地面积,降低土地购置费用。目前世界上最高的立体仓库高度已达50 m。立体仓库单位面积的存储量可达 7.5 t,是普通仓库的 $5 \sim 10$ 倍。另外,采用高层货架存储并结合计算机管理,可以实现货物的先入先出原则,防止货物的自然老化、变质、生锈或发霉等,极大地提高了货物管理质量。

(3) 采用托盘或货箱存储货物,货物的破损率显著降低,也便于防止货物的丢失及损坏,有利于防火防潮等。

(4) 货位集中,便于控制与管理,特别是使用计算机,不但能够实现作业过程的自动控制,而且能够进行信息处理。计算机控制系统能够始终准确无误地对各种信息进行存储和管理,减少了货物处理和信息处理过程中的差错。计算机管理还能有效地对库存进行管理,能利用仓库存储能力,方便清点和盘库,通过合理减少库存,加快储备资金周转,节约流动资金,从而提高仓库的管理水平。

(5) 适当加工,衔接产需,合理利用资源,提高效益。许多仓库或多或少地承担一些加工任务,如为存储的货物进行组装、出货前的包装等。它可以提高原材料利用率,方便用户,提高加工效率和设备利用率,充分发挥各种输送手段的最高效率。通过存储环节,能把生产与需要有机地结合起来,减少生产的盲目性,充分利用已有的资源,因此,提高了对市场变化的反应能力,减少损失,易于在激烈的市场竞争中获胜。

(6) 为企业的生产指挥和决策提供有效的依据。自动化仓库的信息系统可以与企业的生产信息系统集成,实现企业信息管理的自动化。同时,由于使用自动化仓库,促进企业的科学管理,减少了浪费,保证均衡生产。

9.2 自动化立体仓库的分类

9.2.1 按照物品特性进行分类

现代大型物流系统中通常包含多种货物,有些特殊的货物属性决定了特殊的仓储环境和方式,如低温冷藏食品、易燃易爆物品等。

(1) 常温自动化立体仓库系统。常温自动化立体仓库的温度一般控制在 5~40 ℃,相对湿度控制在 90% 以下。

(2) 低温自动化立体仓库系统。低温自动化立体仓库包括恒温、冷藏和冷冻自动化仓库等。恒温仓库一般可以根据物品特性,自动调节温度和湿度。而冷藏仓库的温度一般控制在 0~5 ℃,主要用于蔬菜和水果的存储,并要求有较高的湿度。冷冻仓库的温度一般控制在 -35~-2 ℃。

(3) 防爆型自动仓储系统。此类仓库主要以存放易燃易爆等危险货物为主,系统设计时应严格按照防爆的要求进行。

9.2.2 按照仓库建筑形式进行分类

自动化立体仓库从建筑形式上看,可分为整体式和分离式两种。

整体式是库房货架合一的仓库结构形式,如图 9-3 所示。仓库建筑物与高层货架相互连接,形成一个不可分开的整体,货架除了存储货物以外,还作为建筑物的支撑结

图 9-3 库房货架合一的仓库结构形式

构,构成建筑物的一部分。一般整体式仓库的高度在 12 m 以上。这种仓库结构重量轻,整体性好,抗震好。

分离式是库架分离的仓库结构形式,如图 9-4 所示,货架单独安装在仓库建筑物内。分离式仓库的高度在 12 m 以下,但也有 15~20 m 的。分离式仓库适用于利用原有建筑物做库房,或在厂房和仓库内单建一个高货架的场合。但无论哪种形式,高层货架都是主体。

图 9-4　库架分离的仓库结构形式

分离式仓库与整体式仓库相比具有以下优点:

(1) 分离式仓库与建筑无关,利用车间内部部分空间就可建设仓库,可直接改造建筑物;

(2) 整体式仓库地基和地面的处理较为复杂;

(3) 分离式仓库建设周期短;

(4) 分离式仓库机械设备易于标准化、系列化,可实现批量化生产,用以降低成本。

9.2.3　按照货架形式进行分类

1. 单元货格式自动化仓库

单元货格式自动化立体仓库是使用范围最广、实用性较强的一种仓库形式。其主要特点是货架沿仓库的方向分成若干排,每排货架再沿仓库纵长方向分为数列,沿垂直方向又分为若干层,从而形成大量货格以存放单元化托盘货物或货箱,其中每两排货架为一组,其间有一条巷道供堆垛机或其他起重机等搬运设备进行存取,如图 9-5 所示。

货架中的每个货格可设计成存放一个托盘或存放两个托盘。为便于叉车存取作业,货架立柱与托盘间隙及托盘与托盘之间的间隙不小于 100 mm。出入库不受先后顺序影响,存取方便,但其存储密度不高。

2. 贯通式自动化仓库

在单元货格式仓库中,巷道占用了三分之一左右的面积。贯通式自动化仓库将货

图 9-5 单元货格式自动化仓库

格合并,使每一层、同一排的货物互相贯通,形成能一次存放多货物单元的通道,取消位于各排货架之间的巷道,在通道的一端由一台入库起重机将货物单元转入通道,而在另一端由出库起重机取货,这种方式可以有效提高仓库利用率。根据货物单元在通道内的移动方式,贯通式自动化仓库可以分为重力式流动货架仓库和梭式小车式流动货架仓库两种。

1) 重力式流动货架

存货通道有一定坡度,被入库的单元货物从入库端放入通道后,在其重力作用下,自动地由入库端滑向出库端或碰到已存的单元货物才停止滑动,如图 9-6 所示。在出库端一个单元货物被取走之后,后面的所有单元货物依次滑动一个货位。为了减少托盘与货架之间的摩擦力,滑道上设有滚子或滚轮,这种货架的构造比较简单,但是容易出故障。

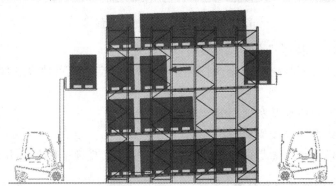

图 9-6 重力式流动货架

而且这种货架还有一个缺点是,如果辊道坡度不够,货物有可能滞留在货道的中间。如果坡度太大,则当货道较长时,货物在流动的终点会达到较高的速度,产生较强的碰撞。

解决方法是限速,具体措施有:

(1) 按一定的间隔设置限速辊子;

(2) 在重力式辊子的底座下面放置一个可充气的软管;

(3) 用特殊的凹形管子作为滑道。

2) 梭式小车式流动货架

这种货架是用梭式小车来实现货物在货道内的流动,梭式小车能在货道内移动并能起升或下降,它能在货道的一端抬起货物移动到另一端放下,如图 9-7 所示。而货道不需要坡度,与重力式相比较,它的优点是货物不会因为坡度不合适而滞留在中间或者在终点相撞。它的缺点是当出库端第一件货物被取走后,随后的货物不会自动跟进,而是一个一个地由梭式小车来搬移,工作比较频繁。

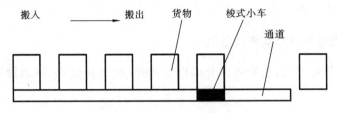

图 9-7　梭式小车式流动货架

3. 水平旋转式货架

货架在输送机作用下可在水平面内旋转,旋转轨迹与水平面平行,更适于小件物品的拣选作业,其特点是简便实用,能够充分利用建筑空间,对土建地面没有特殊要求。水平旋转货架可以分为整体旋转货架和分层旋转货架。

整体旋转货架由一台链式输送机把一列一列的货架串联起来,每列货架下面有支承滚轮,上面有导向轮,输送机运转时,货柜在水平面内沿环行轨道旋转。需要提取货物时,操作人员只需要在操作台上发出出库指令,相应的一组货架便开始运转,当有该货物的货柜来到拣选口时,货架便停止运转,操作人员就可以从货柜中拣选货物,如图9-8 所示。

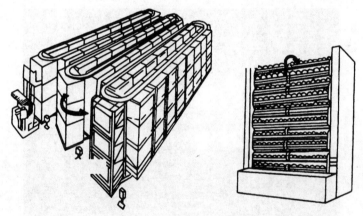

图 9-8　水平、垂直旋转式货架

分层旋转货架是每层都设驱动装置,形成各自独立的旋转体系,在计算机控制下可向各层同时提出出库要求,被出库的货格能自行判断选择最近路程到达拣货点。一座旋转货架可设几个拣货点。

4. 垂直旋转式货架

垂直旋转式货架与水平旋转式货架相似,只是把水平面内的旋转改为垂直面内的旋转,货架在提升机带动下可在垂直面内旋转,旋转轨迹垂直于水平面。货架本身就是一台垂直提升机,提升机的两分支上都悬挂有货格,提升机根据操作台指令可以正转或反转,使需要提取的货物降落到最下面的取货位置上。垂直旋转式货架仓库特别适用于存放长的卷状货物,如地毯、胶片卷等,也可用于小件物品。

9.2.4 按照仓库高度进行分类

按照仓库的高度,仓库可分为 12 m 以上的高层仓库;5～12 m 的中层仓库;5 m 以下的低层仓库三类。

9.2.5 按照仓库作业方式进行分类

按照仓库作业方式,仓库可以分成以下几种:单元货架式、移动货架式和拣选货架式。

1. 单元货架式

单元货架式是以托盘或集装箱为载体,货物先放在托盘或集装箱内,再装入货架的货格中。单元货架式是常见的仓库形式。

2. 移动货架式

移动货架式可在轨道上根据指令合拢和分离,节省空间。它的存储容量大,空间利用率高,适合存储少品种、大批量、出入库作业频率低的场合,如图 9-9 所示。这种货架只需一个通道,而且通道会随着货架的移动而变动位置。在这唯一通道两侧,所有的货架都是紧挨着的。如果需到其中某一货架存取货物,可把货架向原来通道移动以留出新的通道。为了减少阻力,这类货架通常在底部安装滚轮支承,在钢轨上移动,货架的移动有手动和机动两种。

图 9-9 移动货架式

(1) 对载重较轻的货架,或较矮的人工拣货的货架,可采用手动方式(如药房)。

(2) 对于载重量大和高层的货架必须采用机动方式。当移动停止后,叉车可进入通道存取货物,在机动情况下,这种货架有变频控制功能,可控制货架驱动和停止时的速度,以防止货架抖动和倾斜,在其适当的位置还安装有定位用的光电传感器和可刹车的齿轮马达,提高定位精度。

3. 拣选货架式

拣选货架式有巷道内、巷道外,人工、自动几种类型。这种货架适用于多品种、大批量、出入库作业不频繁的小件货物存储,存取货物时须通过拣选小车。它的分拣机构是其核心部分,可以分为巷道内分拣和巷道外分拣两种方式,这两种方式又可分为人工分拣和自动分拣。

"人到货前拣选"是拣选人员乘拣选式堆垛机到货格前,从货格中拣选所需数量的货物出库。"货到人处拣选"是将存有所需货物的托盘或货箱由堆垛机运至拣选区,拣选人员按提货单的要求拣出所需货物,再将剩余的货物送回原址。

9.2.6 按照仓库作用进行分类

自动化立体仓库按照仓库作用可以分成以下几种。

(1) 生产性仓库(工厂内部工序、车间之间设立)。生产性仓库是工厂内部为了协调工序和工序、车间和车间、外购件和自制件物流的不平衡而建立的仓库,它能够保持各生产工序间进行有节奏的生产。

(2) 流通性仓库(生产厂和顾客之间设立)。流通性仓库是一种服务性仓库,是为了协调生产厂和用户之间的供需平衡而建立的仓库。这种仓库进出货物比较频繁,吞吐量较大,一般都与销售部门有直接联系。

9.2.7 按照与生产连接的紧密程度进行分类

自动化立体仓库按照仓库与生产连接的紧密程度可以分成以下几种。

(1) 独立型仓库。独立型仓库也称为"离线"仓库,是指从操作流程和经济性等方面来说都与生产相对独立的自动化仓库,此类型仓库规模较大、存储量大,具有流通性,具有计算机管理、监控、调度和控制系统,如宝钢备件自动化立体仓库、神龙汽车服务备件自动化立体仓库。

(2) 半紧密型仓库。半紧密型仓库是指操作流程与生产有一定关系,仓库的管理、货物的出入和经济性与其他生产厂或部门等有一定关系,但都不直接相连,属于半流通、半生产性,如济南第一机床厂中央立体仓库、第二汽车制造厂配套立体仓库。

(3) 紧密型仓库。紧密型仓库也称为"在线"仓库,是指操作流程与工厂内其他部门或生产系统直接相连,两者之间的关系比较紧密,如江苏仪征化纤股份公司涤纶长丝立体仓库、甘肃天水长城开关厂板材立体仓库。

9.3 自动化立体仓库的发展

9.3.1 发展阶段

从1963年美国将计算机技术应用于立体仓库,建成世界上第一座自动化仓库以来,自动化仓库的发展过程大致可以分为以下五个阶段:人工仓储阶段、机械化仓储阶段、自动化仓储阶段、集成化仓储阶段和智能化仓储阶段。

1. 人工仓储阶段

在这一阶段,物资的输送、存储、管理和控制主要依靠人工实现,它具有直观、便于联系、减少过程衔接之间的问题等优点。

2. 机械化仓储阶段

它包括通过各种各样的传送带、工业输送车、机械手、吊车、堆垛机和升降机来移动和搬运物料,用货架、托盘和移动式货架存储物料,通过人工操作机械存取设备,用限位开关、螺旋机械制动和机械监视器等,控制设备的运行。

3. 自动化仓储阶段

自动化技术对仓储技术的发展起了重要的促进作用。从20世纪50年代末开始,相继研制和采用了自动导引小车(AGV)、自动货架、自动存取机器人、自动识别和自动分拣等系统。到20世纪70年代,旋转体式货架、移动式货架、巷道式堆垛机和其他搬运设备都加入了自动控制行列,但是各个设备都是局部自动化并各自独立应用的,被称为"自动化孤岛"。

4. 集成化仓储阶段

随着仓库管理要求实时、协调和一体化,计算机技术和信息技术在仓库管理中得到了普遍应用。

自动化技术被越来越多地应用到生产和分配领域,"自动化孤岛"被集成,在集成化系统中,整个系统有机协作,使总体效益和生产的应变能力大大超过各部分独立运作时产生的效益的总和。

计算机之间、数据采集点之间、机械设备的控制器之间以及它们与主计算机之间的通信,可以及时地汇总信息,仓库计算机及时地记录订货和到货时间,显示库存量,计划人员可以方便地作出供货决策,管理人员随时掌握货源及需求。

集成化仓库技术作为计算机集成制造系统(computer integrated manufacturing system,CIMS)中物资存储的中心受到人们的重视,集成化系统里包括了人、设备和控制系统。

5. 智能化仓储阶段

在自动化仓储的基础上继续研究,实现与其他信息决策系统的集成,朝着智能和模糊控制的方向发展,人工智能推动了仓储技术的发展,即智能化仓储。现在智能化仓储技术还处于初级发展阶段,未来仓储技术的智能化将具有广阔的应用前景。

9.3.2 国外发展历史及现状

高层货架仓库的出现和发展是第二次世界大战以后生产和技术发展的结果。20世纪50年代初开始出现自动化立体仓库,并在实践中显示出优越性,随即得到迅速的推广和发展。自动化仓库最早出现于20世纪60年代的美国。1950年,美国首先制造了手动控制的桥式堆垛起重机,这种起重机的大梁上悬挂一个门架(立柱),利用门架的上下和旋转运动来搬运货物,与此同时也提出了高层货架的新概念,被认为是自动化仓库的雏形。1960年左右,美国开始出现了没有大梁的、由人工操作的巷道式堆垛机。随着立体仓库的发展,巷道式堆垛机逐渐代替了桥式堆垛机。1963年,美国的一个食品厂在仓库工作中采用计算机,成为世界上最早的全自动化仓库。20世纪60年代产生的第一代机械式立体仓库系统中,操作人员可通过一些电器按钮和开关,来控制一些机械设备进行入、出库作业,实现了搬运的机械化。

从1963年开始,在欧洲各国,由于用地紧张,开始计划建造25~30 m的高层自动化仓库。从1967年开始,相继完成了一些由计算机管理和控制的全自动化仓库。在日本,从1967年开始安装了高度为20~25 m的高层堆垛机,1969年出现了联机全自动化仓库。此后,日本的自动化仓库技术和设备的台数都有了突飞猛进的发展,在各个部门都安装了各种各样的堆垛机。1970年安装了由货架支承式变为地面支承式的高度达40 m的堆垛机。

到了20世纪70年代末期,随着可编程控制器PLC、自动存取、自动导向小车、条形码阅读器等设备在立体仓库中的应用,第二代自动化仓库系统实现了控制自动化。

20世纪80年代末,计算机技术的异军突起及其在自动化仓库系统中的成功应用,导致了第三代集成化立体仓库系统的诞生,形成了由管理级、监控级、控制级组成的三级分布式控制结构,上位管理机协调控制整个仓库系统的出、入库作业和库存管理,并且与上位工厂计算机信息管理网相联结,实现了管理微机化。

进入20世纪90年代后,堆垛机在使用范围和性能上有了很大的发展,还出现了第四代智能型立体化仓库系统,这类仓库系统不仅实现了对出、入库任务和仓库信息的全自动处理,而且还可根据生产计划报表分析、制定出所需的材料与劳动力,并依据物资的现有库存量提出外购建议,当某些物资库存量不能满足生产需要时,系统还可根据现有在库物资适当修改生产计划,并上报工厂相关部门,诸如此类的人工智能技术已逐步融入立体仓库系统中。此外,随着电子数据交换技术的日臻完善,自动化仓库系统逐步向第五代"3I"(intelligent,integrated,information)仓库系统过渡。

据不完全统计,美国拥有各种类型的自动化立体仓库20000多座,日本拥有38000多座,德国拥有10000多座,英国有4000多座。高度达40 m以上的巨型立体仓库数量越来越多。发展至今,自动化仓库在设计、制造、自动化控制和计算机管理方面的技术也日趋成熟。

在总体设计方面,国外已有采用计算机辅助设计(CAD)即根据约束条件来确定最佳的货架高度、巷道数量、货架尺寸和堆垛机数量以及出入库运行系统的参数,并用计算机仿真技术来考核仓库的功能。

货架在国外已系列化、标准化,对货架的承载能力(包括抗震)进行了很多实验研究(包括破坏性实验),货架计算采用计算机程序进行。

堆垛机产品已经走入系列化,运行噪声低,备有各种安全保护装置,调速性能好,一般都具有完善的货物位置检测和货物尺寸检测。

普遍采用抗干扰能力强、工作可靠的可编程控制器来控制巷道堆垛机和出入库系统,并且用计算机进行货位管理和库存管理,仓库管理计算机与上级管理机联网并能与控制系统相接,实现在线控制。

在仓库自动化过程的各个环节,即输入、储运、输出上采用新技术。这些新技术包括:自动导向小车系统、磁性导轨装置、激光扫描仪、条形码识别、命令拣选系统、储运机器人、机械手、智能卡车等。

9.3.3　立体仓库在我国的发展

1963 年,北京起重运输机研究所设计了第一台 1.25 t 桥式堆垛机,并由大连起重机厂完成试制。1974 年,郑州纺织机械厂建成我国第一座立体仓库,它利用原有锯齿形厂房改建而成,用于存放磨具。1977 年,北京起重运输机研究所等单位研制建成我国第一座自动化立体仓库,并在北京汽车制造厂投产。从此以后,自动化立体仓库在我国得到迅速发展。

据不完全统计,目前我国拥有立体仓库 500 余座,多数是中小型自动仓库,高 15 m 以上的大型立体仓库 100 多座,其中全自动化的立体仓库有 30 多个。大型自动化仓库对技术性能与可靠性要求高,工艺性强,设计制造难度大,大多从国外进口。近几年来,随着我国机械制造技术研究和应用的迅速发展,大型自动化仓库开始由国内设计和总承包。同时,我国也积极引进国外的先进技术和经验,开发、设计和制造自动化立体仓库。

立体仓库广泛使用在机器制造业、电器制造业、航空港、轻工和化工企业、商储业、军需部门等各行各业,如中国国际航空公司货运部的自动化仓库、保定六〇四厂自动化仓库、联想集团自动化仓库、青岛澳柯玛集团自动化仓库等。

我国自动化仓库研究和应用正在蓬勃发展中,逐渐涌现出一些自动化仓库的生产和研制单位,如北京起重运输机研究所、北京机械工业自动化研究所、上海自动化研究所、上海金星货架厂、常州仓储设备厂、太原林格五一仓储设备有限公司、南京震晨输送仓储设备有限公司、沈阳市自动化立体仓库制造厂、昆明船舶集团公司等。

9.3.4　立体仓库的发展趋势

近年来,立体仓库的自动化程度不断提高,采用可编程控制器(PLC)和微机控制搬运设备的仓库,以及采用计算机管理与 PLC 联网控制的全自动化仓库,在全部立体仓库中所占比重不断增加。

大型自动化仓库系统已不再是主流发展方向。为了适应工业发展的新形势,出现了规模更小、反应速度更快、用途更广的自动化仓库系统。随着科学技术的发展,世界主要工业国家都着重于开发性能可靠的新产品和采用高技术上,国内外在建设物流系统及自动化仓库方面也更加注重实用性和安全性。

货架则普遍采用装配式结构、高层化,有利于批量生产,降低生产成本,提高精度,便于现场安装和调试。

在堆垛机方面,不断推出具有新的物理外形和更高性能的设备。最新的开发包括提高电子和控制技术,在使堆垛机具有更高定位精度的同时,提高搜索能力和运行速度,以期获得更短的操作周期和更大的生产能力。

自动化立体仓库的应用领域日趋广泛,从制造工厂、商场、机场、港口、军需部门到地下室冷库等各行各业。仓库存储货物品种也日益多样化,除了大多数仍是制成品外,存储品种也越来越多。

为了提高仓库运转的可靠性与安全性,仓库自动控制与信息传输中普遍采用高可靠性的硬、软件,增强了抗干扰能力。自动化仓库在这方面发展的一个方向是普遍采用扫描技术,使货物的存取和发送信息做到快速、实时、可靠和准确。

在拣选作业自动化方面,各国正加紧研究开发实用的拣选自动化设备和系统,但尚未真正达到可靠、实用的阶段。

在一些生产企业,立体仓库已不仅仅简单地作为物料存储仓库,而且还与生产企业的工艺流程紧密结合,成为生产物流的一个组成部分。例如,柔性加工系统(FMS)中的自动化仓库就是一个典型例子。

随着计算机技术的不断发展,计算机管理网络化将实现信息共享,人工智能技术和多媒体技术,特别是专家系统在自动化仓库中的应用日益增多。

9.4 自动化立体仓库设备

9.4.1 货架

1. 货架作用及功能

1) 货架的概念

在仓库设备中,货架是指专门用于存放成件物品的保管设备。货架在物流及仓库中占有非常重要的地位,随着现代工业的迅猛发展,物流量的大幅度增加,为实现仓库的现代化管理,改善仓库的功能,对货架不仅要求数量多,而且要求具有多功能,并能实现机械化、自动化要求。

2) 货架的作用及功能

货架在现代物流活动中起着相当重要的作用,仓库管理实现现代化,与货架的种类、功能有直接关系。货架的主要功能为:货架是一种架式结构物,可充分利用仓库空间,提高库容利用率,扩大仓库存储能力;存入货架中的货物互不挤压,物资损耗小,可完整保证物资本身的功能,减少货物的损失;货物存取方便,便于清点及计量,可做到先进先出;保证存储货物的质量,可以采取防潮、防尘、防盗、防破坏等措施,以提高物资存储质量;很多新型货架的结构及功能有利于实现仓库的机械化及自动化管理。

2. 货架的分类

1) 按货架的发展分类

传统式货架主要分为层架、层格式货架、抽屉式货架、橱柜式货架、U形架、悬臂式货架、栅型架、鞍架、气罐钢筒架和轮胎专用货架等。

新型货架主要分为重力式货架、贯通式货架、阁楼式货架、移动式货架、旋转式货架、装配式货架、调节式货架、托盘货架、进车式货架、高层货架和屏挂式货架。

2) 按货架的适用性分类

按货架的适用性,货架分为通用货架和专用货架。

3) 按货架的制造材料分类

按货架的制造材料,货架分为钢货架、钢筋混凝土货架、钢与钢筋混凝土混合式货架、木制货架和钢木合制货架等。

4) 按货架的封闭程度分类

按货架的封闭程度,货架分为敞开式货架、半封闭式货架和封闭式货架等。

5) 按结构特点分类

按货架的结构特点,货架分为层架、层格架、橱柜式货架、抽屉式货架、悬臂架、三角架和栅型架等。

6) 按货架的可动性分类

按货架的可动性,货架分为固定式货架、移动式货架、旋转式货架、组合货架、可调式货架和流动存储货架等。

7) 按货架结构分类

按货架的结构,货架可分为整体结构式货架和分体结构式货架。整体结构式是指货架直接支撑仓库屋顶和围棚;分体结构式则是指货架与建筑物分为两个独立系统。

8) 按货架的载货方式分类

按货架的载货方式,货架分为悬臂式货架、橱柜式货架和棚板式货架三种。

9) 按货架的构造分类

按货架的构造,货架分为组合可拆卸式货架和固定式货架。其中,固定式货架又分为单元式货架、一般式货架、流动式货架和贯通式货架。

10) 按货架的高度分类

高度在 5 m 以下的货架为低层货架;高度在 5~15 m 的货架为中层货架;高度在 15 m 以上的货架为高层货架。

11) 按货架的载重分类

每层货架载重量在 500 kg 以上的货架为重型货架;每层货架(或搁板)载重量为 150~500 kg 的货架为中型货架;每层货架载重量在 150 kg 以下的货架为轻型货架,如图 9-10 所示。

(a) 重型托盘货架　　　　　　(b) 中型和轻型货架

图 9-10　重型、中型和轻型货架

3. 几种新型货架的介绍

1) 重力式货架

重力式货架如图 9-11 所示,在货架每层的通道上,都安装有一定坡度、带有轨道的导轨,入库的单元货物在重力的作用下,由入库端流向出库端。位于滑道出库端的第一个货物单元被出库起重机取走后,在它后面的各个货物单元便在重力作用下,依次向出库端移动一个货位。这样的仓库,在排与排之间没有作业通道,大大提高了仓库的利用率。这种货架适用于少品种、大批量货物的存取,以及不宜长期积压货物的存放。

重力式货架的主要特点包括:不需要操作通道,可增加 60% 的空间利用率;托盘操作遵循先进先出的原则;存储和拣选两个动作的分开大大提高了输出量;利用自重力使货物滑动,而且没有操作通道,减少了运输路线和叉车的数量。使用时,同一排、

图 9-11 重力式货架

同一层上的货物最好应为相同的货物或一次同时入库和出库的货物。重力式货架的层高可调,配以各种型号叉车或堆垛机,能实现各种托盘的快捷存取,单元货格最大承载可达 5000 kg,是各行各业常用的存储方式。

2) 贯通式货架

贯通式货架如图 9-12 所示,各排货架之间没有巷道,将货架合并在一起,使同一层、同一排的货物互相贯通,适用于存储少品种、大批量、同类型的货物,空间利用率高,特别适合标准货物的单元存储。货物可从同一方向存入取出(先进后出),也可以按先进先出的原则,从一侧存入,从另一侧取出。贯通式货架又是一种不以通道分割,连续性的整体货架。叉车可直接进入货区存取货物,无需占用多余通道,提高地面使用率达 60% 左右。

图 9-12 贯通式货架

驶入式货架是贯通式货架的一种特例,如图 9-13 所示。数排传统式货架连接起来,设有专用的走道,其配置方式可以为两组驶入式货架背对背安装或单一组靠墙,叉车的进出皆使用相同的走道。存放时先由内部存放,再依序向外存放,而出货时先将外部货物取出,再向内依序取货,存储密度非常好,但不能先进先出。驶入式货架适用于成本较高、存储批量大、品种相对较少、周期性批量作业及存取物料频率高的原料仓库或转运仓库。

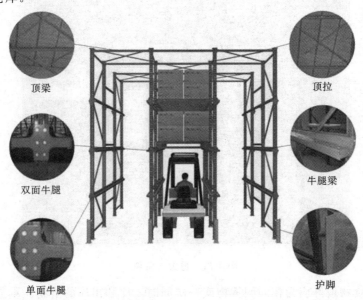

图 9-13 驶入式货架结构示意图

此外,亦可设计为货架末端无支撑杆封闭,即所谓驶过式货架(drive-through racking system),前后均可作为存取的通道,因此可达到先进先出的管理。库房空间利用率达 80%。

3) 阁楼式货架

阁楼式货架如图 9-14 所示,广泛应用于库房较高、货物较少、人工存取、存储量较大的情况下,可充分利用空间,节约库房面积,特别适用于汽配、电子器件等企业系列产品的分类保存,中型承载量不大于 300 千克/层,重型承载量不大于 1000 千克/层。根据实际场地和具体要求,可设计成单层或多层阁楼,一般为 2~3 层。货物至二楼或三楼的运输方式通常有人工、升降平台、提升机、输送带、叉车等方式。

4) 悬臂式货架

悬臂式货架如图 9-15 所示,适用于管材、板材等型材类长条形货物的存储。悬臂

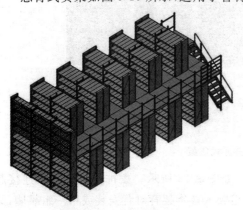

图 9-14 阁楼式货架

图 9-15 悬臂式货架

式货架根据承载能力可分为轻量型、中量型和重量型三种;根据结构形式可分为单面悬臂式和双面悬臂式两种。

5) 抽屉式货架

抽屉式货架如图 9-16 所示,主要用于存放各种模具物品。顶部可配置手拉葫芦移动车,便于货物的存取(吊起和放入)。抽屉底部设有滚轮轨道,抽屉板承载后仍能自如地拉动。两立柱中量型抽屉式货架承载量小于 750 千克/层,三立柱重量型抽屉式货架承载量不小于 750 千克/层。整体采用拼装结构,运输方便,组装简单、快捷。

9.4.2 集装单元器具

集装单元就是采用各种不同的方法和器具,把具有包装或无包装的物品,整齐地汇集成为一个扩大

图 9-16 抽屉式货架

的、便于装卸搬运的,并在整个物流过程中保持一定形状的、标准规格的作业单元。常用的集装单元器具有托盘、集装箱、集装袋、托板、滑板、容器等。

1. 托盘

1) 托盘的概念

托盘和集装箱并称为 20 世纪物流产业中两大关键性创新。其中,托盘又称为叉板、栈板、卡板、货盘、货仓板等,是物流产业为了便于货物装卸、运输、保管和配送等而使用的、由可以承载若干数量物品的负荷面和叉车插口构成的装卸用垫板。托盘是物流产业最为基本的集装单元,它装载着货物在生产企业、批发企业、零售企业、物流企业和用户之间流通;也是一种基本的物流搬运器具,在商品流通中具有广泛的应用价值,被誉为"活动的地面"、"移动的货台"。托盘规格尺寸标准化是托盘流通的必要前提,国际标准化组织建议采用 800 mm×1200 mm 和 1000 mm×1200 mm 的择优尺寸。另外,托盘多由钢制、木制或塑料制成;托板一般由木料制成;滑板则由标准纤维或塑料制成;专用托盘多由钢板制成;专用盛放架由钢材或木料制成。

2) 托盘的起源

托盘起源于 20 世纪,美国军队首次使用托盘来改善物品的搬运效率,保证后勤物资供应。美国有托盘 19 亿～20 亿个,80% 商品贸易由托盘运载。日本有托盘 7 亿～8 亿个,商品贸易由托盘运载的比例已经达到了 77%。我国拥有托盘总量为 1.2 亿～1.4 亿个,而且每年正在以 2000 万个的速度迅速增长。

3) 托盘的分类

(1) 按照结构形式,托盘分为平托盘、箱式托盘、柱式托盘和轮式托盘四种。

平托盘应用较为广泛,包括单面使用、双面使用、两向进叉、四向进叉等形式,还包括托架式和滑板式。

箱式托盘至少三侧面有直立箱壁,如图 9-17 所示。箱壁可分为固定式、可拆卸式或折叠式,也可为格式或网式结构。箱式托盘可以有盖或无盖,是在平托盘的基础上发展起来的,多用于散件货、散装物的集装。金属箱式托盘还用于热加工车间集装热料,一般下部可叉装,上部可吊装,并可进行码垛(一般为四层)。

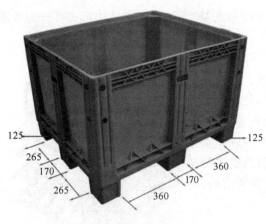

图 9-17 箱式托盘　　　　　　　　　图 9-18 柱式托盘

四角有四根立柱的托盘称为柱式托盘,如图 9-18 所示,是可移动的货架、货位;不用时,还可叠套存放,节约空间。立柱分为固定式、折叠式和可拆卸式等三种,主要用于无货架多层堆码的场合。柱式托盘是在平托盘基础上发展起来的,其特点是在不压货物的情况下可进行码垛(一般为四层),多用于包装物料、棒料管材等的集装。

底部装有四个小轮子的托盘称为轮式托盘,在行李包裹、邮件的装卸作业中得到广泛的应用。

(2) 按照构成材料,托盘可分为木托盘、塑料托盘、塑木托盘、纸托盘、免熏蒸托盘、钢托盘、复合材料托盘、蜂窝托盘、金属托盘等。

木托盘是以天然木料为原料制造的托盘,如图 9-19 所示。其主要参数包括长、宽、高,以及长宽高误差、对角线误差、额定载荷、最大码垛层数、挠曲度、表面防滑系数、是否烘干处理等。

塑料托盘是以工业塑料为原料制造的托盘,如图 9-20 所示。其主要参数包括长、宽、高,以及长宽高误差、对角线误差、额定载荷、最大码垛层数、挠曲度、表面防滑系数、托盘使用环境的温度范围等。

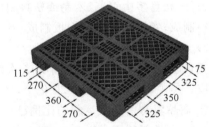

图 9-19 木托盘　　　　　　　　　图 9-20 塑料托盘

塑木托盘是通过塑木型材组装而成的一种新型的复合材料托盘,如图 9-21 所示。它综合了木制托盘的韧性、塑料托盘的轻捷和钢制托盘的硬度等优点,由于它优良的韧性并且符合环保要求,塑木托盘在欧美已被广泛使用在出口、存储、周转等领域,为企业降低了物流成本。

纸托盘是以纸浆、纸板为原料加工制造的托盘,如图 9-22 所示。其主要参数包括长、宽、高,以及长宽高误差、对角线误差、额定载荷、最大码垛层数、挠曲度、表面防滑系数、雨水浸泡时间、使用环境的湿度范围等。

图 9-21　塑木托盘　　　　　　　　图 9-22　纸托盘

免熏蒸托盘如图 9-23 所示,集传统木质包装和纸质包装优点于一身。产品表面平整,免熏蒸,免商检,载重高,防水无毒,可以承载任何出口产品。其外观和性能大大优于过去曾大量使用的天然木质包装,有利于提高出口产品的档次,并且可以减少熏蒸商检等复杂的程序和手续,提高工作效率,促进外贸出口。免熏蒸包装产品的特点是不需要烦琐的商检和熏蒸手续,可以直接通关出口,而且与其他同类产品相比,具有坚固结实、承重力强、外形美观、价格便宜等优势,是目前出口包装物的最佳选择。

钢托盘如图 9-24 所示,采用镀锌钢板或烤漆钢板为原料制成,安全环保,可以回收再利用,不浪费资源。特别是钢托盘用于出口时,不需要熏蒸、高温消毒或防腐处理。其优点为:符合国际环保法规;稳定的包装性能;100% 回收兼具回收利益;防水、防潮以及防锈;利边利角;灵活;四方向的插入设计,无形中提高空间利用率和操作的方便性;坚固的地板设计也适用于输送和自动包装系统。

图 9-23　免熏蒸托盘　　　　　　　　图 9-24　钢托盘

复合托盘是由两种或两种以上的不同材料经过一定的处理产生化学变化得到的材料为原料加工制造的托盘,如图 9-25 所示。其主要参数包括长、宽、高,以及长宽高误差、对角线误差、额定载荷、最大码垛层数、挠曲度、表面防滑系数等。

蜂窝托盘如图 9-26 所示,蜂窝纸板是仿造蜂巢的结构,以纸为基材,用现代化的机电合一生产出的一种蜂窝状的新型材料。它质量轻、强度高、刚度好,并具有缓冲、隔振、保温、隔热、隔音等性能。同时它的成本低,广泛应用于包装、储运、建筑业、车船制造业、家具业等,以替代木材、泥土、聚苯乙烯等材料,对减少森林砍伐,保护生态环境具有重大意义。

金属托盘是以钢、铝合金、不锈钢等材料为原料加工制造的托盘,如图 9-27 所示。其主要参数包括长、宽、高,以及长宽高误差、对角线误差、额定载荷、最大码垛层数、挠曲度、表面防滑系数、防锈防腐处理、防静电处理等。

图 9-25　复合托盘

图 9-26 蜂窝托盘

图 9-27 金属托盘

我国塑料托盘约占 8%,钢托盘、塑木托盘及其他材质的托盘约占 2%。木质托盘的规格比较混乱,目前的规格主要是使用单位根据自己产品的规格定制,这与木质托盘制造工艺相对比较简单有关。塑料托盘的规格相对比较集中,主要是 1100 mm×1100 mm 和 1200 mm×1000 mm,约占塑料托盘的 50%。塑料托盘在生产中要使用注塑模具,而模具开发成本相对比较高。钢制托盘的规格不是很多,集中在 2~3 个规格,主要用于港口码头等单位,它对于托盘的承载重量要求比较高。

(3) 按照使用寿命,托盘分为一次性(消耗性)托盘和多次性(循环性)托盘两种。

(4) 按照使用形式,托盘分为通用托盘和专用托盘两种。通用托盘是指企业内外一般货物流通使用、可供互换的托盘,其尺寸一般都符合国家、部颁或行业标准的规定。按结构分类的平托盘、箱式托盘、柱式托盘和轮式托盘也可统称为通用托盘。专用托盘则是一种集装特定物料(或者工件)的储运器具。它与通用托盘的区别在于具有适合特定物料装载的支撑结构,以避免物料在搬运过程中受到损伤。

4) 托盘标准化

托盘的流动性特征导致托盘规格与产品生产线、产品包装、叉车、货架、公路铁路运输车辆、轮船、集装箱和仓储设施等均有较为严格的尺寸匹配关系。托盘标准是物流产业的重大战略性技术标准,托盘标准的修订将会引致包装业、制造业、运输业、仓储业等相关产业的标准必须作相应调整,保证货物以托盘作为基本的操作(装载)单元,在生产商、批发商、零售商和用户之间自由流通的过程中具有最高的装载效率、最佳的存储效率和最优的操作效率,以实现降低物流成本、增强供应能力、改善服务质量的目的,从而对国民经济的发展产生广泛而又深远的影响。

按照国际贸易惯例,尽管出口商也能决定出口产品所使用的托盘规格尺寸,但在大多数情况下,托盘的规格由进口国、进口商或进口国零售商设定。如果两国在贸易中采用的是同一种托盘国际标准,本国出口的货物就可以直接利用对方的叉车、货架和一系列运载工具,充分共享对方的物流设备和设施,将本国的货物高效率、低成本地运往对方的消费市场,从而增进本国的产品出口。而且两国还可以进一步开展托盘国际合作,让本国出口货物所使用的可循环托盘直接进入对方的托盘共用系统,继续在对方国家循环利用,有利于进一步降低贸易成本。反之,如果两国托盘标准不一致,不但不能充分共享对方的物流设备和设施,而且还会以多种方式增加双方 15%~21%的贸易成本,形成贸易技术壁垒,阻碍双方的贸易发展,甚至会很大程度上改变一个国家的对外贸易格局。

1947年,瑞典率先推出托盘标准。随后,1961年国际标准化组织颁布了ISO/R198托盘标准,建议采用0.8 m×1.2 m、0.8 m×1 m、1 m×1.2 m三种尺寸。之后,1963年颁布了ISO/R329托盘标准,增加了1.2 m×1.6 m、1.2 m×1.8 m两种尺寸。直到1971年颁布了ISO/TC51托盘标准,增加了0.8 m×1.1 m、0.9 m×1.1 m、1.1 m×1.1 m三种尺寸。后来,ISO/TC51取消了ISO/R198和ISO/329,建议由0.8 m×1.2 m、1 m×1.2 m、1.016 m×1.219 m三种尺寸替代。截止1997年,1.14 m×1.14 m、0.8 m×1.2 m、1 m×1.2 m、1.1 m×1.1 m、1.016 m×1.219 m尺寸均被国际标准化组织(ISO)所认可。

ISO/TC51在2003年颁布的ISO 6780标准中,推出6种国际托盘标准规格。其中,欧洲各国普遍使用1.2 m×0.8 m、1.2 m×1 m两种规格的托盘;美国主要使用的规格为1.219 m×1.016 m(48 in×40 in);澳大利亚则以1.14 m×1.14 m、1.067 m×1.067 m两种规格为主;亚洲国家,特别是日本、韩国,分别于1970年和1973年把1.1 m×1.1 m(简称T11)规格托盘作为国家标准托盘大力推广。目前,澳大利亚标准化托盘的使用率最高,为95%;美国的为55%;欧洲的为70%;日本的为亚洲之最,使用率为35%;韩国的为26.7%。亚洲托盘系统联盟(asia pallet system federation, APSF)宣布亚洲联运托盘标准为1.1 m×1.1 m和1 m×1.2 m。

目前,世界各国的托盘标准如下:美国为1.219 m×1.016 m;加拿大和墨西哥为1 m×1 m;澳大利亚为1.165 m×1.165 m和1.1 m×1.1 m;大部分欧洲国家(1200系列)为0.8 m×1.2 m;英国、荷兰和芬兰为0.8 m×1.2 m和1 m×1.2 m;北欧各国为0.8 m×1.2 m;日本、韩国、新加坡和我国台湾地区(T11)为1.1 m×1.1 m;中国为0.8 m×1.2 m、1 m×1.2 m、1.14 m×1.14 m、1.219 m×1.016 m。

我国的托盘标准划分意见分为两派,一派为"主长派",主张选用欧美国家广泛采用或普遍接受的1.2 m×1 m规格的长方形托盘国际标准;另一派为"主正派",主张选用日韩及东南亚国家采用或接受的T11正方形托盘国际标准。我国的主要出口市场在欧美地区,主要贸易逆差地区在东南亚一带,在相当长的时间内,托盘标准很难统一到一个尺寸上。

5) 我国托盘使用现状

我国托盘标准包罗万象。目前在流通中使用的托盘规格有几十种。标准太多,托盘难以在全社会流通;其来源五花八门。有托盘生产企业是按国家颁布的GB/T 2934—2007标准生产的;有企业按照本企业产品尺寸要求自制的;有出口企业出口产品时使用剩余的托盘;也有进口企业使用从国外进口商品时遗留的托盘。规格难以甄别,不利于托盘循环流通;托盘质量千差万别。从材质方面来看,托盘有钢质托盘、铁质托盘、轻合金托盘、塑料托盘、木质托盘、胶合板托盘、复合材料托盘,还有塑木混合结构托盘等十几种;从构成来看,90%的托盘是木质托盘,塑料托盘约占8%,其他材质托盘仅占2%;从承载力来看,同种材质的托盘也相差甚远,从200~2000 kg不等。托盘标准不统一、质量不规范,既严重地阻碍了托盘在企业间流通,也大大降低了物流产业的运行效率。

2. 集装箱

1) 集装箱的定义

具有以下条件的运输容器才能称为集装箱:具有足够的强度,能长期反复使用;中途转运时,不用搬动箱内的货物,可整体转载;便于装卸;便于货物的装入和卸出;具有 1 m³ 以上的内部容积。

一个通用的干货集装箱是一个六面长方体,包括一个框架结构、两个侧壁、一个端面、一个箱顶、一个箱底和一对箱门,其总体结构如图 9-28 所示。

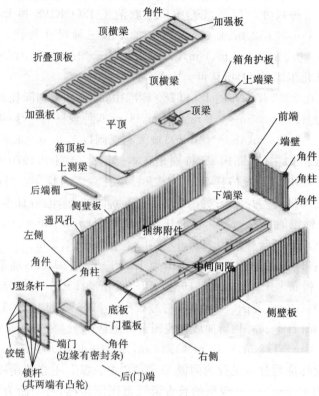

图 9-28 集装箱构件总体结构

TEU(twenty-feet equivalent units),又称 20 英尺换算单位,是计算集装箱箱数的换算单位。目前集装箱长度一般有两种规格,即 20 英尺和 40 英尺。为便于计数的统一化,把 20 英尺集装箱作为一个计算单位,40 英尺集装箱作为两个计算单位。

整箱货(FCL)是指由发货人负责装箱、计数、积载并加铅封的货运。拼箱货(LCL)是指装不满一整箱的小票货物。这种货物,通常是由承运人分别揽货并在集装箱货运站或内陆站集中,而后将两票或两票以上的货物拼装在一个集装箱内,运到目的地后要在目的地的集装箱货运站或内陆站拆箱分别交货。

2) 集装箱的分类

(1) 按照制造材料,集装箱分为铝合金集装箱、钢制集装箱、玻璃钢制集装箱和不锈钢集装箱等四种。

铝合金集装箱具有重量轻、外表美观、防腐蚀、弹性好、加工方便,以及加工费、修理费低,使用年限长等优点,但是造价高,焊接性能差。

钢制集装箱强度大、结构牢、焊接性高、水密性好、价格低廉,但重量大、防腐性差。

玻璃钢制集装箱是在钢制框架上装上玻璃钢复合板构成的,具有强度大、刚性好、内容积大、隔热、防腐、耐化学性好、易清扫、修理简便等优点,但是重量大、易老化、拧螺栓处强度降低。

不锈钢是一种新的集装箱材料,它强度大、不生锈、外表美观,在整个使用期内无需进行维修保养,故使用率高,耐蚀性能好;但是价格高,初始投资大,且材料少,大量制造有困难,目前一般都用于罐式集装箱。

(2) 按照结构,集装箱分为内柱式集装箱、外柱式集装箱、折叠式集装箱、薄壳式集装箱和预制骨架式集装箱等五种。

内柱式集装箱是指侧柱(或端柱)位于倒壁或端壁之内,外表平滑,受斜向外力时不易损伤,印刷标志比较方便,外板与内衬板之间留有空隙,防热效果好,并能减少货物的湿损率,在修理和更换外板时,箱内衬不需要取下。

外柱式集装箱是指侧柱(或端柱)位于倒壁或端壁之外。

折叠式集装箱的主要部件(侧壁、端壁和箱顶)能简单地折叠或分解,再次使用时可以方便地组合起来,主要用在货源不平衡的航线上,为了减少回空时的舱容损失而设计,在回收和报关时能缩小箱的体积,提高运输的经济效果。

薄壳式集装箱把所有部件组成一个钢体,它的优点是重量轻,可以适应所发生的扭力而不会引起永久变形。集装箱的结构或多或少都采用薄壳理论进行设计。

预制骨架式集装箱的骨架由许多预制件组合起来,并由它承受主要载荷,外板和骨架用铆接或焊接的方式连为一体。铝质和钢质的预制骨架式集装箱,外板采用铆接或焊接的方式与骨架连接在一起,而玻璃钢的预制骨架式集装箱,其外板用螺栓与骨架连接。

(3) 按照用途和货物特点,集装箱分为普通货物集装箱(包括通用集装箱、专用集装箱)和特种货物集装箱(包括特殊干货集装箱、保温类集装箱、框架类集装箱)两大类。

普通货物集装箱又称为干货集装箱(dry container),大部分为端开门式,端门闭锁后即成为密闭状态,装运件以杂货为主,通常用来装运文化用品、日用百货、医药、纺织品、工艺品、化工制品、五金交电、电子机械、仪器及机器零件等。这种集装箱占集装箱总数的70%~80%。其中,通用集装箱要求结构尺寸符合国际或国内尺寸标准,以便于流通和周转;而专用集装箱主要作为专门用途或单一品种规格的普通货物流通之用,对结构尺寸标准要求不严格。

特殊干货集装箱有适宜装粮食、水泥等散货,可在箱内进行熏蒸、洗等特殊操作的散装货集装箱;与散装箱基本相同,但装卸时使用喷管和吸管的散装粉状货集装箱;适合于装运服装类商品的挂式集装箱等。

保温类集装箱是专门为运输那些需要一定低温的新鲜水果、鱼、肉、水产品等提供的,适用于装载对温度变化十分敏感的货物,也适用于装载在运输途中不允许温度上升而需要通风的货物,能隔绝外部温度变化的影响,可以分为冷藏集装箱和通风集装箱。其中冷藏集装箱的温度可在−28~+26 ℃之间调整,适合在夏天运输黄油、巧克力、冷冻鱼肉、炼乳、人造奶油等物品,分外置式和内置式两种。内置式集装箱在运输过程中可随意启动冷冻机,使集装箱保持指定温度;而外置式则必须依靠集装箱专用车、船和专用堆场、车站上配备的冷冻机来制冷。通风集装箱箱壁有通风孔,内壁涂塑料层,适宜装新鲜蔬菜和水果等怕热怕闷的货物。

框架类集装箱包括开顶集装箱、框架集装箱、板架集装箱、汽车集装箱、罐式集装箱、平台集装箱和牲畜集装箱等七种,没有箱顶和两侧,其特点是从集装箱侧面进行装卸。框架类集装箱是以超重货物为主要运载对象,还便于装载牲畜,以及诸如钢材之类可以免除外包装的裸装货。

开顶集装箱没有箱顶,可用起重机从箱顶上面装卸货物,装运时用防水布覆盖顶部,其水密要求与干货箱的一样,适合于装载体积高大的物体,如玻璃板等。

牲畜集装箱侧面采用金属网,通风条件良好,而且便于喂食,是专为装运牛、马等活动物而制造的特殊集装箱。

罐式集装箱又称为液体集装箱,是在一个金属框架内固定上一个液罐,为运输食品、药品、化工品等液体货物而制造的特殊集装箱。

平台集装箱形状类似铁路平板车,适宜装超重超长货物,长度可达 6 m 以上,宽 4 m 以上,高 4.5 m 左右,重量可达 40 t,两台可以连接起来,装 80 t 的货,装运汽车极为方便。

(4) 按照载重总重,可将集装箱分为 30 t、20 t、10 t、5 t、2.5 t 等规格。

3) 集装箱交接方式

集装箱的交接共涉及三种因素:门、场、站。门指托运人或收货人的货仓或工厂仓库。场指港口集装箱码头装卸区堆场。站指港口集装箱货运站。

根据贸易条件所规定的交接地点不同,集装箱交接方式可分成门到门、门到场、门到站、场到门、场到场、场到站、站到门、站到场、站到站等九种交接方式,进一步可归纳为以下四种方式。

(1) 门到门:这种运输方式的特征是,在整个运输过程中,完全是集装箱运输,并无货物运输,故最适宜于整箱交,整箱接。

(2) 门到场站:这种运输方式的特征是,由门到场站为集装箱运输,由场站到门是货物运输,故适宜于整箱交,拆箱接。

(3) 场站到门:这种运输方式的特征是,由门至场站是货物运输,由场站至门是集装箱运输,故适宜于拼箱交,整箱接。

(4) 场站到场站:这种运输方式的特征是,除中间一段为集装箱运输外,两端的内陆运输均为货物运输,故适宜于拼箱交,拆箱接。

4) 装箱标准

集装箱标准按使用范围分,有国际标准、国家标准、地区标准和公司标准四种。

国际标准集装箱为第 1 系列共 13 种,其宽度均一样(2438 mm)、长度有四种(12192 mm、9125 mm、6058 mm、2991 mm)、高度有四种(2896 mm、2591 mm、2438 mm、2385 mm)。

国家标准是由各国政府参照国际标准并考虑本国的具体情况而制订本国的集装箱标准。我国现行国家标准《系列 1 集装箱　分类、尺寸和额定质量》(GB/T 1413—2008)中规定了集装箱各种型号的外部尺寸、极限偏差及额定质量。

地区集装箱标准是由地区组织根据该地区的特殊情况制订的,此类集装箱仅适用于该地区,如根据欧洲国际铁路联盟(VIC)所制订的集装箱标准而建造的集装箱。

公司标准是指某些大型集装箱船公司,根据本公司的具体情况和条件而制订的集装箱船公司标准,这类箱主要在该公司运输范围内使用,如美国海陆公司的 35 ft 集装箱。

相对的还有非标准的集装箱,包括非标准长度集装箱,如美国海陆公司的 35 ft 集装箱、总统轮船公司的 45 ft 及 48 ft 集装箱;非标准高度集装箱,主要有 9 ft 和 9.5 ft 两种高度集装箱;非标准宽度集装箱,如 8.2 ft 宽度集装箱等。

3. 集装袋

集装袋又称为柔性集装箱,是集装单元器具的一种,配合起重机或叉车使用,适用于装运大宗散状、粉粒状物料。集装袋的特点是结构简单、自重轻、可以折叠、回空所占空间小、价格低廉,形状主要有圆桶型、方型、圆锥形、折叠型等,常见款式如图 9-29 所示,一般由橡胶、塑料、帆布等材料制成。充填载重可达 0.5～3 t,容积一般有500～2000 m^3。方体与圆体集装袋的整体结构如图 9-30 所示。

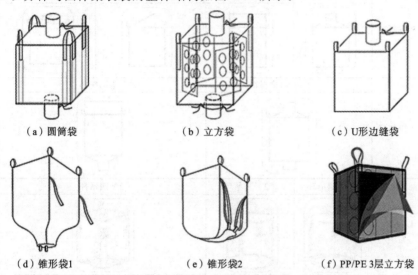

(a) 圆筒袋　　　(b) 立方袋　　　(c) U形边缝袋

(d) 锥形袋1　　　(e) 锥形袋2　　　(f) PP/PE 3层立方袋

图 9-29　常见的集装袋款式

9.4.3　巷道式堆垛机

巷道式堆垛机是随着立体仓库的出现而发展起来的专用起重机,在高层货架的巷道内穿梭运行,将位于巷道口的货物存入货格,或者取出货格内的货物运送到巷道口,其载重一般为几十千克到几吨,0.5 t 的使用最多。其行走速度一般为 80 m/min,提升速度一般为 20 m/min。有轨巷道式堆垛起重机通常简称为堆垛机,是由叉车、桥式堆垛机演变而来的。桥式堆垛机由于桥架笨重,运行速度受限,仅适用于出/入库频率不高或存放长形原材料和笨重货物的仓库,优点在于可以方便地为多个巷道服务。

巷道式堆垛机按照结构形式分为单立柱和双立柱两种;按照在巷道中的布置形式分为直道型(一巷道一台)、转弯型(两巷道共用一台)和转轨型(三巷道以上共用一台)三种。巷道式堆垛机通常由机架、运行机构、提升机构、载货台及存取机构、电气设备、安全保护装置组成,如图 9-31 所示。

1. 机架

堆垛机的机架是由立柱、上横梁和下横梁组成的一个框架,整机结构高而窄。机架分成单立柱和双立柱两种。单立柱包括一根立柱和一根下横梁,特点是重量轻,制造工时和材料消耗少,结构紧凑且外形美观,刚性稍差;双立柱包括一根立柱及上、下横梁,特点是强度和刚性好,适用于起重量较大或起升高度比较高的场合。

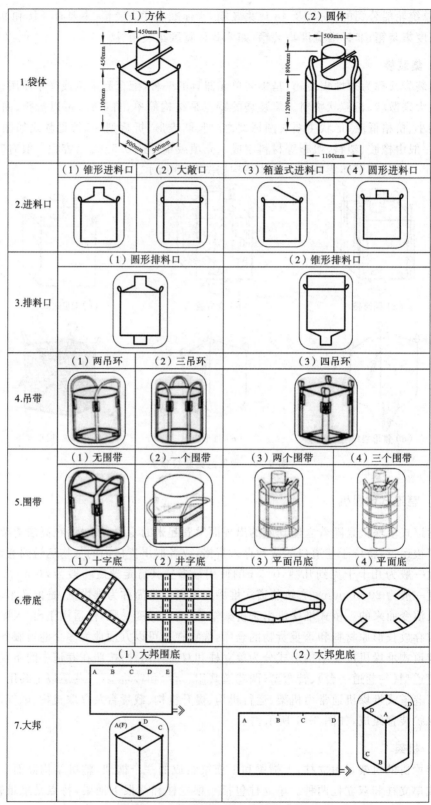

图 9-30 方体与圆体集装袋整体结构图

注：用户可以根据需要选择所需求产品部件，进而组合成所需求的产品。

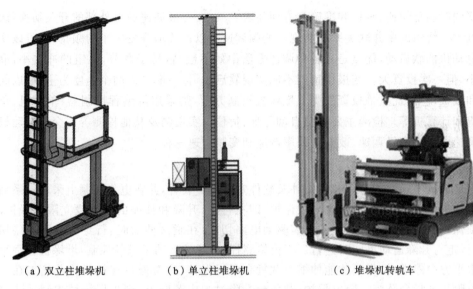

(a) 双立柱堆垛机　　　(b) 单立柱堆垛机　　　(c) 堆垛机转轨车

图 9-31　常见的巷道堆垛机

2. 运行机构

在堆垛机的下横梁上装有运行驱动机构和在轨道地轨上运行的车轮,按照运行机构所在的位置不同分为地面驱动式、顶部驱动式和中部驱动式三种。地面驱动式的使用最广泛,地面轨道一般有两个或四个承重轮运行,顶部天轨有两组水平轮导向,堆垛机可以走弯道,从一个巷道转移到另一个巷道去工作;顶部驱动式堆垛机又可以分为支承式和悬挂式两种,支承式堆垛机支承在天轨上运行,堆垛机底部有两组水平导向轮,悬挂式堆垛机则悬挂在位于巷道上方的支承梁上运行。

3. 提升机构

提升机构由电动机、制动机、减速机(一般的齿轮、蜗轮蜗杆、行星齿轮)、卷筒或链轮及柔性件(钢丝绳、起重链)组成。卷扬机通过钢丝绳牵引载荷台作升降运动,由于需要较大减速比,除了一般齿轮减速机外,也常用到蜗轮蜗杆减速机和行星齿轮减速机。也常使用带制动器的电动机,以使结构紧凑。提升工作速度一般为 $12\sim 30$ m/min,最大可达到 48 m/min。无论用多大的工作速度,提升机构都有低速挡,用于平稳停准和取放货物的"微升降"作业。在堆垛机的起重、行走和伸叉三种驱动中,起重的功率最大。

4. 载货台及存取机构

载货台是货物单元的承载装置,对于只需要从货格拣选一部分货物的拣选式堆垛机不需要存取货装置,只在载货台上放置盛货容器。存取货机构是堆垛机的特殊工作机构,取货部分必须根据货物外形特点设计,通常是一种伸缩货叉,也可以是一块可伸缩的取货板或别的结构形式。伸叉机构装在载货台上,载货台在辊轮的支撑下沿立柱上的导轨作垂直方向的运动(起重),垂直于起重-行走平面的方向为伸叉的方向。堆垛机的操作平台设在底座上,工人可进行手动或半自动操作。

5. 电气设备

电气设备主要包括电力拖动、控制、检测和安全保护等设备。在电力拖动方面,常用交流变频调速、交流变极调速和晶闸管直流调速,涡流调速已经较少应用,电力拖动时要同时满足快速、平稳和准确三方面要求。其中,变极调速通过外部的开关切换,改变电动机绕组的串并联关系来实现。变频调速可以连续地改变定子的频率,也可以实现电动机的软启动,优点是在各种调速方法中效率最高,易于调节,机组的冲击小,磨损小,但一次投资大。变极调速则不能实现软启动,且一般是以两个速度为主,辅以阀门和挡板调节,优点是投资较少。堆垛机控制方面,则采用可编程控制器、单片机、单板机和计算机等。检测主要包括自动寻址、货位虚实检测及其他检测等。交流电动机的调速方法有变极调速、改变转差率调速和变频调速三种。

6. 安全保护装置

堆垛机必须配备有完善的硬件及软件安全保护装置,并在电气控制上采取一系列连锁保护措施,主要包括终端限位保护,即在行走、升降和伸缩的终端设立限位保护。连锁保护:行走与升降时,货叉伸缩驱动电路切断,在货叉伸缩时,行走与升降电路切断,行走与升降运动可同时进行。正位检测控制:货叉运动是条件控制,堆垛机在垂直和水平方向停准时,货叉才能伸缩。载货台断绳保护:弹簧通过连杆机构凸轮卡在导轨上阻止载货台坠落。断电保护:载货台升降过程中若断电,则采用机械式制动装置使载货台停止不致坠落。

9.4.4 高架叉车

高架叉车也称为无轨巷道堆垛机或三向堆垛叉车,即叉车向运行方向两侧进行堆垛作业时,车体无需作直角转向,而使前部的门架或货叉作直角转向及侧移。这样,作业通道就可大大减少,提高了面积利用率;其起升高度比普通叉车的要高,但比堆垛机的高度低得多,通常在 6 m 左右,最大可达 13 m,提高了空间利用率;机动性能好,可以在巷道外作业,也可同时服务于多个巷道,更能在仓库外作为一般叉车使用;控制方式分为有人操作(手动控制、半自动控制)和无人操作(自动控制、远距离集中控制);通常采用蓄电池作为电源,可自由运行,但需要经常充电。

高架叉车分为托盘单元型和拣选型两种。托盘单元型高架叉车是由货叉进行托盘货物的堆垛作业,根据作业时司机室的位置,分为司机室地面固定型(起升高度较低,因而视线较差)、司机室随作业货叉升降型(起升高度较高、视线好)。拣选型高架叉车无货叉作业机构,司机室和作业平台一起升降,由司机向两侧高层货架内的物料进行拣选作业。

9.4.5 桥式堆垛机

桥式堆垛机是桥式起重机和叉车的结合物,既具有桥式起重机能跨越地面障碍物,堆垛高度比较高的优点,又有叉车取货、卸货灵活,不用人工挂钩,还可以更换多种工作器具的特点。桥式堆垛机由桥架、大车运行机构、小车和电器设备等组成,既可用于立体仓库的存取作业,又适用于无货架堆垛。司机室顶端装有安全保护装置,防止司机室下坠。

桥式堆垛机与叉车、巷道堆垛机相比有以下特点。

(1) 堆垛高度比叉车的高,比巷道堆垛机的低。

(2) 占用巷道宽度比叉车的小,比巷道堆垛机的大。

(3) 能同时服务于若干个巷道,机动性比巷道堆垛机的好,但不如叉车灵活,不能开出仓库作业。

(4) 既能用于高架存储,又能实现无货架堆垛,并能跨越货垛。
(5) 在仓库顶棚与货架之间需要较大净空,桥架才能顺利通行。
(6) 生产率低,不易实现自动化。
(7) 适合重物、长大件物料进行高堆垛。

9.4.6 托盘码垛机器人

托盘码垛机器人是指能将不同外形尺寸的包装货物,整齐、自动地码(或拆)在托盘上的机器人。为充分利用托盘的面积和码垛物料的稳定性,机器人具有物料码垛顺序、排列设定器。托盘码垛机器人根据码垛机构的不同,分为多关节型和直角坐标型;根据抓具形式的不同,分为侧夹型、底拖型和真空吸盘型;根据能否移动,分为固定型和移动型。

9.4.7 搬运设备

1. 搬运设备的概念及形式

搬运设备是自动化立体仓库中的重要设备,它们一般是由电力来驱动的,通过自动或手动控制,实现把货物从一处搬到另一处。设备形式可以是单轨的、双轨的、地面的、空中的、一维运行、二维运行、三维运行等多种。

2. 搬运设备类型

1) 叉车

叉车按构造可分为平衡重式、插腿式、前移式和侧面叉式等四种。其中,平衡重式叉车应用最广泛,其工作装置位于叉车的前端,货物载于前端的货叉上,为了平衡前端货物的重量,需要在叉车的后部装有平衡重。插腿式叉车的前方装有带小轮子的支腿。前移式叉车装有两条前伸的支腿,不能与货叉一起伸入货物底部,货叉可以沿叉车纵向前后移动。侧面叉式叉车的门架和货叉装在车体的侧面。叉车按用途分为通用和专用两种,如堆垛式、集装箱、托盘;按动力可分为电动和内燃机两种,汽油内燃机适用于 2 t 以下的叉车,柴油内燃机适用于 2 t 以上的叉车。

2) 低位拣选叉车

低位拣选叉车的操作者可乘立在上下车便利的平台上,驾驶和上下车拣选物料。低位拣选叉车适于车间内各个工序间加工部件的搬运,减轻操作者搬运、拣选作业的强度。一般乘立平台离地高度仅为 200 mm 左右,支撑脚轮直径较小,仅适用于车间平坦路面上行驶。

3) 托盘搬运车

托盘搬运车是搬运托盘为主的专用设备,根据驱动方式的不同,分为手动和电动两种。

电动托盘搬运车有外伸在车体前方的、带脚轮的支腿来保持车体的稳定,货叉位于支腿的正上方,并可以作微起升,是托盘货物离地进行搬运作业的电动插腿式叉车。根据实际运行操作的不同,电动托盘搬运车可分为步行式、踏板驾驶式和侧座式。

手动托盘搬运车在使用时,将其承载的货叉插入托盘孔内,由人力驱动液压系统来实现托盘货物的起升和下降,并由人力拉动完成搬运作业。它是托盘运输中最简便、有效、常见的装卸搬运工具。

4) 自动导引搬运车（AGV小车）

自动导引搬运车是指装备有电磁或光学等自动导引装置，能够沿规定的导引路径行驶，具有安全保护及各种移载功能的运输车，工业应用中不需驾驶员，以可充电的蓄电池作为其动力来源。AGV控制系统分为地面（上位）控制系统、车载（单机）控制系统及导航/导引系统。地面控制系统指AGV系统的固定设备，主要负责任务分配、车辆调度、路径（线）管理、交通管理和自动充电等功能；车载控制系统在收到上位系统的指令后，负责AGV的导航计算、导引实现、车辆行走、装卸操作等功能；导航/导引系统为AGV单机提供系统绝对或相对位置及航向。

AGV以轮式移动为特征，较之步行、爬行或其他非轮式的移动机器人具有行动快捷、工作效率高、结构简单、可控性强、安全性好等优势。与物料输送中其他常用设备相比，AGV活动区域无需铺设轨道、支座架等固定装置，不受场地、道路和空间限制。因此，在自动化物流系统中，最能充分地体现其自动性和柔性，实现高效、经济、灵活的无人化生产。

AGV由车体、蓄电和充电系统、驱动装置、转向装置、精确停车装置、车上控制器、通信装置、信息采集子系统、超声探障保护子系统、移载装置和车体方位计算子系统等11个系统组成。AGV根据导引方式的不同分为固定和自由路径导引两种，其中固定路径导引包括电磁导引、光学导引和磁带（磁气）导引；自由路径导引包括行驶路径轨迹推算导向法导引、激光导引和惯性导引等。

9.4.8 输送机

输送机是指按照规定路线连续或间歇地运送物料的搬运机械，可进行水平、倾斜和垂直输送，也可组成空间输送线路，输送线路一般是固定的。其输送能力大，运距长，还可在输送过程中同时完成若干工艺操作。由两个以上输送机及其附件组成，完成物料的搬运、装卸和分拣的系统称为输送机系统。

1. 输送机发展史

中国古代的高转筒车和提水的翻车，是现代斗式提升机和刮板输送机的雏形。17世纪中叶，开始应用架空索道输送散状物料。19世纪中叶，各种现代结构的输送机相继出现。1868年，英国出现了带式输送机。1887年，美国出现了螺旋输送机。1905年，瑞士出现了钢带式输送机。1906年，英国和德国出现了惯性输送机。此后，输送机受到机械制造、电机、化工和冶金工业技术进步的影响，不断完善，逐步由完成车间内部的输送，发展到完成在企业内部、企业之间甚至城市之间的物料搬运，成为物料搬运系统机械化和自动化不可缺少的组成部分。

2. 输送机的分类

1) 按有无牵引件分类

输送机按有无牵引件分成具有牵引件的输送机和没有牵引件的输送机两大类。

具有牵引件的输送机包括牵引件、承载构件、驱动装置、张紧装置、改向装置和支承件等。其中，牵引件用以传递牵引力，可采用输送带、牵引链或钢丝绳；承载构件用以承放物料，有料斗、托架或吊具等；驱动装置给输送机以动力，一般由电动机、减速器和制动器（停止器）等组成；张紧装置一般有螺杆式和重锤式两种，可使牵引件保持一定的张力和垂度,以保证输送机正常运转;支承件用以承托牵引件或承载构件,可采用托辊、滚轮等。

被运送物料装在与牵引件连接在一起的承载构件内,或直接装在牵引件(如输送带)上,牵引件绕过各滚筒或链轮首尾相连,形成包括运送物料的有载分支和不运送物料的无载分支的闭合环路,利用牵引件的连续运动输送物料。其主要类型有带式输送机、板式输送机、小车式输送机、自动扶梯、自动人行道、刮板输送机、埋刮板输送机、斗式输送机、斗式提升机、悬挂输送机和架空索道等,如图 9-32 所示。

图 9-32　几种常见的有牵引件的输送机

板式输送机:由链条牵引一系列小车在水平的环形闭合线路上低速运行,以输送成件物品。在这种输送机上还可进行各种工艺操作。

小车式输送机:各个分支都可作为工作分支,灵活地布置各项工艺操作。这种输送机尤其适宜于输送特殊形状或灼热物件,广泛用在机械、冶金等工业企业中,借以组成机械化或自动化的流水生产线。例如,铸造过程中的造型、浇铸、冷却、落砂和砂箱运输等工序都可在同一台小车式输送机的不同区段上进行。小车式输送机一般由小车、牵引链、导轨系统、驱动装置和张紧装置组成。不同结构的小车,适应不同的物件形状和各种工艺要求。小车式输送机的运行速度一般为 3～6 m/min,有的小车式输送机还可根据需要变速。

埋刮板输送机:一种在封闭的巨形断面壳体内,借助于运动着的刮板链条来输送散状物料的连续运输设备;由于在输送物料时,刮板链条全部埋在物料之中,故称为埋刮板输送机。该机结构简单、密封性好、安装维修方便、工艺布置灵活;它不但能水平输送,也能倾斜或垂直输送;既可单机使用,也可多台联合使用;既能多点加料,也能多点卸料。由于壳体封闭,因此在输送大的、有毒、易爆、高温物料时,可以显著地改善工人的工作环境和防治环境污染。

没有牵引件的输送机的结构组成各不相同,用来输送物料的工作构件也不相同,具有利用工作构件的旋转运动或往复运动,或利用介质在管道中的流动使物料向前输送的结构特点。例如,辊子输送机的工作构件为一系列辊子,辊子做旋转运动以输送物料;螺旋输送机的工作构件为螺旋,螺旋在料槽中做旋转运动以沿料槽推送物料;振动输送机的工作构件为料槽,料槽作往复运动以输送置于其中的物料等,如图 9-33 所示。

辊子输送机可沿水平或曲线路径进行输送,其结构简单,安装、使用、维护方便,对

图 9-33　几种常见的无牵引件的输送机

不规则的物品可放在托盘或托板上进行输送。按照驱动方式不同,辊子输送机可以分为无动力辊子输送机和动力辊子输送机,其中动力辊子输送机又分为链传动辊子输送机和摩擦传动辊子输送机。按照无动力辊子输送机的曲线段形式不同,辊子输送机可以分为柱形辊子式、锥形辊子式、差速辊子式、短辊子差速式等。按照转撤装置的形式不同,辊子输送机可以分为岔道分流、平面分流、小车转撤、直角转撤、回转台转撤、辊子输送机升降装置转撤等。

2) 按驱动方式分类

输送机按照驱动方式的不同,可以分为重力输送机和动力输送机。

重力输送机可以分为重力式滚轮输送机、重力式滚筒输送机和重力式滚柱输送机三种。重力式滚轮输送机的主要特点是重量轻、容易搬动、装卸方便,对于表面较软的物品,有较好的输送性,不宜使用于底部有挖空的容器。重力式滚筒输送机以滚筒代替滚轮,其应用范围远远大于滚轮式输送机。一般不适合滚轮输送机的负载,如塑料篮子、桶形物等均适合于滚筒式输送机。重力式滚柱输送机以滚柱代替滚轮,结构简单,一般用于无动力驱动,适用于成件包装货物或整底面物料的短距离搬运。

动力输送机可分为链条式输送机和动力滚筒式输送机两种。链式输送机是利用链条牵引、承载,或由链条上安装的板条、金属网、辊道等承载物料的输送机。根据链条上安装的承载面不同,可以分为链条式、链板式、链网式、板条式、链斗式、托盘式和台车式。此外,链条式输送机也常与其他输送机、升降装置等组成各种功能的生产线。动力滚筒式输送机常用于储积、分支、合流较重负载的情况,也广泛应用于油污、潮湿、高温和低温环境,主要包括平带驱动滚筒式输送机、V带驱动滚筒输送机、连套驱动滚筒输送机、齿形驱动滚筒输送机、锥齿轮驱动输送机、电动滚筒、圆带驱动滚筒输送机等。

3) 按空间运输方式分类

为了节省占地面积,缩短输送距离,提高存储空间和使用面积,现代自动化立体仓库大多采用多层式建筑。为了在各楼层之间自动地输送物品,就必须利用立体输送机。根据空间运输方式的不同,立体输送机可以分为空中移载台车、螺旋滑槽式垂直输送机、垂直升降输送机、托盘式垂直输送机、悬挂式输送机和单轨(小车)输送机等六种。

空中移载台车悬挂在空中导轨上,按照指令在导轨上运动或停止,在运动过程中,货台装置是通过卷扬机和升降带被提到最高位置,并与车体合为一体。当运动到指定位置时,升降带伸长,货台下降,进行卸货或装货。其优点是快速、准确、安全、所占空间较小。

　　螺旋滑槽式垂直输送机是利用重力及螺旋倾斜滑槽,使物品自上而下平稳滑下。由于无驱动装置,只能向下而不能向上输送物品。其具有如下特点:滑槽轨道速度缓和,不损伤物品;可连续输送料箱,当料箱很多时,可存于槽内;无驱动装置,噪声小;结构简单,成本低,维修费用少。

　　垂直升降输送机能连续地垂直输送物料,使不同高度上的连续输送机保持不间断的物料输送,是把不同楼层间的输送机系统连接成一个更大的、连续的输送机系统的重要设备。

　　托盘式垂直输送机能连续输送,效率较高。

　　悬挂式输送机属于链条牵引式的连续输送机,是规模较大的工厂综合机械化输送设备,它广泛地应用于大量或成批生产的工厂,作为车间之间和车间内部的机械化、自动化连续输送设备,在汽车、家电、服装、邮政等行业得到了广泛应用。

　　单轨(小车)输送机是在特定的空中轨道上运行的电动小车,可组成一个承载的、全自动物料搬运系统,广泛应用于汽车制造、邮电行业,工厂企业的装配线、检测线等,具有以下特点。

　　(1) 系统中的各个小车独立驱动。

　　(2) 由轨道、平移道岔、转盘、升降机等组成,形成立体输送网络。

　　(3) 可采用集中控制、分散控制或离散控制等多种控制方式,小车按设定程序实行全自动作业。

　　(4) 是一种随机物料供应系统。

　　(5) 小车根据乘载货物的不同种类,携带不同特征地址码,可实现自动分拣和配送作业。

9.5　自动化立体仓库的设计

9.5.1　设计的准备工作

　　自动化立体仓库设计的准备工作主要是指系统调查及需求分析。

　　(1) 立体仓库是企业物流系统的子系统,必须了解企业整个物流系统对子系统的要求和物流系统总体设计的布置图,以便对仓储子系统进行总体设计。要调查过去进、出库房或料场物品的种类、数量及规律,以便预测未来,进行仓库容量的计算和分析。

　　(2) 立体仓库是机械、结构、电气、土建等多专业的工程,这些专业在立体仓库的总体设计中互相交叉,互相制约。因此,设计时必须对各专业都要兼顾。例如,机械的运动精度要根据结构制作精度和土建的沉降精度来选定。

　　(3) 要了解企业对仓储系统的投资、人员配置等计划,以确定仓储系统的规模和机械化、自动化的程度。

　　(4) 调查库内存储货物的品名、特征(如易碎、怕光、怕潮等)、外形及尺寸、单件重量、平均库存量、最大库存量、每日进出库数量、入库和出库频率等。

　　(5) 了解建库现场条件,包括气象、地形、地质条件、地面承载能力、风及雪载荷、地震情况及其他环境影响。

(6) 调查与仓储系统有关的其他条件。例如,入库货物的来源,连接库场的交通情况,进、出库门的数目,包装形式,搬运方法,出库货物的去向和运输工具等。

9.5.2 自动化立体仓库的总体规划

自动化立体仓库的总体规划包括以下几个步骤。

1. 库场的选择与规划

仓库和料场的选择和布置对仓储系统的基建投资、物流费用、生产管理、劳动条件、环境保护等都有着重要意义,这是首先要考虑的。

其主要任务是确定库场各部分的相互几何位置关系,可使用 Microsoft office Visio 等工具,画出平面布置图,操作过程如图 9-34 和图 9-35 所示。

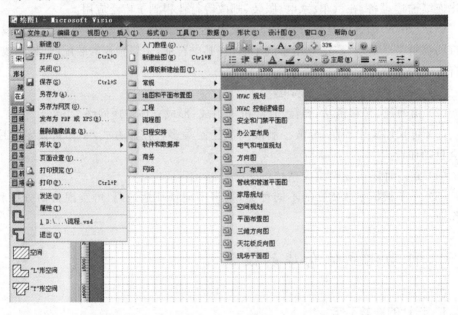

图 9-34　进入 Microsoft office Visio 绘制工厂布局

2. 确定仓库形式和作业方式

在调查分析入库货物品种的基础上,确定仓库形式,需要遵循的一般原则如下。

(1) 品种单一或品种较少:单元货格式仓库。

(2) 批量较大:重力式货架仓库或贯通式仓库。

(3) 特殊要求的货物:冷藏、防潮、恒温仓库。

(4) 根据出库工艺要求决定是否采用拣选作业:整单元出库为主或零星货物出库为主。

(5) 尽量少采用单作业方式(即单入库或单出库),多采用复合作业方式(即迂回或回程也进行搬运作业)。

(6) 尽量采用一次搬运两个货物单元的作业方式:堆垛机货台上设两副货叉,可以分别伸缩;或把货架设计成两个货物单元的深度,堆垛机货台也相应增宽一倍,货叉增长一倍,伸出一半或全部,来叉取一个或两个货物单元。

(7) 采用"自由货位"的方式:货物可就近入库,特别是进出频繁的货物或很大、很

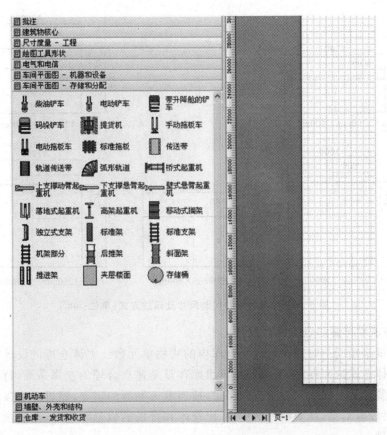

图 9-35　Microsoft office Visio 绘制工厂布局主界面

重的货物,应尽可能接近到货和发货地点,缩短进、出库时间,节省搬运费用。

确定仓库形式和作业方式后,需要综合考虑仓库规模、货物品种、出入库频率等,为系统选择最合适的机械设备,并确定其主要参数。例如,根据出入库频率确定各个机械的工作速度;对于起重、装卸和堆垛等机械设备,根据货物单元的重量选定起重量;对于输送机,则根据货物单元尺寸选择输送机的宽度,并恰当地选定输送机速度。

3. 货物单元的形式和货格尺寸设计

立体仓库是以单元化搬运为前提的,货物单元形式、尺寸和重量的确定不仅影响仓库的投资,而且对于整个物流和仓储系统的配备、设施及有关因素都有极大的影响,直接关系到仓库的面积和空间利用率,也关系到仓库能否顺利地存取货物。

抓住所有入库货物流通中的关键环节,根据调查和统计结果,列出所有可能的货物单元形式和规格,选择最为经济合理的方案。

(1) 对于少数形状和尺寸比较特殊及很重的货物,可以单独处理。

(2) 货物单元尽量采用标准推荐的尺寸,以便于与其他物料搬运和运输机具相匹配。

(3) 货格尺寸取决于在货物单元四周需留出的净空尺寸和货架构件的尺寸。

标准推荐的货物单元的长、宽尺寸为:1200 mm×800 mm,1200 mm×1000 mm。推荐的货物包装尺寸及码放方式如图 9-36 所示。

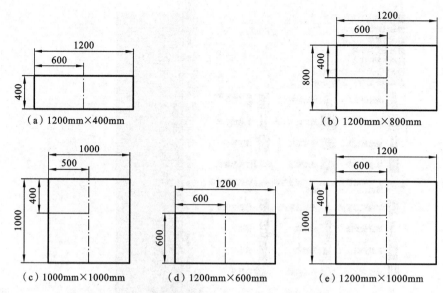

图 9-36 推荐的货物包装尺寸及码放方式(单位:mm)

4. 确定库存量和仓库总体尺寸

库存量是指同一时间内存储在仓库内的货物单元数。立体仓库的设计规模主要取决于立体仓库的库存量,了解和推算出库存量是建立合理的仓库系统,特别是立体仓库的重要参数。如果已经给出库存量,适当考虑发展的需要,就可以直接应用这个参数;如果没有给出,就要根据历史进、出仓库和货场的数量和规律,通过预测技术来确定库容量。

仓库内存储和搬运机械的数量取决于仓库的最大出入库频率(一般以每小时出库和入库的货物单元数计算)。用库存量除最大出入库频率就可以初步确定需要多少搬运机械。在单元货格式仓库内,一般每个巷道安装一台起重机,起重机台数也就是巷道数。

但如果仓库存储量比较大,而要求的出入库频率并不高,则按上述方法确定的起重机台数和货架巷道数比较少,使得每个巷道所拥有的货位数太大,因而货架的高度和长度偏大,造成经济上的不合理。一般认为,一个巷道的货位数以 1500~2000 个为宜;有 3 个以上巷道的仓库,可以采用能走弯道的堆垛机从一个巷道转移到另一巷道工作;或者在仓库巷道的一端设转移台车,按需要将堆垛起重机从一个巷道转入另一巷道工作。在确定了巷道之后,大体上立体仓库的总体宽度就可以确定了。

巷道的宽度应保证搬运机械能安全地在巷道内高速穿行。一般地,巷道宽度为搬运机械总宽度加 150~400 mm,无轨搬运机械取大值。

仓库高度不宜设计得过高,以 10~20 m 为宜,长、宽、高之间没有确定的比例关系。设库存量为 N 个货物单元,巷道数为 A,货架高度方向可设 B 层,则每一排货架在水平方向应具有的列数 D 为

$$D = N/2AB$$

根据每排货架的列数 D 及货格横向尺寸,就可确定货架总长度 L。

已知货架总长度 L,又知仓库的宽度和高度,再根据实际需要,考虑办公室、操纵控制室、搬运机械的转弯及其他辅助设施等,就可以确定仓库的总体尺寸了。

在确定仓库总体尺寸和货架结构尺寸的同时,还要参照国内外仓库和仓储机械设计标准,遵照执行。

5. 出入库搬运周期及出入库能力验算

立体仓库的出入库搬运周期主要取决于巷道堆垛起重机的作业循环时间。

堆垛机的出入库搬运分为单一作业和复合作业两种。从原始位置出发,到指定货位完成一次取货或存货后,重新回到原始位置待命,为一个单一作业循环;从原始位置出发,到某货位完成一次存货之后又到另一货位取货,然后返回到原始位置,为一个复合作业循环。

为了提高出入库效率,在有条件的场合,可以采用一次搬运两个货物单元的作业方式,如图 9-37 所示。

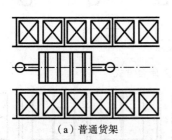 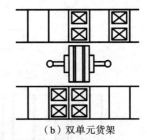

(a) 普通货架　　　　　　　　(b) 双单元货架

图 9-37　一次搬运两个货物单元的作业方式

6. 自动化立体仓库的布置

1) 高层货架区与作业区之间的衔接方式

无轨的高架叉车、堆垛机(巷道式、桥式、拣选式等)可以与其他搬运机械配套衔接,也可以直接从库外到高层货架存取,往往直接存取应用较多,这样不用中间倒运,灵活方便,一机多用,特别适于拣选作业,但对于很高的货架和大而重的货物搬运则很少应用。

对于采用巷道式堆垛机的仓库,巷道式堆垛机只能在高架货区的巷道内运行,所以仓库里还需要各种搬运设备与之配套作业。

对于桥式堆垛机,如果仓库宽度太宽,不适合安装标准主梁时,工作范围就不能覆盖整个仓库,也需要用各种搬运设备与之配套作业。

大体上说,高层货架区与作业区之间可以有以下 4 种衔接方式。

(1) 叉车-出入库台方式:采用这种方式时,在高层货架的端部设立入库台和出库台。入库时,用叉车将货物单元从入库作业区运到入库台,由高架区内的堆垛机取走送入货格。出库时,由堆垛机从货格内取出货物单元,放到出库台上,由叉车取走,送到出库作业区,如图 9-38 所示。

(2) 自动导引小车-出入库台方式:这种方式与前一种方式相似,只是用自动小车代替了叉车,如图 9-39 所示。

(3) 自动导引小车-输送机方式,如图 9-40 所示。

(4) 叉车(或升降机)-连续输送机方式:对于出入库频率高,或要求每天按品种、数量和时间有计划地发货的仓库,需要采用连续输送机实现连续的出入库。此方式中的间隙作业机械,将与连续输送机之间有协调工作节拍的问题。所以,必须使连续输

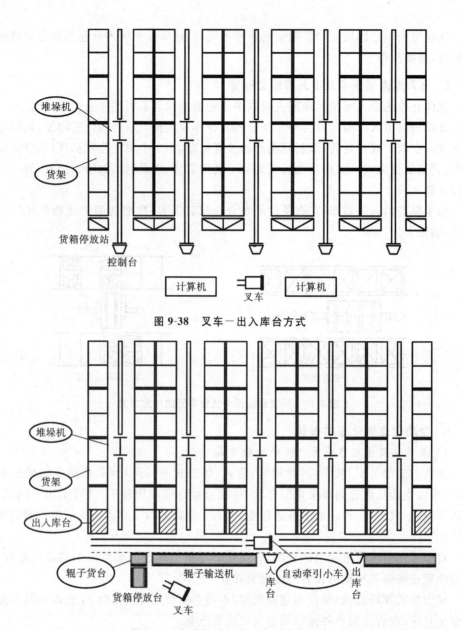

图 9-38　叉车－出入库台方式

图 9-39　自动导引小车－出入库台方式

送机具有积放的功能,即连续输送机上可积聚一定的货物数量,并按前方的需要一件件放行。它们在与起重机、叉车和升降机衔接的地方及沿线各段都有一定的积存货位。

2) 货物单元出入高层货架的形式

货物单元出入高层货架的形式通常包括贯通式、同端出入式、旁流式三种形式。

(1) 贯通式:货物从巷道的一端入库,从另一端出库。总体布置较简单,便于管理操作和维护保养,适合自动化仓库周围较开阔的场地。但要完成每一个货物单元的入库和出库全过程,需要堆垛机穿过整个巷道,如图 9-41 所示。

(2) 同端出入式:货物入库和出库在巷道的同一端,如图 9-42 所示。

同端出入式可以就近入库和出库,缩短出入库周期,提高搬运效率。仓库存货不

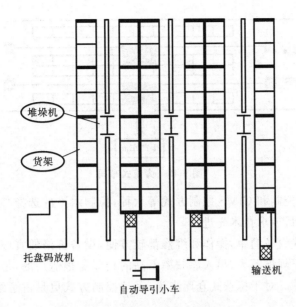

图 9-40 自动导引小车－输送机方式

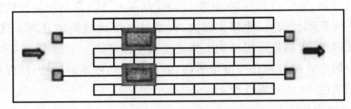

图 9-41 贯通式布局

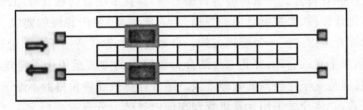

图 9-42 同端出入式布局

满且采用自由货位存储时,可以挑选距离入库、出库口较近的货位存放货物,缩短搬运路程,提高出入库效率。入库作业区和出库作业区可以合在一起,便于集中管理。

其缺点是,对于用连续输送机与巷道式堆垛机衔接的方式,如果将出入库布置在货架同一端,则必须使输送机能正反转(这会影响整个系统的工作效率),或者将出库台和入库台分别布置在上、下两个高程上,并增设提升机,这就使系统显得复杂。

(3) 旁流式:货物从仓库的一端(或侧面)入库,从侧面(或一端)出库,将货架中间分开,设立通道,同侧门相通,如图 9-43 所示。这种方式减少了货格即减少了库存量,但至少有 4 个门可同时组织两条路线搬运,提高了搬运效率,方便了不同方向的出入库,适合于仓库周边场地比较狭小的情况。

7. 自动化立体仓库的控制方式和管理方式

1) 选择控制方式

堆垛起重机的控制方式一般可分为手动控制、半自动控制、单机自动控制、集中自

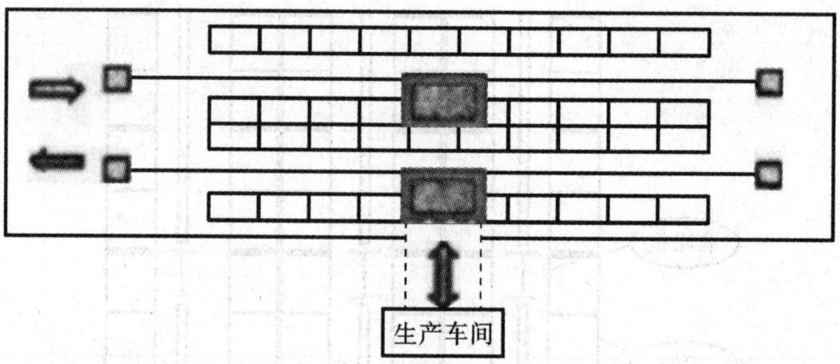

图 9-43　旁流式布局

动控制、联机自动控制和 CIMS 控制方式等六种,控制水平的选择必须从仓库的实际需要出发,不能盲目追求技术先进。

手动控制方式设备简单,操作和维修都较方便,设备价格便宜,对土建、货架的要求也较低。它对于规模不大、出入库频率不高的仓库是很适用的,是目前立体仓库中使用最广泛的一种。对于拣选式仓库来说,手动控制方式更是占了绝大多数,在国内外都是如此。

单机自动控制、集中自动控制、联机自动控制和 CIMS 控制均是自动控制方式,它们适用于出入库频率比较高、规模比较大,特别是高度比较高的仓库。这种方式可以减轻工人劳动强度,提高堆垛机械的工作速度和生产率。

半自动控制方式的自动化程度虽不高,但具有自动停准的功能,所以经济实用,适应于出入库较大的中、小规模仓库。

2) 选择管理方式

立体仓库的管理方式一般可分为台账管理、穿孔卡结合台账管理和计算机管理三种。在总体设计阶段,要根据仓库的规模、出入库频率、生产管理的要求、仓库自动化水平等因素综合考虑选定一种管理方式。台账管理的方式适用于库存量较小、品种不多、出入库频率不高的仓库;穿孔卡片结合台账管理的方式适用于一定规模的立体仓库;计算机管理是效率比较高的管理方式。随着计算机硬件价格的不断下降和管理软件的丰富完善,立体仓库采用计算机管理在国内外已十分普遍。

9.5.3　自动化立体仓库计算

本节的主要内容是对已有的自动化立体仓库面积、通过能力和配备人员、机械设备进行计算。

1. 立体仓库面积的计算

(1) 方法一:

$$S = m_Q / qa$$

式中:S 为立体仓库所需总面积,m^3;a 为立体库面积利用率,即堆货面积与总面积之比;m_Q 为立体仓库货物的堆存量,t;q 为立体仓库单位面积上的货物堆存量,t/m^3。

其中,m_Q 的计算公式为

$$m_Q = \frac{EK}{30} t$$

式中:E 为通过立体仓库的月最大货物存取量,t;K 为设计最大入库百分数;30 为每月按 30 天计;t 为货物在立体库中平均库存期(天),根据统计的各种货物历年平均库存周期分析确定。

q 的计算公式为

$$q = rH$$

式中:H 为货物的堆放高度,按照装卸工艺要求确定,m;r 为立体库单位体积上的货物堆存量,t/m^3。

(2) 方法二:

$$S = f_1 + f_2 + f_3 + f_4, \quad f_1 = \frac{m_Q}{q}$$

式中:f_1 为存放货物有效存放面积,m^2;f_2 为入库验收场地面积,根据货物的种类、验收和发货的具体要求及设施确定,m^2;f_3 为出库发货场地面积,根据货物的种类、验收和发货的具体要求及设施确定,m^2;f_4 为通道(人行道、车行道)面积,根据仓库的布置确定,取决于货物和运输工具的外形尺寸,m^2。

2. 立体仓库通过能力计算

$$p = \frac{30Sqa}{tb}$$

式中:p 为通过能力;S 为立体仓库面积,m^2;q 为立体仓库单位面积上的货物堆存量,t/m^3;a 为立体仓库面积利用率;t 为货物存放时间;b 为立体仓库货物的月不平衡系数,该系数与货运量、货源、运输工具的衔接、水文气象及生产管理因素有关,参照同类仓库正常情况下不少于连续三年的统计资料来分析确定,运量越大,不平衡系数越小。

其中,月不平衡系数 b 的计算公式为

$$b = \frac{最大月通过能力(吞吐量)}{月平均通过能力}$$

3. 堆垛机作业循环时间

(1) 平均单一作业循环时间:堆垛机从某一出入库站开始向所有货格进行入库作业循环(或出库作业循环)所需要的总时间除以货格数所得的时间。单货叉、单伸长式的堆垛机平均单一作业循环时间计算公式为

$$T_s = \frac{\sum_{j=1}^{m}\sum_{k=1}^{n} t_{jk} \times 2}{mn} + 2t_f + t_i$$

式中:j 为货架列数,$1 \sim m$;k 为货架层数,$1 \sim n$;t_{jk} 为单程移动时间,从该入库站开始到 j 列 k 层的单程移动时间,s;t_f 为叉货时间、在出入库站或货格处货物移动时间,s;t_i 为停机时间、控制延迟时间等,s。

(2) 平均复合作业时间:入库作业循环后进行出库作业循环时的作业循环时间,随机确定入库货格和出库货格,计算适当次数的货格间移动时间。把其平均值加在平均单一作业循环时间里,在入库站和出库站的位置不同时,还应该加上它们之间的移动时间。单货叉、单伸长式的堆垛机平均复合作业时间计算公式为

$$T_D = \frac{\sum_{j=1}^{m}\sum_{k=1}^{n} t_{jk} \times 2}{mn} + t_t + t_s + 4t_f + t_i$$

式中：t_t 为平均货格间移动时间，随机确定入库货格和出库货格，作适当次数的货格间移动求得所需时间的平均值（从入库货格到出库货格的时间），s；t_s 为出入库站间移动时间，入库站和出库站位置不同时的站间移动时间，s。

4. 堆垛机基准出入库能力

（1）平均单一作业循环时间的基准出入库能力计算公式为

$$N_D = \frac{3600}{T_D}$$

即单台堆垛机每小时可以完成的单一作业次数。

（2）平均复合作业循环时间的基准出入库能力计算公式为

$$N_D = \frac{3600}{T_D}$$

即单台堆垛机每小时可以完成的复合作业次数。单台堆垛机日进出货总数（出入库次数）为 $2N_D$。假设共有 n 台堆垛机，每天工作 t 小时，则所有堆垛机日进出货总数（出入库次数）为 $nt(2N_D)$。

5. 仓库机械及人员数量计算

一般情况下，立体仓库的装卸机械数量，应在同一调配原则下，根据物流工艺流程按下式计算，即

$$N = \sum_{i=1}^{k} \frac{E_i}{T_i \cdot 720 d}$$

式中：N 为装卸机械数量，台；E_i 为仓库为完成月最大吞吐量，要求各类机械分别完成的操作量，t；d 为机械利用率，为机械工作台时占日历台时的百分比，一班制取 0.15~0.20，两班制取 0.30~0.35，三班制取 0.40~0.50，电动机械取大值，内燃机机械取小值；k 为仓库内用于装卸存取的机械设备种类数；T_i 为第 i 种机械设备单位时间操作量，t/h。

对于自动化仓库随机物流（物流量不确定）问题，仓库系统的作业设计应根据实际情况研究物流系统属于哪种模型，采用排队论来计算自动化仓库所需设备数量。在求解过程中，着重经济分析，寻找物流系统的优化。一般情况下，为了提高服务水平，可增加立体仓库机械设备的数量和提高机械使用性能，以减少物料积压，降低排队费用。但是，自动化立体仓库的建设费用也会相应增加。最优化目标是使排队费用和建设费用两者之和最小。

9.6 自动化立体仓库管理与控制系统

自动化立体仓库管理与控制系统的任务是对仓库中的货物、货位等基本信息进行管理，优化仓库存储效率，管理货物的在库情况并控制仓库中的自动化设备，实现仓库中货物的自动出入库操作和存储操作。

9.6.1 自动化立体仓库管理与控制系统的主要功能

1. 库存管理

对库存货物进行管理，包括登录、统计、制订报表和计划以及提供各种咨询服务等

内容。将库存货物的实时信息,如货物品种、数量、单价、来源、入库时间、货位地址等数据进行存储,以供查询、分析、预测和报表制作。

2. 货位管理

计算机管理的自动化仓库一般采用"自由货位"储存法,即各种货物并没有固定的存放货位,任意货位都可以存放任意货物单元。货位管理的任务是根据事先制订的原则,为需要入库或出库的货物单元选定最佳货位地址。

货位管理是指对仓库存储物资的货位进行规划、分配、使用和调整。一般的货位管理原则包括以下几种。

(1) 分巷道存放原则:目的是提高仓库的可靠性,要求将同一种规格的货物尽量均匀分散在不同的巷道进行存放。这一原则可以使所有的堆垛机同时高速运行,同时防止某一台堆垛机损坏或某一巷道发生阻塞,而不能进行出入库操作,造成生产中断,物流阻塞。

(2) 就近原则:不同频率、重量的货物在立体仓库中的位置也是不相同的,按就近原则,入库时在相应的区域内寻找最靠近入口的空货位,出库时寻找时间最早又最靠近出口的货物,这样使出入库时间最短,达到提高效率的目的。

(3) 货架受力均匀原则:上轻下重,使货架受力稳定,分散存放。货物分散存放在仓库的不同位置,保证货架受力均匀,防止货架因受力不均匀而发生变形、倾覆。

(4) 先入先出原则:同种货物出库时,先入库者先出库,以加快物料周转,避免因物料长期积压产生锈蚀、变形、变质以及其他损坏。

(5) 货位分区原则:根据货物出入库频率和特性,将立体仓库划区,方便管理。

9.6.2 自动化立体仓库管理与控制系统的控制方式

自动化立体仓库管理与控制系统的控制方式主要分以下几种。

1. 手动控制

货物的搬运和存储作业由人工完成或人工操作机械完成,多在调试或事故处理状态使用。适用范围:拣选作业;中小规模、出入库频率不高的仓库;大中型仓库的备用控制方式。

2. 半自动控制

货物的搬运和存储作业一部分由人工完成。整个仓库作业活动可以通过可编程控制器或微型计算机控制。

堆垛机具有自动认址、自动换速、自动停准等其中的一项或多项功能,从而显著降低司机操作的疲劳程度,提高作业效率。适用范围:拣选作业;中小型仓库。

3. 单机半自动控制

堆垛机停在立体仓库巷道端部原位,由操作人员用机上设定器设定出入库作业方式和货位地址,起重机自动完成存取作业,并返回原址,输送机等周边设备由一个控制柜自动控制。

优点:不需要进行信息传输,系统比较简单。适用范围:堆垛机数量不多、出入库频率不高的仓库;集中或联机自动控制方式的备用控制方式。

4. 遥控

仓库内全部作业的机械控制集中到一个控制室内,控制室的操作人员通过计算机进行仓库作业活动的远距离控制,可分为实时控制和监视控制两级,在其间实行信息传输。仓库计算机管理系统与控制系统之间没有实时联系,是一种脱机自动控制系统。

适用范围:具有多台堆垛机和复杂的运输机系统的控制场合。

5. 全自动控制(联机自动控制)

全自动控制是指将仓库管理计算机和集中自动控制系统实时联机的控制方式。装运机械和存放作业通过各种控制装置自动进行操作,计算机对整个仓库的作业活动进行控制。操作员只需在管理计算机终端进行人机对话,即可实现全系统最佳自动运转,进行所需的出入库作业。特点:高速、优化、方便,属于现代高级控制方式。

硬件配置:分为管理(机)、监控(机)和实时控制(机)三级;对于规模较小、工艺较为简单的系统,管理和监控可以合二为一,直接与实时控制机通信。

6. 计算机集成制造系统(CIMS)控制

计算机集成制造系统(CIMS)控制是全企业 CIMS(生产物流系统)的一个子系统。仓库本身仍按照全自动控制方式运转,但其管理机与企业 CIMS 联网,实现信息资源共享。仓库可以由车间或企业的 CIMS 根据生产自动化系统的需要进行管理和控制。

适用范围:立体仓库的最高级控制;无人化工厂生产。

9.6.3 自动化立体仓库管理与控制系统的控制系统结构

自动化立体仓库管理与控制系统的控制系统结构主要有以下两种。

1. 集中控制

这种控制结构使用一台计算机进行集中管理,实时响应的工作和高效数据处理的工作利用分时技术隔开;缺点是结构复杂,适用性差。

2. 分布式控制

这种控制结构的全部系统功能不集中在一台或几台设备上,故而抗故障能力强,并且它采用分层控制,系统既可在高层次上运行,也可以在低层次下运行;适合于大规模控制的场合。分布式控制是目前国际发展的主要方向,大型立体仓库通常采用三级计算机分布式控制系统,分别由管理级、中间控制级和直接控制级组成,如图 9-44 所示。管理级对仓库进行在线和离线管理;中间控制级对通信、流程进行控制,并进行实时图像显示;直接控制级是由 PLC(可编程控制器)组成的控制系统,对各设备进行单机自动操作。

9.6.4 自动化立体仓库管理与控制系统的系统构成及功能

1. 仓库货物管理系统

仓库货物管理系统主要包括货位管理和终端出入库操作两个子系统,主要功能如下:

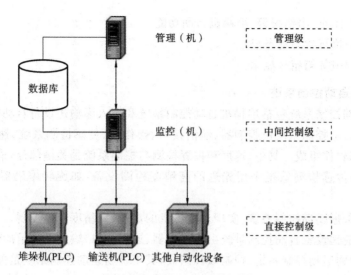

图 9-44 三级分布式控制系统结构图

(1) 物品超期、短缺数量统计和报警。
(2) 多功能数据查询和报表生成,数据备份和恢复。
(3) 联机作业(终端型作业)和脱机作业(批处理作业)。
(4) 单元、拣选出入库操作。
(5) 初始基本数据库管理。
(6) 接口模块。
(7) 仓库货位分配管理。
(8) 出错报警处理。
(9) 系统维护。

2. 仓库路由(调度)系统

仓库路由(调度)系统的主要作用是根据仓库的巷道堆垛机和出入库传输系统等设备的实际位置和运动轨迹及当前状态等信息,对仓库货物管理系统发送下来的所有任务进行链路路由的动态生成和实时跟踪管理及动态调度,以达到对传输设备的高利用率,以及实时避免并发任务的路由冲突。

系统以控制元方式配置整个物流控制过程。每个控制元由运行方向、占用状态、预约状态、类型、定时、坐标位置等属性构成,用于路由的动态生成。

3. 仓库实时监控系统

仓库实时监控系统实时监视整个立体仓库中各部分的运行情况,动态显示堆垛机和出入库传输设备及各货物的运行位置,显示所有任务的当前运行状态、出错报警情况,并能直接独立地控制仓库中所有设备的运行。其主要功能如下。

(1) 当前接收到的任务和正在执行的任务的统计。
(2) 各任务具体参数显示和动态编辑。
(3) 当前通信状态显示。
(4) 运行设备动态位置、状态显示。
(5) 货位占用情况的显示及侧视图显示。
(6) 底层单步控制信息显示及动态修改。

(7) 紧急停止、出错报警、堆垛机召回功能。

(8) 任务执行状态动态显示。

(9) 货位中货箱箱号显示。

4. 设备自动控制系统

设备自动控制系统包括堆垛机自动控制系统和出入库输送设备自动控制系统。

堆垛机自动控制系统由控制器、通信接口、操作器、传感检测系统、速度和位置控制系统、控制软件组成。其中,速度和位置检测与控制系统是关键部分,采用先进的变频控制技术;传感检测系统采用先进的高精度检测设备,如旋转编码器和激光测距仪等。

各机构采用闭环控制系统,实现对堆垛机的高速、高精度定位控制。

出入库输送设备自动控制系统由主控制器、通信接口、输入及显示操作系统、传感检测系统、货物运动控制系统、控制软件组成,其中货物运动控制系统是关键。

设备自动控制系统有两种结构方式:PLC 集中控制和 FieldBus 控制(DCS/FCS)。

1) PLC 集中控制方式

PLC 集中控制方式的应用最为广泛。它以 PLC 为中心,通过通信接口,接收来自上位机的任务信息,采集设备传感系统的各种信息,通过 PLC 的控制软件,控制 PLC 的输出,控制设备的各项运动,对货物进行存取作业,实现货物的流转和存储。同时通过通信接口,向上位机发送设备的实时状态信息,以实现仓库实时监控系统对设备的实时监控功能,其控制系统结构如图 9-45 所示,控制原理如图 9-46 所示。

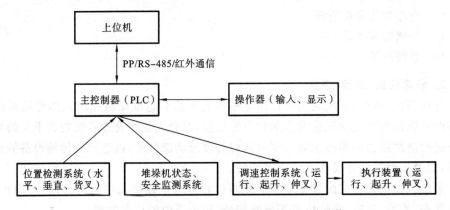

图 9-45 基于 PLC 的堆垛机集中控制系统结构

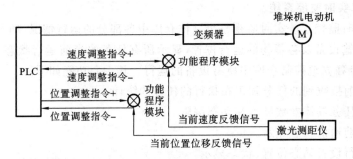

图 9-46 基于 PLC 的堆垛机集中控制系统原理图

PLC集中控制方式的基本控制思想如下。

根据激光测距仪测量反馈的当前速度信号,适时调整变频器的输出驱动频率值,从而保证堆垛机能以要求的速度平稳运行。此外,还表现在必须根据自动化立体仓库库存的具体货物,如货物的重量、重心高度等选择相应的速度控制模式,即初时运动加速度与加速控制时间、平稳运行速度与距离、减速运动加速度与控制时间等,并提供一系列的控制规范图表。

根据激光测距仪测量反馈的当前堆垛机的距离信号及预先设定的控制方案,适时调整变频器的输出驱动频率值,使堆垛机先以较高的速度运行到接近目的地址的位置后,将速度平稳降到较低的速度下工作,并在目的地址处准确制动停准,必要时可采取机械抱闸系统来辅助快速定位;堆垛机在工作过程中实时采集水平运行、货物升降、货叉伸缩三个方向的数据,并不断地与存放在软件控制数据块里的标准位置参数进行比较和控制决策,从而达到准确定位、快速存储货物、提高作业效率的目的,并与监控系统交换工作信息和库位状态信息等,以实现系统的全面动态管理。

2) FieldBus 控制方式

FieldBus 控制方式是目前最为先进的控制方式。它采用现场总线技术,组成分布式控制系统,将总线控制器、检测传感系统、速度位置控制系统、输入及显示操作系统、上位机通信接口等用 FieldBus 组网技术组成一个工控网络,从而控制设备运动,实现对货物的流转与存储控制,同时向上位机发送设备的实时状态信息,实现仓库实时监控系统对设备的实时监控。FieldBus 控制方式的结构如图 9-47 所示。

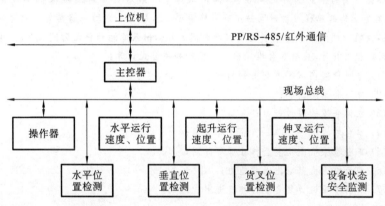

图 9-47 基于 FieldBus 的堆垛机控制系统结构

FieldBus 控制方式的优点:布线简单,节约空间,便于维护,减少设备维护资金,使用户具有高度的系统集成主动权,提高抗干扰能力,提高系统的准确性和可靠性,获取更多的设备信息。

通过使用现场总线,用户可以大量减少现场接线,用单个现场仪表可实现多变量通信,不同制造厂生产的装置之间可以完全互操作,增加现场一级的控制功能,系统集成大大简化,并且维护十分简便。在传统的过程控制仪表系统中,每个现场装置到控制室都需使用一对专用的双绞线,以传送 4~20 mA 信号,而在现场总线系统中,每个现场装置到接线盒的双绞线仍然可以使用,但是从现场接线盒到中央控制室仅用一根双绞线完成数字通信。

习题 9

9-1 简述自动化立体仓库的主要构成。

9-2 简述自动化立体仓库的几种主要分类方式。

9-3 简述自动化立体仓库货位管理的基本原则。

9-4 简述高层货架区与作业区之间 4 种衔接方式的特点。

9-5 简述仓库监控系统的主要功能。

9-6 简述 5 种新型货架的特点。

9-7 简述自动化立体仓库总体规划的主要内容。

9-8 简述托盘标准化的意义。

9-9 以自动化立体仓库堆垛机控制为例,说明 PLC 集中控制和 FieldBus 控制的区别,分别绘制控制系统结构图。

9-10 设计题

某单元货格式自动化立体仓库为 m 个巷道 n 层 k 列,货物单元出入高层货架的形式为同端出入式,采用自由货位原则,请设计出入库及库存管理的主要数据库结构,列出表名和主要属性,说明主外键;结合该数据库结构,分别设计出入库作业货位选择时,在就近原则(入库和出库作业)和先进先出原则(只针对出库作业)两种货位管理原则下的程序流程图和算法。

9-11 计算题

某物流企业拟建设一个自动化立体仓库,已知仓库的货格数为 1000 个,巷道数为 5,层数为 4,单位面积上的货物堆存量为 $2\ \text{t/m}^2$,面积利用率为 0.5,货物在立体仓库中的平均库存期为 15 天,月最大货物存取量为 10000 t,设计最大入库百分数为 90%,月不平衡系数为 0.8,各排货架的作业循环时间相同,离出入库平台最近的货格的堆垛机单程移动时间为 10 s,其他货格的单程移动时间每上升一格需要 2 s,每水平移动一格需要 1 s,每次叉货时间为 3 s,停机时间为 1 s,平均货格间移动时间为 8 s,出入库站台移动时间为 5 s。堆垛机每天工作时间按 8 h 计,共有 5 台堆垛机。试根据相关公式计算:

(1) 每排货架在水平方向上的列数;

(2) 立体仓库总面积;

(3) 立体仓库的通过能力;

(4) 单台堆垛机平均单一作业循环时间;

(5) 单台堆垛机平均复合作业循环时间;

(6) 单台堆垛机基准出入库能力;

(7) 所有堆垛机日复合能力和日进出货总数。

10

物料搬运系统

本章主要阐明物料搬运(material handling,MH)在现代制造或服务设施中的作用,以及物料搬运系统(MHS)的分析与设计。

制造设施的目标是制造产品并加以销售,物料搬运并不直接增加产品的价值。而在一些服务业中,物料搬运实际上还是为顾客提供了增值服务。例如,像 DHL、Fedex 等类似的快速包裹、快速邮件、快递货物服务,顾客要求他们及时将货物运送到要求的地点。为达到这一目标,高效的 MH 基础设施对完成物流任务是至关重要的。

目前,国内速递市场的市场情况如图 10-1 所示。从 1995 年起,FedEx、UPS、DHL 等国际速递巨头在国内的营业额增长率都保持在 20% 以上。

物料搬运是一个系统工程,牵一发而动全身,因此必须抓住重点。首先,必须理解并掌握物料搬运系统的设计原则,依照设计原则进行设计。其次,先进行物料搬运路线的选择与设计,路线的选择与设计关系到搬运成本的多少,其重要性不言而喻。再次,是物料搬运设备分类与选择,对于具体的物料,需要选择不同的搬运设备从而达到搬运最优,因此对于搬运设备的分类要先有所了解。最后,就是对搬运系统分析和设计,这是实际进行物料搬运的前提。

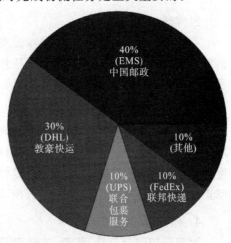

图 10-1 国内速递市场的市场情况

10.1 物料搬运系统概述

10.1.1 物料搬运及物料搬运系统基本概念

物料搬运是指货物在工厂或仓库内部移动,以及货物在仓库与生产设施之间或仓库与运输车辆之间的转移,包括装上、卸下、移送、拣选、分类、堆垛、入库、出库等活动。它是物流系统的重要组成部分,是衔接物流活动的桥梁与手段,其活性程度和系统合理化对企业物流效率与效益有十分重要的影响。国外统计资料显示,在中等批量的生产车间里,零件在机床上的时间仅占生产时间的5%,而95%的时间消耗在原材料、工具、零件的搬运、等待等环节,物料搬运费用占全部生产费用的30%~40%。物料搬运的主要内容是移动,物流系统的各节点上和节点之间都必须进行物料搬运,如运输、仓储等都要有搬运作业配合才能进行,物料搬运是物料运动的不同阶段之间相互转换的桥梁。因此,进行搬运系统的规划与分析,设计较为合理、高效、柔性的物料搬运系统,对压缩库存资金占用、缩短物料搬运所占时间、优化企业内部物料系统有着十分重要的意义。

物料的搬运是制造企业生产过程中的辅助生产过程,它是工序之间、车间之间、工厂之间、仓库内部、仓库与车间之间的物流不可缺少的环节。物料搬运是物料移动、存储、保护和控制的科学和艺术。

物料搬运的四项主要活动如图10-2所示。

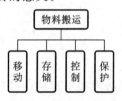

图10-2 物料搬运的四项主要活动

1. 移动(moving)

移动物料产生时间和地点效用,否则移动不但毫无意义,不被视为增值反而是一种浪费。任何物料的移动都需要对物料的尺寸、形状、重量和条件,以及移动路径和频度进行分析。

2. 存储(storing)

存储物料是指在操作之间提供缓冲,便于有效利用人和机器,并提供高效的物料组织。物料存储中应考虑的问题包括物料的尺寸、重量、条件和堆放要求;需要的产出量;建筑物的约束,如地面负荷、楼板情况、立柱空间、场地净高。

3. 控制(controlling)

控制物料是指对物料物理和状态两方面的控制。物理控制是指对物料的方位、顺序、相互间隙的控制。状态控制是指对物料的位置、数量、目的地、初始地、所有者、进度安排的实时状态控制。控制物料需要仔细观察,确保不要过度对系统施加控制。控制正确与否取决于组织的文化及管理,以及施行各种MH功能的人员。

4. 保护(protecting)

物料保护包括包扎、装箱,这样做是为了保护物料,防止物料损坏或被盗;也包括信息防范系统,用以防止误搬、错放、错误挪用和不按顺序加工。如同连续改进项目力求"不是检查产品的质量,而是将产品质量融入设计产品之中"那样,设计MH系统也应该使保护物料所需的检查和昂贵的费用最小化。

在同一地域范围内(如车站范围、工厂范围、仓库内部等),以改变"物"的存放、支承状态的活动称为装卸,以改变"物"的空间位置的活动称为搬运,两者都称为装卸搬运。有时候在特定场合,单称"装卸"或单称"搬运"包含了"装卸搬运"的完整含义。

在习惯使用中,物流领域(如铁路运输)常将装卸搬运这一整体活动称为"货物装卸";在生产领域中常将这一整体活动称为"物料搬运"。实际上,活动内容都是一样的,只是领域不同而已。

在实际操作中,装卸与搬运是密不可分的,两者是伴随在一起发生的。因此,在物流科学中并不过分强调两者差别,而是作为一种活动来对待。图10-3说明了装卸与搬运的关系。

搬运的"运"与运输的"运"区别在于,搬运是在同一地域的小范围内发生的,而运输则是在较大范围内发生的,两者是量变到质变的关系,中间并无一个绝对的界限。

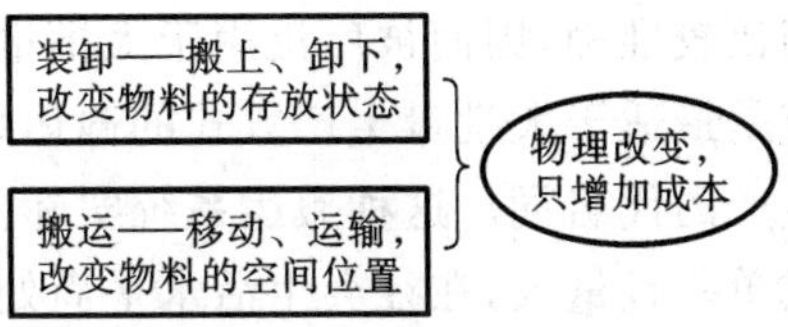

物料搬运系统是指将一系列的相关设备或装置,用于一个过程或系统中,合理地将物料进行移动、存储、保护和控制。系统设计取决于物料特性和种类。

图 10-3 装卸与搬运的对比关系

10.1.2 物料搬运系统的意义

企业物料搬运系统的最终目的是在保证企业正常生产的前提下降低搬运成本,保证企业产品在市场上有足够的竞争力。在现代企业中,物料搬运费用一般占产品总成本的 20%~30%,机械工业中,物料搬运费用高达 35%~40%,因此,降低物料搬运系统的运行成本是提高企业利润的一条途径。由于各企业的生产类型不一样,只能确定主要的、通用的搬运原则,企业需要根据自身情况优化物料搬运系统,提高物料搬运系统的效益。

概括起来,物料搬运系统的作用和意义如下。

(1) 提高物料活性指数。
(2) 物料集装化、单元化(如集装箱化、托盘化、标准箱化)。
(3) 大宗散料搬运输送机化。
(4) 物料活性指数与搬运设备搬运指数配置合理化。
(5) 物料搬运系统直线化(即搬运距离最短)。
(6) 物料搬运系统无缝化对接(输送物料尽可能不落地、不装卸,采用直达式输送)。
(7) 合理、合适、实用的机械化、自动化、无人化。
(8) 物料搬运系统均衡化搬运。
(9) 搬运设备配置合理化(即系统全能力搬运,避免系统内某些设备由于能力、性能过剩或不足而形成功能上的孤岛)。
(10) 重力化搬运。
(11) 最大搬运单元化(搬运设备允许的条件下,搬运单元应尽可能大)。
(12) 空间最大化利用(在仓储系统中,尽可能利用空间,减少地价费用)。
(13) 安全原则(发生事故是最大的成本浪费)。

10.1.3 物料搬运系统的定位

企业物料搬运系统的定位是一个比较复杂的问题,由于我国东西部地区的经济发展不平衡,决定了企业物料搬运系统的多样性,既有体现当今世界物料搬运先进科技水平,由无人自动搬运小车、自动化立体仓库、自动化输送机等组成的无人化物料搬运系统,也有还处于 20 世纪中期的较原始的物料搬运输送线。但不论何种水平,有一点是共同的,即这些物料搬运系统都与企业的经济状况、产品质量要求、劳动力水平的高低、产品的市场竞争力等状况相匹配,也就是说没有最好的物料搬运系统,只有最经济、最合适的物料搬运系统。

由于输送机搬运系统在 A、B 两点之间连续搬运大量物料,搬运成本低廉,搬运时间比较准确,因而被广泛用于大批量生产的流水线、装配线。实践证明,输送机搬运系统是最适于大批量生产方式的搬运系统。因此,输送机搬运系统实际上已成为大批量生产的代名词。这种搬运系统实际上由外部的需求环境来定位,它要求物料品种和形式单一且量大,在社会生活水平尚处于温饱阶段时,这种搬运系统与社会相吻合。当社会进入小康,需求呈现多元化、个性化、人性化时,这种大批量流水线生产出来的雷同商品,显然无法满足市场要求。这种外部需求反馈到企业的生产环节中要求原有生产线在功能、外形、花色、大小等方面有所调整和变动,传统的大批量流水线搬运系统显得力不从心。

目前,我国经济发展水平正处于转型期,特点是小批量、多品种生产适应变化多端的消费市场。这样的生产方式需要更换大量的工装,搬运大量不同的原材料及零部件,生产线上可能会出现同时组装几种不同的产品或频繁更换组装不同的产品,这些特点要求企业的物流系统具有一定的应变能力,即物流系统的柔性。这种具有一定柔性的物流系统,对随时应变市场变化的企业来讲是合适的。家电、轻工、电子、汽车制造、卷烟工业等大众需求个性化非常强的产业,其物流系统的定位,就应当是具有相当科技含量的柔性物流系统。

对于矿山、水泥、煤炭等原材料工业企业,外部市场对其产品外形、功能、色彩等的变化要求不大,而对其需求量不断增加,决定了这些企业的物流系统不需要柔性能力,需要的是不断适应社会需求量增加的要求。因此,能不间断地大量搬运物料,搬运费用低廉,易实现自动化、无人化的输送机搬运系统理所当然成为这些企业的首选。

传统的企业物流系统的定位思想首先考虑的是成本。当今企业对物流系统的定位思想首先是能适应市场的变化,其次才考虑怎样降低物流成本的问题。

10.2 物料搬运系统设计原则

国际物料管理协会下属的物料搬运研究所浓缩数十年物料搬运专家的经验,总结出物料搬运的 20 条原则,这 20 条原则是进行物料搬运系统设计必须遵循的准则。

(1) 确定方针原则:了解现有方法和问题,以及实体上和经济上的限制,彻底了解问题所在,以设定未来的需求和目标。

应用场合:系统需求定位不明,如物料搬运设备的功能与顾客需求内容不合。

(2) 规划原则:建立一个计划,包括基本需求、所有物料搬运和存储活动的应变计划。

应用场合:缺乏物料搬运的中长期计划,未排定物料搬运设备的短期使用日程。

(3) 系统原则:整合搬运和存储活动,使得系统和活动经济有效,包括进货、检验、存储、生产、组合、包装、仓储、出货、运送等。

应用场合:物料搬运中发生延迟,物料流程中有障碍,因物料短缺导致停机,作业顺序不平衡,设备及车辆停滞未使用,物料运错地点,到货期不准,多项订单同时出货,在制品控制不良。

(4) 单元负载原则:合并货品使之成为单元负载。

应用场合:缺乏负载单元化及稳定化的设备,未使用托盘搬运的单元负载,内部使用物料未实施单元化。

(5) 空间利用原则：充分、有效地利用空间。

应用场合：存储空间过度浪费，物料直接堆积在地板上，通道太多，存放空间不足，接收及运送时物料堆放在地板上，不善于使用立体空间。

(6) 标准化原则：尽可能把搬运方法和设备标准化。

应用场合：厂内容器缺乏标准化，缺乏单元负载的标准，作业流程未标准化，物料搬运设备缺乏标准化，物料搬运系统未模块化，工作站未模块化，托板架的规格不一致，未按 A、B、C 分类存放，未依零件编号顺序存放，零件编号缺乏标准化。

(7) 工效原则：了解人类的能力和限制以设计物料搬运设备和程序，使得人和系统能有效互动。

应用场合：人工装载技术欠佳，操作者为取物料而移动，用手举升存在危险性。

(8) 能源原则：考虑物料搬运系统和物料搬运程序的能源消耗。

应用场合：物料搬运设备空转，自动物料搬运设备使用率低，工业机器人使用率低，缺乏能源使用安排，以及避免尖峰负荷，电池充电次数太多，照明能源的效率差。

(9) 生态原则：使用对环境不良作用最少的物料搬运系统和物料搬运程序。

应用场合：充电区通风不良，环境控制区域隔绝设计不良。

(10) 机械化原则：物料搬运过程机械化，以增进效率。

应用场合：利用直接劳动力搬运，搬运设备不足，物料供应的移动技术不合格，用人工装卸托板，缺乏吊车及牵引车。

(11) 弹性原则：所使用的方法和设备可以在不同的状况下做不同的工作。

应用场合：固定路径的搬运工作，使用可变路径的搬运设备，现有系统无法扩充或转换。

(12) 简单原则：通过消除、减少和合并不需要的移动和设备，以简化搬运。

应用场合：重复搬运，物料流程倒退，存储规划太烦琐。

(13) 重力原则：在考虑安全、损坏、遗失等因素下，尽可能使用重力移动物料。

应用场合：物料由高层往低层移动。

(14) 安全原则：遵循安全原则，使用安全的物料搬运系统和方法。

应用场合：简陋、危险的自制搬运设施，工作人员未预先训练，物料搬运设备操作者未受正式训练，没有警卫保护物料，用托板悬吊负载，负载超过地板、货架及结构负荷，设备运转超速，货架未标明正反面，缺乏自动洒水装置及火警警报器，危险性及易燃性的物料未给予明确标示和隔离，消防设备不完整，出入口不安全，没有火灾的应变计划。

(15) 计算机化原则：在物料搬运和存储系统中使用计算机，以增进物料搬运系统和物料搬运程序对物料和信息的控制。

应用场合：引导式通道、轨道缺乏指示记录，出货单未按出货顺序打印，累计的定单以人工分类。

(16) 系统流原则：处理物料搬运和存储时，整合数据流动和物流流动。

应用场合：未及时分派设备，物料因书面作业而等待，未使用自动辨识系统，制造前未预先准备零件，接受工作没有事先告知。

(17) 布局原则：对所有可行的方案，准备操作顺序和设备设计，接着选择最有效的方案。

应用场合:搬运距离很长,途径交叉,工作场所布置不良,服务区配置不当,检验点位置不当,通道及存储位置未标示,通道长度未规划,缺乏窄道及特窄道存储设备,物料搬运设备与出口未配合,停车站没有升降平台,停车站没有围篱,停车站门的数目不恰当,未适度分散接收及运送作业,灯光、加热器及风扇摆设不当,物料存放的通风、空调及温度不适当,物料、人员或设备移动距离过长,墙及天花板隔离不合理。

(18) 成本原则:比较不同解决方案的每单位物料的搬运成本。

应用场合:过多的物料,搬运设备闲置,过多的承运费用,间接费用很高。

(19) 维修原则:对所有物料搬运设备,准备预防维修和定期维修的计划。

应用场合:物料搬运设备维修成本过高,未清除过多的废品,负荷梁下垂或货架扭曲,没有预防保养计划。

(20) 淘汰原则:考虑产品的生命周期,对过期设备更新,有长期且经济合理的政策。

应用场合:搬运设备不适合,搬运设备老旧,没有设备更新计划。

以上原则可以作为判断物料搬运系统优劣的依据。需要注意的是,其中有些原则是相互冲突的,需要根据不同的物料搬运系统的具体情况作出取舍。最好是结合实际,对这些原则进行排序,理清系统约束之间的关系和层次性,明晰每个原则蕴涵的具体含义和约束,以便设计出切实可行的方案。

物料装卸搬运的合理性,直接影响着装卸搬运的效率和企业经济效益,在组织物料装卸搬运活动时,需要对作业过程进行全面的分析,优化装卸搬运的工艺流程。下面根据物料装卸搬运的流量、距离、空间、时间和手段等因素,对物料装卸搬运的影响进行分析,列出了相应的改进措施和方法,如表10-1所示。

表 10-1 装卸搬运系统因素分析和改善措施

因素	措施	改进原则	改进方法
搬运流量	减少装卸搬运量	尽量废除冗余搬运	调整布置,合并相关作业
搬运距离	减少回程 回程顺载 缩短距离 减少搬运次数	废除冗余搬运、顺道行走、掌握各点相关性;直线化、平面化、单元化	调整布置,调整相关性布置
搬运空间	减少搬运 缩短移动空间	大量化;充分利用三维空间;降低设备回转空间	调整布置;采用托盘、集装箱;采用大型搬运设备;利用中间转运站
搬运时间	缩短搬运时间 减少搬运次数 估计预期时间	协调错开搬运时机;自动化、争取时效;增加搬运量;时程化	调整布置;选用占空间小和较少的辅助设施设备;安排好时程规划;利用自动化设备;搬运均匀化;利用大型搬运设备
搬运手段	增加搬运量 采用有效管理方式 减少劳动力	机械化、自动化、连续化;争取时效;利用重力	时程规划控制;利用大型搬运设备;采用装卸搬运设备;利用自动化设备及输送带等连续设备;搬运均匀化;循环、往复搬运;使用斜槽、滚轮输送带等重力设备

10.3 现代物料搬运系统的目标

物料搬运是指货物在工厂或仓库内部移动,以及货物在仓库与生产设施之间或仓库与运输车辆之间的转移。MH系统主要是涉及设施内部的物流,或一个组织范围内的物流。

本小节主要从JIT(准时生产)哲理的角度来看待物料搬运,以8个"正确的"进行详细分析。

1. 正确的数量

"正确的数量"是在制造和配送环节突出JIT哲理,根除在制品或使在制品最小化。在理想状态下,供应商交给顾客正确数量的物料,或上游工序给下游工序在需要时交付需要的数量,不多也不少。

"正确的数量"是最重要的目标,实现这一目标是实现其他"正确的"的前提。实现这一目标,必须要有有效的信息流使其伴随物流控制。例如,看板用于发布运输和生产指令。有效的库存控制策略,可以防止上游工作地或供应商不能在加工需要时供货到加工工作地。适当地控制库存数量,也是"正确的数量"这一概念的内容。

此外,在实施JIT过程中,与"正确的数量"相联系的还存在一个问题,此问题与设施内部和设施外部物流有关。在正常工作环境下,生产控制人员决定批量大小,由供应商以批量的方式将货物送到某一设施(存储);一旦物料送到,这批物料以单元载荷的形式被拆分或配套送到存储和制造活动中,如具体的工位(加工)。存储与加工的数量并非总匹配,因此,必须努力协调加工数量和存储数量。另外,MH系统设计师要对负荷大小负责。系统中负荷大小对库存水平有很大影响。MH系统设计人员需要考虑如何平衡加工数量与存储数量的问题。

2. 正确的物料

"正确的物料"的目标是阐明仓储中的错误堆放问题。必须认识到移动、存储、保护和控制何种物料是十分重要的;不同的物料需要使用合适的搬运方法,如直送。

采用先进的技术手段,如自动识别系统(条形码或射频识别码标签),便于物料搬运系统对正确物料的移动、存储、保护和控制,出错率低、速度快、精度高、性价比好。"MH过程改进":将零部件编号,使人们可以对所有零部件作自动识别。

3. 正确的环境

"正确的环境"主要是指保持物料质量、避免物料损坏方面的工作。MH是产品损坏的一个主要根源,要用全面质量管理的观点来设计和运行MH系统。

从使用角度来看,"正确的环境"也说明物料的状态。所谓状态,包括物料的位置、物料已经完成加工的步骤、物料的物理特征、物料是否便于运输以及是否需要测试或检查。这是JIT思想的体现,如包装的延迟、细小差别零件加工的延迟,都是降低风险、减少库存的方法。

4. 正确的顺序

"正确的顺序"主要是指物料的搬运应按顺序操作,以降低成本,避免迂回往返等。这体现流程合理化的概念。优良的搬运路线可以减少人工搬运工作量,还可使用一定程度的自动化。

然而,在以基于需求、大规模定制和JIT为特点的柔性或易变的生产环境中,"正确的顺序"是一种规律。因为,可以将具有相似工艺和MH的不同作业成组集合在一起,按相同顺序进行制造,以减少作业之间的安装和更换工具的时间,减少库存等。但是,实现"正确的顺序"的方法并不简单,需要细致规划和多方人员参与。合并作业会影响生产率,合并的结果应使物料搬运量最小化,而不是搬运时间的最少化。

5. 正确的方位

"正确的方位"意味着减少零部件方位的不确定性,使零件按期望的方位移动。这对自动化系统(如FMS、自动化装配系统)特别重要,通常依赖于软件、传感器、机械装置来确保"正确的方位"。采用振动料斗、棘轮装置等定向、送料、转移等装置,保证处于连续不断地加工、装配中的零部件的正确方位。

6. 正确的地点

"正确的地点"要求物料送到或存储到仓库或生产现场的正确地点。

物料从码头仓库进入工厂时,必须要按照物料活动的水平(快和慢的搬运)、重量和尺寸、体积与价值(小的贵重物品为防偷盗,必须在最安全的条件下搬运)区别对待。例如,方便存储的地方,用以存放需快速移动的物品或量大的物品(这可使搬运成本最小化);而搬运贵重物品和物料,应采用一些可靠性高的方法。"正确的地点",隐含了"应具有一个有效的仓库系统"这层含义,它确保快速存储和准确检索。

另外,"正确的时间"也隐含"正确的地点",因为"错误的地点"使得"正确的时间"毫无意义。要实现"正确的地点"需要丰富的生产经验和良好的MH系统。即在精益生产思想指导下的生产运作,需要良好的现场管理,及时有效地处理"缓冲区",使物流系统畅通;另外,对存储和在途运输的物料要进行跟踪,如看板、自动识别和跟踪等。

为物料存储决定正确地点时,重要的一点是要对特定的任务是集中存储还是分散存储作出决定,以及决定工艺过程中的存储位置、流水生产线存储的优先机制(原材料优先于在制品、在制品优先于最终产品——即存储地点上游优先于下游)等。

7. 正确的时间

MH体力搬运的情况下,生产管理要求物料以"正确的时间"送达。精益生产系统通过使用看板将生产指令从上游工序拉到下游工序。

在全球物流和快速响应制造的氛围中,许多先进的MH跟踪系统用以确保"正确的时间",通过UPS、DHL等快递公司来完成,并能提供超快速等增值服务。MH的设计应该日益强调精益生产方式和快速响应制造这样的制造环境。

8. 正确的成本

成本问题并不一定是成本最小化,应该追求正确的成本。良好的MH需要花钱,如果不采用正确的方法,花费会更多。良好的MH需要良好的MH系统设计和周密的MH作业规划。如打印机制造企业,由工人来完成MH,不只是解决体力搬运的问题,还要保证合适的信息流(收集信息、设置看板),策划可靠的程序确保完成客户的订单,以及产品按顾客的要求进行生产。

归根到底,MH是加强公司内部竞争力的关键要素。给企业提供最大的利润并不意味着MH的成本最低,因为MH系统的正确使用引起市场份额的增加,从而增加了收益,这才是 MH 最吸引人的地方。

确定 MH 成本,用以评价投资和运作成本的合理性。投资成本主要包括 MH 和装料容器的投资,IT/IS 和生产控制的费用(MH 是 MES 的一部分,而 MES 是一个计算机化的生产管理系统)。运作成本主要包括人员工资、消耗品(条形码、包装材料等)、其他费用(如医疗费用、保险拨款、安全教育费用等)。

总之,单纯的 MH 成本最低化不是完全正确的目标。正确的目标应该是企业获取最大的利益,为此,可能需要增加搬运技术上的投资。因此,MH 的底线是合适的成本、正确的成本,而不是最低的成本。

10.4 物料搬运路线的选择

物料装卸搬运系统根据物料移动可以划分成两种运行体系:一是不同物料由原点直接向终点移动,称为直达移动体系,简称直达型;二是对不同区域的各类物料进行统一化处理,运用统一的设备、依照一定的路线移动,而对物料进行装卸搬运,称为间接移动体系,简称间接型。间接型由其移动特性又可分为渠道型(或通路型)和中心转运型,如图 10-4 所示。

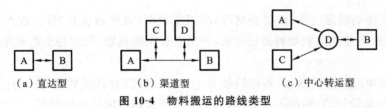

图 10-4 物料搬运的路线类型

1. 直达型

直达型是指物料由起点到终点以最短的距离移动,适用于物料量大、流程密度较高,且移动距离短或适中的场合。这种方法较为经济,尤其在处理紧急订单时最有效。当物料有一定的特殊性而时间又较为紧迫时更为有利。

2. 渠道型

渠道型是指物料在预定路线上移动,与来自不同地点的其他物料一起运到同一终点,适用于搬运密度不高、物流量中等或偏少、距离中等或较长的场合,尤其适用于布置不规则甚至扩散时的物料装卸搬运。

3. 中心转运型

中心转运型是指各物料从起点移动到中心分拣处,然后再运到终点,适用于流量不高、距离很长、矩形区域,或者控制功能特别重要时的物料装卸搬运。常会出现基本的物料装卸搬运形态的变形形式,如直线式、双线式、锯齿形、U 形、圆形或犄角形排列法等流程形式,各项流程形式可单独或合并运用。

不同的物料搬运形态形成了距离、流量与搬运系统的关系,图 10-5 表明了它们之间的决定关系。从图中可知,不合理的方案是搬运距离

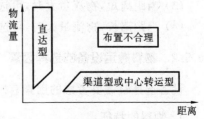

图 10-5 物料搬运路线与物流量、距离的关系

长、物流量大的物料搬运方案。由于物料搬运形态直接影响作业效率,因此在选择物料搬运运行体系时,应根据设备的功能、搬运的距离与流量等因素,进行综合分析和对物料搬运方案的合理计划。在实际物料搬运活动中,有时还需考虑各工作场所的位置,所以常会出现基本的物料搬运形态的变形形式。

10.5 物料搬运设备

物料搬运设备的选择关系到物流搬运系统的可靠与否、效率高低以及成本大小,选择物料设备和器具需要遵循一定的原则,也要考虑相关的因素。

10.5.1 物料搬运设备的选择原则

1. 分类

根据费用,物料搬运设备可分为如下 4 类。

(1) 简单的搬运设备:设备价格便宜,但可变费用(直接运转费)高。这类设备是按照能迅速、方便地取放物料而设计的,不适宜长距离运输,适用于距离短和物流量小的情况。

(2) 复杂的搬运设备:设备价格高,但可变费用(直接转运费)低。这类设备也是按照能迅速、方便地取放物料而设计的,不适宜长距离运输,但适用于距离短和物流量大的情况。

(3) 简单的运输设备:设备价格便宜,但可变费用(直接运转费)高。这类设备是按长距离运输设计的,装卸不甚方便,适用于距离长和物流量小的情况。

图 10-6 物料搬运设备选择与物流量和距离的关系

(4) 复杂的运输设备:设备价格高,但可变费用(直接转运费)低。这类设备也是按长距离运输设计的,装卸不甚方便,但适用于距离长和物流量大的情况。

2. 选择原则

物料搬运设备的选择原则包括:简化原则和选用原则。可根据图 10-6 所示的距离与物流量指示图,选择不同类型的搬运设备。

(1) 当距离短,物流量小时,可选简单的搬运设备。
(2) 当距离长,物流量小时,可选简单的运输设备。
(3) 当距离短,物流量大时,可选复杂的搬运设备。
(4) 当距离长,物流量大时,可选复杂的运输设备。

10.5.2 物料搬运设备的选择因素

设备选择时需要考虑的因素有以下几方面。

1. 物料的特征

1) 物理特征

(1) 尺寸:长、宽、高。

(2) 重量:每个运输单元重量或单位体积重量(密度)。
(3) 形状:扁平的、弯曲的、紧密的、可叠套的、不规则的等。
(4) 损伤的可能性:易碎、易爆、易污染、有毒、有腐蚀性等。
(5) 状态:不稳定的、黏的、热的、湿的、脏的、配对的等。
2) 数量特征
搬运大量的物品与搬运小量的物品一般是不一样的。
3) 时间特征
时间特征主要表现为经常性、紧迫性、季节性。
4) 管理特征
管理特征主要指政府法规、工厂标准、操作规程对搬运的要求。

2. 设备的技术因素

设备的技术因素包括设备的技术性能、设备的可靠性、工作环境的配合和适应性、可操作性和使用的方便性,以及与物料的适配程度、物料的移动方式等。

3. 经济因素

经济因素包括设备投资回收期、性能价格比、运行使用费用等。

4. 能耗

能耗是否符合电力供应情况。

5. 其他因素

其他因素包括备件、维修和存放方式(托盘、箱器)、搬运频率等。

10.6 物料搬运系统的设计方法

10.6.1 搬运系统分析的体系结构

搬运系统分析(system handling analysis,SHA)就是为了提高搬运系统的合理化程度,减少搬运作业的工作强度,消除不必要的搬运作业活动,提高搬运活动的活性指数,对构成物料搬运系统的物料、人员、移动设备与容器(搬运单元)、移动路径及其影响因素进行分析,并将各种移动图表化,为系统布置设计优化提供决策依据,以促进设施内部物流活动合理化。

1. 方法结构

首先提出一种解决问题的方法,然后是一系列依次进行的步骤,最后是一整套关于记录、评定等级和图表化的图例符号。

2. 阶段结构

阶段一:外部衔接——这个阶段要弄清整个分析区域或所分析区域的全部物料进出的搬运活动。在这之前,先要考虑所分析区域以外的物料搬运活动,就是把区域内具体的物料搬运问题,同外界情况或外界条件联系起来考虑,这些外界情况有的是能控制的,有的是不能控制的。

阶段二:总体搬运方案——这个阶段要确定各主要区域的物料搬运方法,对物料搬运路线、设备的大体类型及运输单元或容器作出总体决策。

阶段三：详细搬运方案——这个阶段要考虑各主要区域内部各工作地点之间的物料搬运，要确定详细的物料搬运方法。

阶段四：方案实施——任何方案都要在实施之后才算完成。这个阶段要进行必要的准备工作，如订购设备、完成人员培训、制订并实施具体搬运设施的安装计划。然后，对所规划的搬运方法进行调试，验证操作规程，并对安装完毕的设施进行验收，确定它们能正常运转。

3. 设计要素

图 10-7 所示的是搬运系统的设计变量结构图。

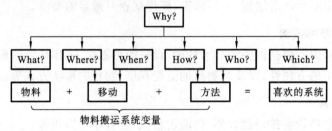

图 10-7 物料搬运系统的设计变量结构图

影响搬运系统设计的因素众多，基本要素可以归纳为 5 项：P 产品（或材料服务）、Q 数量、R 生产路线（工艺过程）、S 辅助服务部门、T 时间（或时间安排），如表 10-2 所示。

五个要素分别回答以下问题：P——Product 生产什么？Q——Quantity 生产多少？R——Routing 怎么生产？S——Supporting service 用什么支持生产？T——Time 何时生产？

表 10-2 物料搬运系统的设计要素

设计要素	影响特征
P 产品（物料、零件、物品）	取决于物品特征和所用容器特征
Q 数量（产量、用量）	单位时间的数量（物流量）；单独一次数量（最大负荷量）
R 路线（起点至终点）	每次搬运都包含一项固定的终端费用和一项可变的行程费用
S 辅助服务（周边环境）	传送过程、维修人员、发货、文书、工厂布置、建筑物特征、存储设施等
T 时间（时间性、规律性、紧迫性、持续性）	时间性：时间的持续长度

4. 程序模式

搬运系统设计的程序模式如图 10-8 所示。

10.6.2 物料分析

物料分类：把生产系统所需储运的全部物料按搬运和存储的技术要求进行分类，要特别注意它们的形式、特征和性质。一般可分为以下 8 个基本类型：散装物料，如煤、型砂等；板料、型材，如金属、塑料等；单件物料，如大型机械部件；桶装料，如油、各

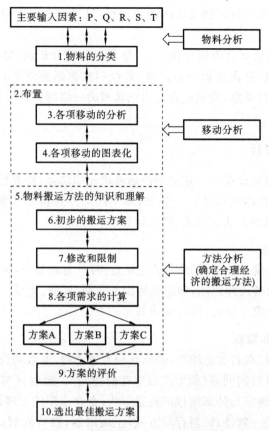

图 10-8 物料搬运系统设计的程序模式

种粉料;箱盒装料,如各种小零件;袋装料,如各种粉料、液体;罐装料,如各种气体、液体、粉料;其他。

10.6.3 移动分析

设施布置决定了物料搬运的起点和终点的距离,因此,移动分析必须建立在相似物料搬运作业与具体布置结合的基础上。

1. 收集各种移动分析的资料

在分析各项移动时,需要掌握以下 3 类资料:物料(产品物料类别)、路线(起点和终点,或搬运路径)和搬运量。

(1) 物料:物料搬运分析要求在分析各项移动之前,首先要对物料的类别进行分析。

(2) 路线:物料搬运分析用标注起点(即取货地点)和终点(即卸货地点)的方法来表明每条路线,要考虑具体的移动距离和路线的情况(如弯曲程度、路面情况、气候与环境、拥挤程度、起止点组织情况等)。

(3) 搬运量:按下式计算,即

$$搬运量 = 物流量 \times 搬运距离$$

2. 移动分析方法

(1) 流程分析法:每次只观察一类产品或物料,并跟随其沿着整个生产过程收集资料,必要时要跟随从原料库到成品库的全过程,最后编制成流程图。该方法适合物料品种很少的情况。

(2) 起止点分析法又分为两种做法:一是搬运路线分析法,是通过观察每项移动的起止点来收集资料,每次分析一条路线,并绘制成搬运路线表;二是区域进出分析法,对某一个区域进行观察,收集运进运出该区域的一切与物料有关的资料,并编制成物料进出表。

10.6.4 搬运方法分析

将一定类型的搬运设备与一定类型的运输单元相结合,并进行一定模式的搬运活动,以形成一定的搬运路线系统。一般地,每个搬运方案都是几种搬运方式的结合。这一过程必须建立搬运方法工作表、需求计算表和评价表。

1. 确定搬运方法

(1) 根据搬运路线系统选择原则,确定搬运路线(直达型、渠道型、中心转运型)。
(2) 根据搬运设备选择原则,确定搬运设备类别、规格、型号。
(3) 根据物料分类一览表,确定运输单元。

2. 方案的修改和限制

除考虑搬运路线、设备和运输单元外,还须考虑正确、有效的设备操作,以及协调、辅助物料搬运正常进行的问题(如生产和库存的协调)。搬运方案经常涉及一些修改和限制的内容有:已确定与外部衔接的搬运方法;企业远期的发展和(或)变化;与生产流程及设备要保持的一致性;物料存放方式;空间限制;投资限制;现有生产流程限制等实际问题。

3. 说明各项需求的计算

对修改后的几个初步搬运方案,应逐个方案进行说明和计算,其内容包括:
(1) 每条路线上每种物料搬运方法的说明;
(2) 搬运方法之外的其他必要的变动说明(如更改布置、作业计划、生产流程、道路等);
(3) 计算搬运设备和人员需求量;
(4) 计算投资和预期经营费用。

4. 方案评价

方案评价是从几个合理可行的方案中选择最佳方案。方案评价的方法常用的有费用比较法和加权因素比较法。

费用是经营管理决策的主要依据。因此,每个搬运方案必须从费用的观点来评价,即对每个方案都要明确其投资和经营费用。通常需要分别计算出各个方案的投资和经营费用,然后进行分析和比较,从中确定一个最优的方案。

而多方案比较时,一般来说,因素加权分析法是评价各种无形因素的最好方法,主要有以下步骤:
(1) 列出搬运方案需要考虑或包含的因素(或目的);
(2) 把最重要的一个因素的加权恒定为 10,再按相对重要性规定其余各因素的加权值;

(3) 标出各比较方案的名称,每一方案占一栏;
(4) 对所有方案的每个因素进行打分;
(5) 计算各方案的加权值,并比较各方案的总分。

总之,正确选定搬运方案可以从费用对比和对无形因素的评价来考虑。

5. 搬运方案的详细设计

总体搬运方案设计确定了总的搬运路线、搬运设备、运输单元,搬运方案的详细设计是在此基础上制定一个车间内部从工作地到工作地,或从具体取货点到具体卸货点之间的搬运方法。

综上所述,系统搬运分析(SHA)可以归纳为图 10-9 所示的过程。

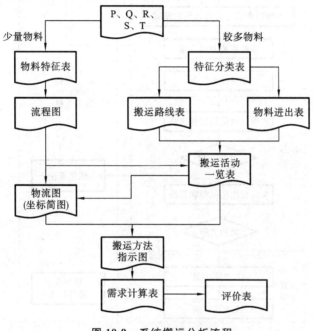

图 10-9　系统搬运分析流程

10.7　仿真技术在物料搬运系统设计中的应用

对于物料搬运系统来说,开发可视化仿真系统,集成设计和运行优化模型,对优化模型得到的搬运系统设计方案和调度管理策略进行仿真评估,计算性能指标,根据时间、成本、堵塞情况、设备利用率等多项指标,综合分析方案的优劣,也有非常现实的意义。可以对 SHA 方法进行改造,集成仿真技术,共同完成物料搬运系统的设计,其方法学体系结构如图 10-10 所示。其中,物料分析、移动分析和方法分析是 SHA 的内容。优化分析是指根据方法分析所确定的可选搬运系统设计方案集合及各项约束条件,建立设计优化数学模型,通过计算,得到较为满意的搬运系统设计方案;在此基础上,建立运行优化数学模型,通过计算,得到较为满意的搬运系统调度管理策略。仿真分析是指开发可视化仿真系统,集成设计和运行优化模型,对优化模型得到的搬运系统设计方案和调度管理策略进行仿真评估,计算性能指标,根据补给时间、补给成本、堵塞情况、设备利用率等多项指标,综合分析方案的优劣。

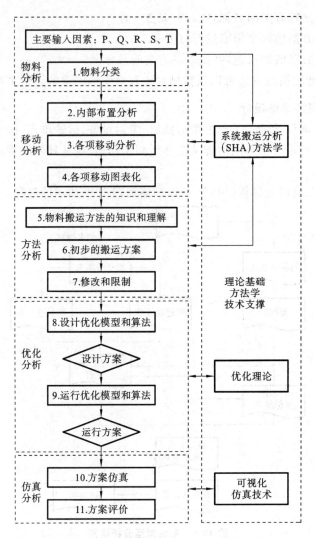

图 10-10　基于仿真的物料搬运系统设计与运行方法学体系结构

习　题　10

10-1　什么是物料搬运？物料搬运的意义有哪些？
10-2　简述物料搬运系统设计的原则。
10-3　搬运路线有哪些？如何选择？
10-4　简述物料搬运设备选择的原则和应考虑的因素。
10-5　简述搬运方案如何制定，分几个阶段，每个阶段的任务是什么？
10-6　谈谈基于仿真的SHA＋SLP的搬运系统设计方法，画出总体步骤图。

11 生产物流自动化系统

11.1 生产自动化的发展历史

20世纪40年代以前,生产主要是靠人工,凭经验指导生产,生产效率低。20世纪五六十年代,简单自动化技术应用于生产,如基地式仪表。20世纪70年代开始,控制理论和控制技术及计算机技术的应用推动了生产过程自动化,出现了各种新型控制系统,如集散控制系统、二级优化控制等。近年来,现代自动化技术不只局限于对生产过程中重要参数的自动控制,已发展为综合自动化。

现代自动化技术的应用领域和规模越来越大,控制与管理一体化的系统已提到日程,其社会、经济效益也越来越大。现代自动化技术同时也显示了知识密集化、高技术集成化的特点,它是信息技术、自动化技术、管理科学等相结合的现代高技术。自动化过程中的智能化程度日益增加,各种智能仪表不断出现,控制的精度越来越高,控制的方式日益多样化,它不仅减轻和代替了人们的体力劳动,而且也在很大程度上代替了人们的脑力劳动。

11.2 生产物流自动化的相关概念

1. 生产物流管理的目标

企业生产物流的一般过程为:有关部门采购原材料及配套件,然后经过加工制造后进行质量检验,再经过装配、包装进入成品存储的环节,最后发送及销售。整个生产过程需要借助一定的运输设备在各个环节进行流转。因此,生产物流开始于投入原材料,成品进入仓库后截止。生产物流管理的目标是,对企业物流进行协调化、快速化等设计,降低生产成本,具体表现在以下几方面。

（1）缩减企业的生产物流时间,以缩减整个产品的生产周期。

（2）将整个生产过程自动化和标准化之后可以保证产品的作业质量;对生产车间的空间进行优化设计,可以提高设备的利用率,从而使时间和空间上达到平衡。

（3）控制库存量和在制品数量,可以将更多资金用于其他地方。

（4）通过控制生产过程中的流动资金,可以减少生产过程中占用和消耗的流动资金,提高流动性,降低生产成本。

生产设备上配备一些自动化装置,代替操作人员的部分直接劳动,使生产在不同程度上自动进行的过程称为生产过程自动化。在生产自动化的条件下,人的职能主要是系统设计、组装、调整、检验、监督生产过程、质量控制以及调整和检修自动化设备和装置。

2. 实现生产物流自动化的目的

实现生产物流过程自动化的目的主要有以下几点:
(1) 加快生产速度,降低生产成本,提高产品产量和质量;
(2) 降低劳动强度,改善劳动条件;
(3) 保证安全生产,防止事故发生或扩大,延长设备使用寿命,提高设备利用率;
(4) 改变劳动方式,提高工人文化水平,逐步消除脑力劳动和体力劳动之间的差别。

生产物流自动化系统与仓储物流自动化系统(自动化立体仓库)相比,虽然物流过程不尽相同,控制对象也不完全一样,但是在物流装备、控制装置、物料搬运系统及控制系统方面有一定的相似性。

11.3 柔性制造系统

随着科学技术的飞速发展,产品的生产越来越趋向于批量化、规模化,这就要求生产设备必须具有高效自动化,以满足大批量生产的需求;技术更新的速度越来越快,产品更新换代的周期越来越短,生产设备必须具有高效、高柔性,以适应多品种生产的要求;同时,还必须具备可迅速调整的能力,以适应新产品生产的需要。

传统的组合机床、专用机床及专用自动生产线等,它们的生产效率较高,但缺少柔性,只适用于某一种工件或工序的生产。一旦改换产品品种,轻者需要进行小规模技改,重者大多数设备需更新换代,为此造成很大的浪费。进入 20 世纪 80 年代以来,人们开始普遍重视开发适应大批量、多品种生产的高速加工中心及大规模柔性生产线,其中,柔性制造系统(flexible manufacturing system,FMS)是生产线的主体。

FMS 是在成组技术的基础上,以多台(种)数控机床或数组柔性制造单元为核心,通过自动化物流系统将其连接,统一由主控计算机和相关软件进行控制和管理,组成多品种变批量和混流方式生产的自动化制造系统。其系统组成主要包括加工设备、存储和搬运系统及信息控制。加工设备主要采用加工中心和数控车床,前者用于加工箱体类和板类零件,后者则用于加工轴类和盘类零件。中、大批量少品种生产中所用的 FMS,常采用可更换主轴箱的加工中心,以获得更高的生产效率。存储和搬运系统搬运的物料有毛坯、工件、刀具、夹具、检具和切屑等;存储物料的方法则采用自动化立体仓库。性能完善的软件是实现 FMS 功能的基础,除支持计算机工作的系统软件外,数量更多的是根据使用要求和用户经验所发展的专门应用软件,大体上包括控制软件(控制机床、物料储运系统、检验装置和监视系统)、计划管理软件(调度管理、质量管理、库存管理、工装管理等)和数据管理软件(仿真、检索和各种数据库)等。

柔性生产系统主要有以下三种类型。
(1) 柔性制造单元:由一台或数台数控机床或加工中心构成的加工单元。该单元根据需要可以自动更换刀具和夹具,加工不同的工件。柔性制造单元适合加工形状复杂、加工工序简单、加工工时较长、批量小的零件。它有较大的设备柔性,但人员和加工柔性低。

(2) 柔性制造系统:以数控机床或加工中心为基础,配以物料传送装置组成的生产系统。该系统由计算机实现自动控制,能在不停机的情况下,满足多品种的加工。柔性制造系统适合加工形状复杂、加工工序多、批量大的零件。其加工和物料传送柔性大,但人员柔性仍然较低。

(3) 柔性自动生产线:把多台可以调整的机床(多为专用机床)连接起来,配以自动运送装置组成的生产线。该生产线可以加工批量较大的不同规格零件。柔性程度低的柔性自动生产线,在性能上接近大批量生产用的自动生产线;柔性程度高的柔性自动生产线,则接近于小批量、多品种生产用的柔性制造系统。

11.4 生产物流自动化控制系统

生产物流自动化控制系统仍然可以采用基于现场总线的控制系统,集成生产设备、PLC 和现场仪表,实现生产过程自动化控制。下面以上海西门子移动通信有限公司基于 Simatic 工业自动化控制技术的工厂生产物流自动化控制系统为例,介绍生产物流自动化控制系统。

11.4.1 系统概述

该物流自动控制系统主要是控制输送系统完成其物料的输送任务。在环绕库房、生产车间和包装车间场地,距地面 4~6 m 处,设置有由许多皮带输送机、滚轮输送机等组成的一条条输送链,经首尾连接形成连续的空中输送线。在物料的入口处和出口处,设有路径叉口(分开或合并,即分流或合流)装置、升降机和地面输送线。这样,在库房、生产车间和包装车间范围内形成一个顺畅的、封闭的循环输送线系统。所有生产过程中使用的有关材料、零件、部件和成品等物料,都装在贴有条形码的防静电的标准塑料托盘箱(箱式托盘)里。在生产管理系统发出的生产指令的作用下,装有物料的托盘箱从指定的入口处进入输送系统,系统经过扫描托盘箱上的条形码,查寻生产管理系统的生产指令并与之比较,可自动识别判断出该托盘箱需要到达的目的地出口。系统将按照最佳路径,控制启动相应的输送链、路径叉口装置和升降机,把该托盘箱自动输送到指定出口。

物流自动控制系统利用 PLC 控制技术,按照生产指令,通过自动识别系统和输送系统,自动地和柔性地把托盘箱装上生产物料,以最佳的路径,最快的速度,准确地从生产场地的一个位置输送到另一个位置,完成托盘箱和生产物料的时空转移,以保证工厂设备高效率地运行。图 11-1 所示的是该物流自动控制系统的平面示意图。

11.4.2 系统分析

物流自动控制系统的控制对象主要分布在库房、生产车间和包装车间。其分类和作用如下所述。

1. 输送链

(1) 皮带输送机,主要完成直线输送。

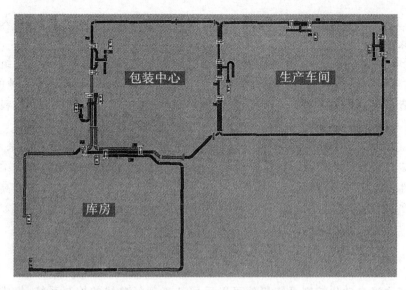

图 11-1 物流自动控制系统平面图

(2) 滚轮输送机,主要完成直线输送或弯道输送,对托盘箱具有存储集放功能。

2. 升降系统

(1) 往复垂直式升降机设在入口处和出口处位置,可使托盘箱往返于地面输送线和空中输送线之间。

(2) 连续垂直式提升机和连续垂直式下降机分别设在包装车间入口处位置和出口处位置,可快速、高效地将地面输送线的托盘箱输送到空中输送线。

3. 路径叉口控制系统

设有路径叉口分开控制装置和路径叉口合并控制装置,分别实现出口处托盘箱从循环输送线到支路输送线的分流控制,以及入口处支路输送线到循环输送线的合流控制。

4. 自动识别系统

由 13 台固定式条形码激光扫描仪构成,实现对托盘箱的识别。其中,6 台设置在输送线各物料入口处,用来检查进入输送系统的托盘箱的合法性,并为其建立信息记录。另外 7 台设置在输送线各路径叉口分开控制装置处,为托盘箱的输送路径控制提供依据。

5. 物料入口和出口

在库房、包装车间、装配 1 工作区、装配 3 工作区、印刷电路板测试工作区和贴片机工作区分别设置了物料托盘箱入口和出口。

6. 物料托盘箱

系统使用的物料托盘箱是物流输送系统的基本储运单元,采用标准化的防静电塑料托盘箱。所有物料托盘箱在侧面相同的位置上,都贴有相互不同的具有 8 位代码的条形码标签,使其在输送线上行走时,可被固定式条形码激光扫描仪扫描,以作为系统自动识别标志。

综上所述,为了把物料托盘箱按照生产指令,从指定的物料入口自动输送到物料出口,物料托盘箱的输送路径控制和最佳路线选择是关键。

11.4.3 系统运行措施

由于该系统比较庞大,涉及工厂生产的各个环节,为了保证系统正常、可靠、有效地运行,减少各种故障,还采取了下列措施。

1. 可视化的监控系统

在生产车间和包装车间设立的计算机终端上,运行基于 WinCC 开发的监控界面,如图 11-2 所示,以图文并茂的方式,监控整个物流输送系统运行。其作用有以下两个方面:

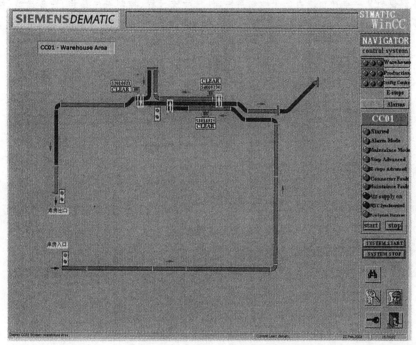

图 11-2 基于 WinCC 的监控界面

(1) 以图形化的方式显示各个设备运行状态;

(2) 通过 WinCC 监控界面,操作人员可以对实时数据库进行操作,可以查看当前在输送线上运行的托盘箱,可以对系统控制进行干预。

2. 输送线睡眠状态的控制方式

对于每一台皮带输送机或滚轮输送机,在空闲时,即在自己的皮带或滚轮上较长时间无托盘箱输送时,应停机,进入睡眠状态。只有在前一段输送设备运行并且在其末端传感器感应到托盘箱到来时,才能激活该输送机运行。

3. 路径合并控制

当支路上的托盘箱向循环输送线上合并输送时,系统要进行适时控制,以把托盘箱推向循环输送线上,已在循环输送线上前后位置的托盘箱既不能发生碰撞,也不能距离太近,以免造成输送线堵塞。

4. 托盘箱输送的均匀性

当一系列托盘箱在输送线上运行时,托盘箱之间应保持合理的距离,即保证托盘

箱输送的均匀性,主要方法有:
  (1) 控制物料入口的输送链;
  (2) 控制输送链与输送链之间的连接;
  (3) 路径合并控制。

习题 11

11-1 为什么要实现生产自动化?

11-2 简述柔性生产系统的概念及其类型。

11-3 举例说明某一生产物流自动化控制系统,包括物流过程、控制系统结构、设备选型、控制原理等内容。

第三篇 应用及实验篇

12

铜冶炼生产物流自动化系统

12.1 工程介绍

江西铜业集团公司成立于 1979 年,经过三十多年的发展,成为集采、选、冶、加工、贸易为一体的国内最大的现代化铜生产和加工基地,是黄金、白银、硒、碲、铼等稀贵金属和硫化工的重要生产基地,成为中国铜工业的领跑者。

为了应对国内外铜市场的需求和竞争,江西铜业股份有限公司决定提升其旗下的贵溪冶炼厂(简称贵冶)铜冶炼产能,新建一座 30 万吨级铜冶炼厂,采用世界上最先进的闪速炼铜工艺技术。与其配套的过程自动化仪表控制技术和设备,经综合考察、了解设备厂商和用户后,决定采用以 FF 总线仪表为主,传统仪表为辅的混合式控制方案。闪速炉、硫酸主工艺流程选用爱默生公司的 DeltavFF 总线控制系统,主要的配套装置空分系统选用横河公司的 CS3000FF 总线控制系统。整个工程于 2005 年 12 月 2 日开工建设,2007 年 8 月 1 日建成投产。这里主要介绍横河公司的 CS3000FF 总线控制系统在贵冶 3×10^4 Nm3/H 空分装置中的应用。

12.2 现场总线控制系统的网络结构及配置

12.2.1 FF 现场总线控制系统的网络结构

贵冶 3×10^4 Nm3/H 空分装置主要由空气压缩系统、空气预冷系统、分子筛系统、冷端和热端增压膨胀机系统、氧和氩精馏系统、高纯氧系统、液体存储系统、冷却水循环系统等构成。其中,所有的电气运行状态指示和逻辑控制,以及几乎所有的温度指示采用传统的 DCS 控制实现,其他则采用 FF 现场总线方式控制。I/O 点数总计为 582 点,分类如下:

AI　148　AO　74　DI　151　DO　79　RTD　130

选用横河公司推出的 CS3000R3 控制系统,采用 Vnet/IP 千兆以太网控制网络结构,配置 2 台操作员站,1 台工程师站,1 台设备管理站,1 台冗余控制站(7 个节点)。

贵冶 5#制氧控制 CS3000 系统结构如图 12-1 所示。

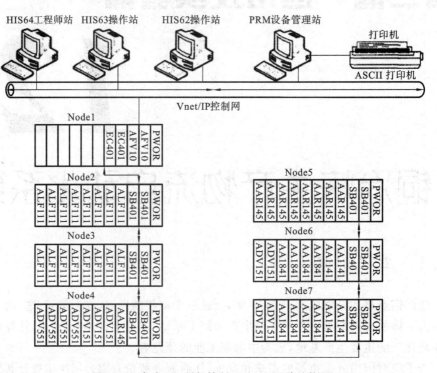

图 12-1 贵冶 5♯ 制氧控制 CS3000 系统结构图

12.2.2 FF 现场总线设备具体配置

现场总线控制卡 ALF111 16 块，采用 8 对冗余方式，占整个控制系统 2 个节点（Node2 和 Node3），如图 12-2 所示。

图 12-2 现场总线控制卡

设置 32 条网段，实际使用 28 条网段，4 条网段备用，网段结构为鸡爪形结构，平均每条网段配置 6 台 FF 设备，配置最少的一条网段为 4 台 FF 设备，配置最多的一条网段为 8 台 FF 设备。图 12-3 所示的为网段连接结构示意图。

网段辅助设备全部采用 MTL 公司的产品，每条网段设置了总线电源 F600A 和防浪涌保护器 FP32。

总线电缆采用国产电缆(常州八益电缆股份有限公司生产)。主干线电缆为铠装金属丝屏蔽电缆，型号为 BJYC3Y32 H1 1×2×0.8(18AGW)；分支线电缆为非铠装金属丝屏蔽电缆，型号为 BJYC3Y2 −H11×2×0.8(18AGW)，如图 12-4 所示。

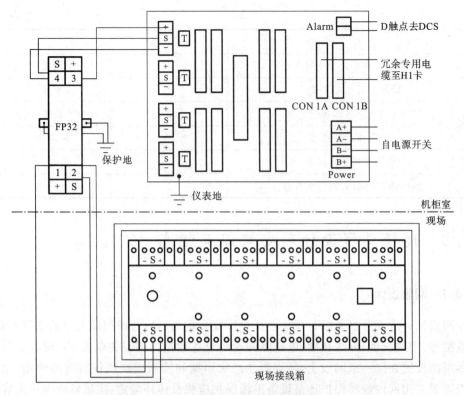

图 12-3 网段连接结构示意图

图 12-4 总线电缆

为了实现对 FF 现场总线设备的在线监测和动态维护管理,本工程引入了工厂资源管理(PRM)系统。通过利用 PRM 系统内部功能,基本上能够建立和健全智能仪表设备台账归档系统,包括设备制造厂家信息、位号、设备描述、装置参数、维护与校验记录、诊断信息等。

FF 现场总线仪表配置 161 台件,表 12-1 所示的是现场总线的具体配置情况。

表 12-1 FF 现场总线仪表的具体配置

仪表类型	数量	厂商
EJA 系列压力、差压变送器	82	横河
EJX 系列压力、差压变送器	14	横河

续表

仪表类型	数量	厂商
3095 多参量流量变送器	1	罗斯蒙特
AXF 系列电磁流量计	4	横河
YTA 系列双路温度变送器	2	横河
3787 阀门定位器	56	萨姆森
3730-5 阀门定位器	1	萨姆森
SIPART PS2FF 阀门定位器	1	西门子

12.3 现场总线设计和安装以及组态

12.3.1 网段设计

网段设计应充分参考《FF 现场总线设计安装指南》，应考虑网段上总的电流负载、电缆型号、干线长度、分线长度、电压降和现场设备数量。相互关联的 FF 现场总线仪表尽可能设置在同一条网段上，特别要注意宏周期和控制模块执行时间的确定，至于是否需要采用网段浪涌保护还是设备浪涌保护应视具体环境定，应尽可能选用大容量的网段供电设备。另外，在网段设计时，最好把现场 FF 仪表的位号和分配的地址提供给设备供应商，这样既方便了安装人员安装，又方便了安装调试；否则，在实施时，FCS 系统读上来的 FF 设备全都是设备出厂时的默认值，只能一台一台确认，给组态带来诸多麻烦。此外，可以借助于 FF 设备厂商提供的"现场总线网段设计工具"来检查网段设计是否满足要求。

从 FF 现场总线物理层链路活动调度器(LAS)方面考虑，一般现场总线网段上应有 2 个 LAS，主 LAS 设计在 H1 卡上，后备 LAS 设计在网段上的某一台通信任务较轻的设备中，以防主 LAS 不工作时，备用的 LAS 可以接管其功能，防止系统功能丢失。然而，在设计 FCS 系统时一般都是采用冗余的 H1 卡，冗余备用卡就是后备 LAS，没有必要为了增加后备设备的 LAS 功能而多付出 LAS 调度功能的费用。本工程把后备的 LAS 设置在冗余的 H1 卡上，这样做可以减少 FF 仪表费用。

12.3.2 总线仪表功能块设计

受网段通信速率的限制，一般在一条网段上设计的 PID 调节功能块不应超过 2 个；功能块总运行周期时间达到 0.25 s 的总线设备最好设计为 1 台，最多不能超过 3 台。另外，在设计 FF 仪表时不要选用工程应用中不需要的功能块，这样可减少设备费用。

图 12-5 所示的为 FF 仪表标准的单回路 PID 功能块设计案例。

在本工程中，模拟量输入 AI 块(5FI1101)始终设计在变送器上，模拟量输出 AO 块(5FCV1101)始终设计在阀门定位器上，操作人员可以通过 FF 控制面板进行自动/手动控制阀门。标准的单回路 PID 功能块(5FICA1101)一般设置在阀门定位器上。

对于串级控制回路，主回路控制 PID 功能块在 FCS 控制器里执行，而副 PID 功能块在阀门定位器里执行。

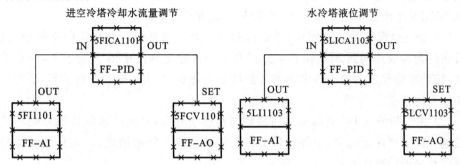

图 12-5　FF 仪表标准的单回路 PID 功能块设计

在 CS3000FCS 控制系统中，所有放置在现场总线仪表装置中的功能块，操作人员都可以通过 FCS 系统转换成 FF 仪表面板块来进行操作和监视。但要注意的是，AO 块必须置于串级，FF-PID 功能块才能进行手动/自动切换操作，否则只能通过 AO 块进行手动控制阀门。

复杂回路的 PID 功能块一般设计在 FCS 控制器里执行，如温压补正运算（5FCL102）等。在本工程中，所有带温压补正运算的 PID 调节功能块、分程控制块等，均设计在 FCS 系统控制器中处理。图 12-6 所示的为 FF 仪表复杂回路 PID 功能块设计案例。

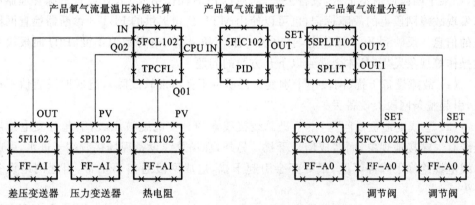

图 12-6　FF 仪表复杂回路 PID 功能块设计

12.3.3　FF 电缆施工要求

在现场施工中，对 FF 电缆和管缆的敷设以及 FF 仪表设备的安装做了以下规定。

（1）敷设的电缆两端必须印有电缆标志（电缆标志按照 FF 电缆表提供），主干和分支电缆的接线遵循橙色线接正极、浅蓝色线接负极。

（2）电缆/管缆尽量通过专用桥架敷设，最小弯曲半径应大于 FF 电缆外径的 12 倍，敷设的距离应尽量的短，尽量避免高温和高粉尘场所，尽量避免大功率电器设备，如果不能避开以上场所，则电缆应当套保护管敷设。所敷设的 FF 电缆不允许有破损，以免造成多点屏蔽接地。

（3）主干电缆屏蔽接地要求：外层屏蔽铠装钢丝接电气保护地；在仪表室端，内层屏蔽通过泄漏线连接到网段供电电源设备(F600A)的网段接线 S 端子上后,再连接到仪表系统地上;在现场端,内层屏蔽通过泄漏线连接到 Megablock 分接盒上的 TRUNK-IN 主网段中的 S 端子上;中间任何地方对地要求绝缘良好。

(4) 分支电缆屏蔽接地要求:外层屏蔽金属丝连接到现场分接箱的保护地;内层屏蔽通过泄漏线连接到 Megablock 分接盒上的各分支网段中的 S 端子上,注意单端接地,接到现场设备上的支线电缆的屏蔽线必须剪断,并用热缩套管封装好,不得与机壳和仪表地连接。

(5) 主干和分支 FF 电缆接线两端必须套热缩套管,以免屏蔽线接触外壳形成多点接地。特别要注意的是,室外设备的接线端必须要有防水措施,以确保电缆信号线之间以及对地的绝缘良好。

(6) 必须按照《FF 总线系统工程指南》中现场总线电缆检验标准,验收主干和分支电缆的施工。

12.4 应用中遇到的问题

1. 遇到的问题

在回路调试和装置开车过程中,FF 现场总线回路使用情况正常。FF 总线的通信速率完全满足工艺生产需要,FF 总线设备工作稳定,性能良好。但也出现了一些小问题,如某个网段通信不正常,设备丢失等,通过 FCS 操作站或 PRM 设备资源管理器可以发现故障网段上的故障标记,也可以使用 MTL 公司提供的 FBT-3 诊断器检查网段上的信息。反映到 FCS 操作上,会出现过程 CNF 报警、过程数值不变、PID 面板块不能操作等现象发生,具体会遇到以下几方面的问题。

(1) 故障设备干扰(网段中个别变送器质量不良出现软故障),造成网段通信不正常,引起整条网段上设备丢失。

(2) 总线电缆敷设问题,由于进总线接线盒的分支电缆被压破,引起分支电缆屏蔽线有二端接地现象,而造成信号干扰。另外,现场总线设备现场接线端子进水,引起总线电缆绝缘下降等问题,最终都会引起干扰,造成网段通信不正常,引起网络设备丢失。

(3) 设备下载速度慢,与传统 DCS 比较,FCS 在修改组态参数时,下载速度要慢得多。

(4) FF 现场仪表与 FCS 系统的兼容性问题,主要体现在可监视和修改的参数方面,如 CS3000 系统和西门子 PS2FF 定位器,PID 功能块就不能设置在阀门定位器上,只能设置在 FCS 控制器内等。

2. 采取的对策

(1) 在检查故障时可以使用 MTL 的 FBT-3 检查网段上的信息,根据测试到的信号异常来判断事故的原因,进行针对性的处理。

(2) 可以借助于设备资源管理器 PRM,利用 FF 现场总线设备资源,来降低设备生命周期成本,发挥更好的经济效益。

(3) 严格执行 FF 现场总线设计规定。

3. 优点

该工程实践表明，FF 现场总线控制技术与 FCS 设备已趋于成熟，是今后过程自动化的发展方向，主要优点如下。

（1）节省电缆及安装材料，减少了 I/O 卡件，工程量减少。

（2）可以减少操作和维护费用。由于现场总线仪表的全数字、智能化及 PRM 等设备管理软件的应用，大大减少了仪表的标定、现场巡检及仪表故障的诊断时间。

（3）提高设备使用效率和装置的安全性。由于采用了全数字、智能化的现场总线仪表加上设备管理软件，使操作和维护人员能够及时获得设备的故障预测、报警等信息，由于能够提前获得仪表的故障预测信息，使工厂的非计划停车时间减少，提高生产效率，实现预测性维护和优化维护。

但是，FF 设备费用高，对设备维护人员的知识、技能水平要求也高，尤其是设备资源管理系统的应用比较复杂，需要专业人员才能用好。

习 题 12

12-1 FF 现场总线有哪些实际应用？写出 1 到 2 个实际案例，并说明系统结构。
12-2 FF 电缆施工时有哪些具体要求？
12-3 FF 现场总线在实际应用中会遇到哪些问题？

13 西安制药厂自动化立体仓库

西安制药厂（现为西安利君制药有限责任公司）是一个具有70多年制药历史的老企业，经过几十年的不懈努力，现已成为一个大型重点综合性制药企业，是西北地区规模最大、品种最多、效益最好的制药基地。随着企业的迅速发展，原有的物流仓储系统已不能满足新形势的要求，必须建立一个集物流、信息流和资金流于一身的自动化物流管理中心，从而降低企业综合成本，提高企业综合效益。

西安迪普物流机械有限公司是专门从事自动化立体仓库和自动化物流配送中心研究、开发、设计和制造的专业公司。西安制药厂自动化立体仓库就是西安迪普物流机械有限公司与日本冈村制作所合作设计、制造、安装、调试的，于2001年投入使用。

13.1 西安制药厂库存系统概况

1. 西安制药厂原有库存系统状况分析

（1）库房种类多、布局分散、管理部门多，造成全局管理难度大。例如，库房种类有成品库、原材料库。成品库包括存储片剂、粉剂和针剂的库房。原材料库包括存储原料成品、内外包材、标签类等的库房，这样的存储模式必然导致运作效率低，浪费土地和人力资源。

（2）库房管理采用传统的手工记账方式，不能及时和动态地反映库存信息，使经营管理者在决策时有一定困难。

（3）仓库作业采用人工方式，出入库效率低、时间长，完全不能满足该企业迅速发展的要求。

（4）原有库房设施不能保证药品这一特殊商品实现先进先出的原则。

（5）原有库房的库存量太大，占用流动资金多，不利于企业发展。

综上所述，建立一个现代化的自动化立体仓库势在必行。

2. 自动物流管理中心位置和面积

新建的自动化物流管理中心位于厂区东北角，库存面积为95 m×42 m，即3990 m^2。

3. 自动化物流系统管理中心保管物品种类和规格

（1）品种规格：共100个品种，129个规格，其中片剂（包括颗粒剂、胶囊）品种64个，规格83个；针剂（包括粉剂）品种36个，规格46个。常年生产的品种72个，规格

87个,其中片剂品种47个,58个规格;针剂品种25个,29个规格。

(2) 日入出库量:日入库量最大为11925箱,最小为5364箱;日出库量:最大为8349箱,最小为413箱。

(3) 每箱重量:最大30 kg,最小11 kg,数量最多的品种每箱16.8 kg。

(4) 外包装箱规格:片剂用外包装箱规格最大为690 mm×415 mm×270 mm,最小为315 mm×205 mm×140 mm;针剂用外包装箱规格最大为625 mm×415 mm×270 mm,最小为475 mm×225 mm×180 mm。

13.2 自动化立体仓库参数设计

西安制药厂库存品种繁多,数量巨大,尺寸规格不尽相同。包装形式有箱形、桶形、袋形。尺寸规格有120多种,最大纸箱尺寸为900 mm×500 mm×200 mm,最小纸箱尺寸为315 mm×278 mm×200 mm。出入库作业以批次作业为主,拣选作业较少,根据这些特点,选用T-1000型托盘式有轨巷道式高层自动化立体仓库。

1. 单元载货的确定

设计自动化立体仓库最重要的一个环节是确定单元载货尺寸,这是设计自动化立体仓库大小的基础,它最终将影响到立体仓库的存储效率。确定单元载货尺寸的基础首先是确定入库品的尺寸,要根据入库的规格尺寸进行排序,选出尺寸相近且占入库品体积百分率最大的几种物品,以此为据优化托盘尺寸。此外,考虑到托盘的力学性能及价格,最后确定如下。

单元载荷尺寸为 $W \times L \times H = 1400 \text{ mm} \times 1100 \text{ mm} \times 1400 \text{ mm}$

托盘尺寸为 $W \times L \times H = 1400 \text{ mm} \times 1100 \text{ mm} \times 150 \text{ mm}$

单元货格有效容积为

$$W \times L \times H = 1400 \text{ mm} \times 1100 \text{ mm} \times 1400 \text{ mm}$$

2. 立体仓库的主要参数

库房占地面积为　　　$95 \text{ m} \times 42 \text{ m} = 3990 \text{ m}^2$

采用5巷道9层50列,每巷道2排,总货位数为

$$50 \times 9 \times 5 \times 2 = 4500 \text{ 个}$$

3. 主要设备

主要设备有:自动堆垛机5台;链式输送机(含工作台)若干台;搬运台车5台;计算机终端8台。

4. 自动化立体仓库的进出货能力

每台堆垛机的平均复合能力,即平均复合作业时间为134.1 s。复合存取是堆垛机把托盘运入、放进货格之后不立即出库,而是到另一货格把需出库货物运出。

5台堆垛机的复合存取能力为

$$\frac{134.1}{5} \text{ s} = 26.82 \text{ s}$$

每天按8 h工作制考虑,整个系统(5台堆垛机)的复合能力为

$$\frac{3600\times 8}{26.82}=1073 \text{ 次}$$

即每天可以完成 1073 次复合作业。

因此,一个工作日进出货总数(2 倍)为 2146 次。

5. 仓库结构特点

整个货架区为全封闭式,入库和出库作业区分开,入库品在入库前为整理和除尘等工序留有足够的空间。在货架区前面留有 15 m×26 m 的场地,作为货物的拣选区和入库前、出库后的暂存区,也为将来发展自动水平旋转库留有余地。

该系统由计算机统一管理,采用自由货位管理方式,存放的货物既可以归类存放在某一巷道的货格中,又可分散存放在其他巷道的货格中,这样可适应某些物品紧急入库的需要,而不影响整个系统作业。

13.3 自动化物流管理中心的系统设计

该系统采用计算机对原材料和药品进行在库管理、储位管理、自动化立体仓库的入出库管理和输送机的控制。

1. 物流系统管理范围

物流系统管理范围如图 13-1 所示,从货品的入库开始到出库为止。

图 13-1 物流系统的管理范围

2. 系统基本功能

(1) 系统以托盘为单位,对在库品进行管理。

(2) 储位管理方式(托盘与货架关系)采用自由储位管理方式,即寻找货架空闲货位的位置,使托盘高效率地入库。

(3) 分配管理方式(物品与托盘的关系)。当托盘上的物品全部被取走时,物品与托盘之间的关系被解除。若其他新物品放入托盘时,则重新建立起物品与托盘的新关系。

(4) 混载管理。在一个储位里可以放入多个不同物品,称为混载管理。这个系统最多可放 8 个物品。

(5) 多个储位管理。系统可对同一种物品,分别用多个储位进行管理。

(6) 空托盘管理。系统可以存放空托盘,对空托盘进行科学管理。

(7) 出库顺序。完全按先进先出原则进行出库管理。

13.4 自动化物流管理系统软硬件体系结构

1. 自动化物流管理系统硬件结构

自动化物流管理系统硬件结构如图 13-2 所示。

2. 自动化物流管理系统软件结构

自动化物流管理系统软件结构如图 13-3 所示。

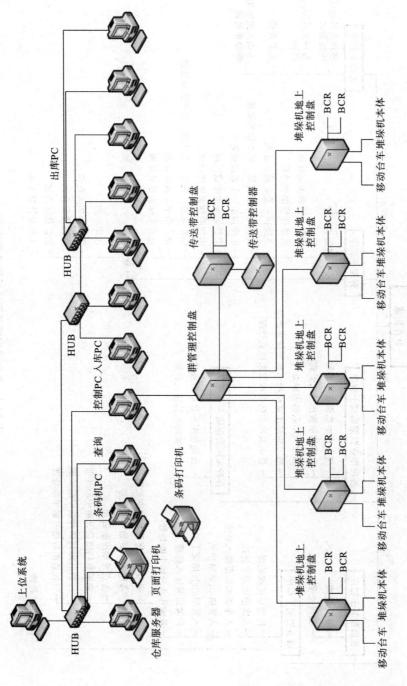

图 13-2 自动化物流管理系统硬件结构构图

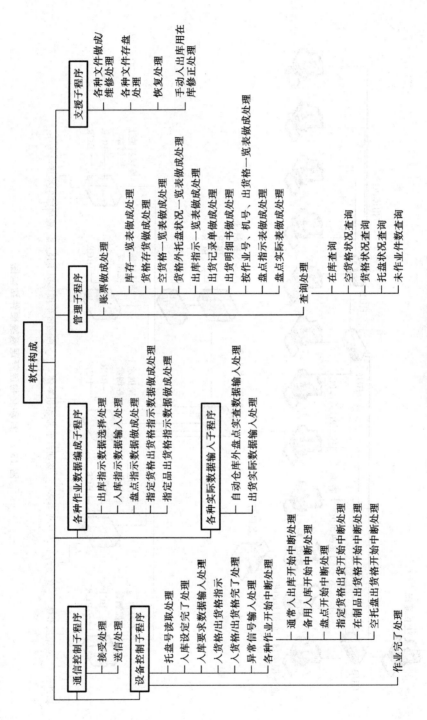

图 13-3 自动化物流管理系统软件结构图

13.5 系统运转原理及作业程序

1. 运转系统基本原则

(1) 管理方式。自由货位和区域管理相结合,把自动化立体仓库分成3个区域来管理物品,在各区域内以自由货位的方式进行保管。

(2) 入库原则。以托盘为单位进行入库,可能会出现不足以放一个托盘的"多余物品"。在此情况下,把"多余物品"暂时放在自动化立体仓库之外的货架上进行保管,届时可再入库,所以,计算机必须掌握"多余物品"的库存信息。

(3) 出库原则。采用先进先出原则,自动化立体仓库之外的"多余物品"和货格内的物品都必须按先进先出的原则进行出入库。

(4) 管理系统。要求自动化物流管理中心的计算机能做各种账票,查询有关信息,管理精度高,具有库存盘点等各种程序。

(5) 控制水平阶层化。即使出现故障,也能进行入出库作业。全部运转包括在线运转、半自动运转和手动运转三种方式。在线运转就是在计算机控制下可实现正常运转和备用运转。正常运转是指全部机器正常动作时的运转方法,备用运转是指当入库传送带的部分机器出现故障时启用的运转方法。半自动运转是指当计算机发生故障时启用的运转方法,这时,在堆垛机地面控制盘上操作。手动运转是在堆垛机或传送带发生故障时选用的运转方法,这时,分别通过堆垛机和传送带的手动操作箱来进行操作。

2. 入库作业程序

(1) 由叉车提供空托盘。

(2) 把制品或原材料放在托盘上。

(3) 把记载了制品号或原材料号及托盘上物品个数的现品票,贴在托盘上的制品或原材料上。

(4) 用叉车把"入库准备完了"的托盘放在输入传送带上。

(5) 叉车离开传送带,托盘开始向货态检测部的方向自动移动。

(6) 在货态检测部,对单元载荷进行货态检查。货态最大尺寸为宽1100 mm、深1400 mm、高1400 mm,读取贴在托盘侧面上的票据数据,托盘停在"入库设定位置"。如果是空托盘,则在入库主线上自动合流。

(7) 如果货态尺寸超过规定值,或读取托盘侧面上的票据数值发生异常,操作箱的红色信号灯亮,报警器响,同时"解除异常"按钮也亮起来。此时,如果按下"解除异常"按钮,则发生异常的托盘前进,自动向入库主线合流,托盘被送入剔出线。向入库主线合流后,"解除异常"按钮熄灯。在异常原因除去后,用叉车把被送到剔出线上的托盘送到传送带上。

(8) 把放在制品或原材料上的现品票收集起来,通过入库终端,输入"入库/再入库数据"。入库/再入库数据包括制品号或原材料号、制造号、数量。入库/再入库数据设定完之后,在确定托盘由几号机入库后,向入库主线合流,到达指定的某号机时被自动搬运。

(9) 当理论在(入)库数与输入数量有差别,在入库主线合流后,物品被送到剔出线。如果理论在库数与输入数量一致,则正常运行。

(10) 当一个托盘从货态检测部移出时,下一个托盘就进入接受检测。

(11) 自动报送到入库主线的托盘,将自动转到指定的某号堆垛机的入库通道传送带上。在同一入库通道传送带上可保存 2 个托盘,在入库站的托盘进入货格后,后续的托盘将自动地送到入库站。

(12) 入库站设有条形码阅读器,能读取托盘侧面的托盘号。这个条形码阅读器与堆垛机地上控制盘相连接,读取的托盘号被送到群管理控制盘中,若发生不良读取,则送出空数据。

(13) 托盘到达入库站后,等待进入货格。

(14) 群管理控制盘把从堆垛机地上控制盘送来的托盘号作为入库要求数据,传输给物流管理计算机。

(15) 物流管理计算机根据托盘上制品、原材料的出库顺序,查选该货区的空货格,并向群管理控制盘发出入库指令。

(16) 群管理控制盘接到来自物流管理计算机的进入货位的指令后,向堆垛机的控制盘发出托盘入库指令。

(17) 堆垛机地上控制盘和堆垛机把托盘送入指定货位,当托盘进入货位后,把"完了数据"传送到群管理控制盘。

(18) 群管理控制盘把进入货位"完了数据"传输给物流管理计算机。

(19) 物流管理计算机接收到上述入货位"完了数据"后,修改在库文件(托盘号、货位号)和相应的其他文件,自动计入库存文件中。

3. 出库作业程序

(1) 收到订单数据。

(2) 在办公室通过计算机终端整理订单,决定出库计划。按先进先出原则,对在库和出库的货位进行查询处理,并打印出库指示一览表和发货明细表。

(3) 根据订单,编制出库顺序计划,制作出库计划文件,并按堆垛机号打印出应取货的货位一览表。发货记录票上记载机号、托盘号、订单号、制品和数量等数据。

(4) 通过办公室计算机终端,按照出库计划文件,物流管理计算机向群管理控制盘发出出库指令。

(5) 群管理控制盘对堆垛机地上控制盘发出出库指令。

(6) 堆垛机从指定的货位取出托盘,并搬运到移动台车上。

(7) 移动台车自动行走。此时出库终端显示订单号和其他有关项目,订单号用大号字体显示出来。

(8) 叉车司机根据发货记录票和终端显示订单号,把托盘从移动台车上取下来,送到指定的发货口,搬运完毕后把出库记录票附在托盘上。

(9) 当叉车货叉离开移动台车时,通过传感器就知道移动台车上的托盘被取走,此时,移动台车自动回到入出库站,并在指定位置待命,等待堆垛机搬运来的托盘。

(10) 在发货口,待命司机根据发货明细表和发货记录单,按指示数量从托盘上把制品或原材料取出,并放入卡车的车厢中。

(11) 叉车司机把拣货完毕的托盘送到下一个订单应拣货的发货口,如果没有后续订单拣货时,则把托盘送到指定区域待命入库。

4. 备用运转程序

备用运转是在入库主线的机器发生故障时所采取的措施。备用运转的入库设定按正常运转方式一样操作,但是入库设定的托盘被送到剔出线上。备用运转具体步骤如下。

(1) 在传送带控制盘面上,选择备用运转方式。
(2) 移动台车自动待命。
(3) 叉车把从剔出线运来的托盘放在移动台车上。
(4) 当叉车货叉一离开,通过传感器作用,移动台车自动到入出库站位置,并由条形码识别器读出托盘号。
(5) 堆垛机地上控制盘把同一组数据传输给群管理控制盘。
(6) 群管理控制盘把同一组数据作为入库要求的数据传给物流管理计算机。
(7) 物流管理计算机根据入库要求数据,进行入库设定处理,并按托盘上制品或原材料的出库顺序查询空货位后,向群管理控制盘发出入库指令。
(8) 当入库指令被拒绝或条形码阅读器不良时,移动台车将自动返回待命,异常灯亮,并异常报警。此时,叉车把移动台车上的托盘取下,排除异常情况。
(9) 当堆垛机地面控制盘接收到来自群管理控制盘的入库指令后,堆垛机把托盘放入货位中。

其余处理,按正常运转进行。

13.6 西安制药厂自动化立体仓库的特点

西安制药厂物流中心的主体部分是一个托盘式有轨高层自动化立体仓库,这主要是根据药品出入库操作以批次作业为主、拣选作业较少的特点而确定的。它将入库区和出库区分开,分别设在立体库的两端,为药品在入库之前的整理和除尘操作留下了足够的空间。对于医药这种品种多、数量大、出入库频率高的物品,实行入库和出库分开,使其互不影响是非常有必要的,可以极大地减少生产操作中可能出现的混乱。

此外,在划分存储区域的基础上,采用自由储位管理方式,是西安制药厂物流中心在管理方面的主要特色,这样的管理方式可以同时满足原材料和产品的出入库要求,适应某些物品的紧急出入需要,实现了系统的高效率运转。而且,自动运转系统与备用运转系统相互结合能有效地防止系统瘫痪。

习题 13

通过查阅资料或实地调查,介绍某自动化立体仓库,说明系统软、硬件构成和操作过程,并提出改进意见。

14

高校物流自动化实验系统及实验设计

14.1 物流自动化实验系统需求分析

物流工程专业是典型的学科交叉型专业,该专业培养具备物流系统规划设计和工程技术应用能力的物流领域高素质人才,主要从事现代物流中心设施设备规划、物流信息技术应用、物流系统分析与优化等专业技术工作。

由于物流本身是一门快速发展的交叉型学科,其包含的技术比较复杂,特别是物流装备计划领域。因此,教学目标和教学计划的制订要做到面面俱到比较困难,必须合理地选择典型环节,起到以点带面的示范作用,利用有限的教学资源达到良好的教学效果。而自动化立体仓库作为现代物流的典型代表恰好符合这种要求,是开展物流实验教学的良好载体。

建设一个以实现物流中心的自动存储、分拣、配送三大功能为目标的物流自动化实验系统,需要设置自动化仓储区和分拣作业区。

1. 自动化仓储区

自动化仓储区主要由立体货架、全自动堆垛机和出入库输送系统组成。

立体货架用于存放货物,可以采用单元货格式货架。

全自动堆垛机用来实现货物单元的上架和下架,可在巷道内来回穿梭,其货台可上下垂直升降,货叉可横行伸缩,从而实现货物的三维运动。堆垛机由 PLC 对其进行自动控制,实现自动认址、定位以及与主控计算机之间的信息通信等功能。

出入库输送系统用以实现货物或货料的出入库,以及实现物流信息的采集和发送。出入库输送系统由输送设备、货物自动识别装置和 LED 看板构成。其中,入库输送设备需要一个带平移的入货台和一条辊筒输送链;出库输送设备需要带平移的出货台和一条带有自动分拣口、出货口的辊道输送链。自动识别系统可以选用条形码识别系统,需要条形码阅读器、计算机和打印在货物上的条码。

有条件的实验室还可以配置 AGV 小车作为区内运送设备,可以用于为分拣作业提供补货、货物输送和拣货、货物的再入库/出库输送。

2. 分拣作业区

分拣作业区主要由分拣货架、计算机辅助分拣系统、流利输送链和补货理货台组成。

分拣货架用于存放待分拣的货物(摘果式分拣)或待分拣装货的客户货箱(播种式分拣)。

计算机辅助分拣系统是一套安装在货架储位上的电子装置,主要由电子标签、网络接线箱、条形码扫描枪和计算机辅助分拣系统管理控制服务器等组成。该系统用于引导拣货人员正确、快速、轻松地完成拣货作业。

流利输送链和补货理货台是分拣作业的辅助工作台,是为了减轻工作人员劳动强度和方便作业而设置的。

自动化仓储区和分拣作业区的设置基本可以实现物流中心的功能,如果想更贴近现实,还可以设置托盘堆栈区。需要的设备有托盘货架、手推液压托盘车、手动液压托盘堆垛车、电动叉车、标准托盘和补货台车。

为了进一步丰富实验教学内容,还可以增加一个流通加工工作区,包括1个流通加工工作台和1台电子标签秤。流通加工工作台可以选用人工流通加工工作台或自动流通加工工作台。人工流通加工工作台是用于待分拣完成的货箱经称重环节,称出其重量,并将重量信息以条形码形式粘贴在货箱上,还要完成重新打包封装等工作。自动流通加工工作台设置机械手以实现自动的流通加工,如自动识别、自动贴标签等。

为配合物流仿真环境的实验与科研开发,还需要配置一些物流信息管理软件,主要需要全自动仓储控制及管理软件、电子标签辅助分拣和配送管理软件、机械手控制软件、条形码信息读/写软件和模拟GPS跟踪定位管理软件等。

根据以上内容建设的物流自动化实验系统集装卸、包装、仓储、流通加工、运输于一体,并结合了计算机及其网络通信、自动控制、自动识别、自动导航、超声波定位、信息管理等最新科学技术。它可以进行有关物流工程、物流管理和物流实务课程的实验教学。各个学校也可以根据教学需要和自身条件,有选择地进行建设。

14.2 实验系统布局与设备选型

华中科技大学控制科学与工程系于2005年开始投资建设了物流自动化实验系统,包括自动化立体仓库、自动分拣和自动导引小车三个子系统。

14.2.1 自动化立体仓库子系统

1. 自动化立体仓库子系统布局

自动化立体仓库子系统由组合牛腿式货架、小型堆垛机、出入库输送机及控制系统组成。系统布局如图14-1所示。

本立体库为自动化立体仓库,计算机自动分配货位,并通过指令控制堆垛机自动将周转箱存放于指定货位。所有的设备与作业控制统一由计算机进行管理。

2. 自动化立体仓库实验设备描述

1) 组合牛腿式货架

货架采用组合牛腿式货架,货格间距可自由调节,用膨胀螺栓安装固定,便于拆卸,每个货格存放一个周转箱。货架参数如下。

货架尺寸:5480 mm×1000 mm×2850 mm($L×W×H$);

货格尺寸:760 mm×400 mm×385 mm($L×W×H$)(第1~4层);

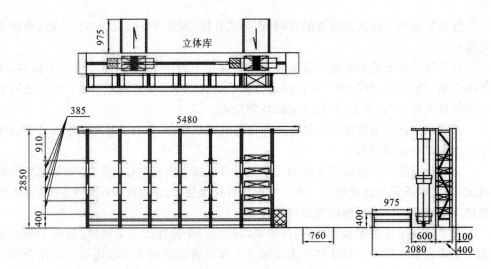

图 14-1 立体仓库规划图(单位:mm)

760 mm×400 mm×910 mm($L \times W \times H$)(第 5 层);

货位数:1 排 6 列 5 层,共计 30 个货位;

周转箱尺寸:600 mm×400 mm×150 mm($L \times W \times H$);

单元货格承重:20 kg;

立柱截面:60 mm×60 mm 的 Ω 截面,板厚 1.5 mm;

牛腿截面:板厚 2 mm 的薄板折弯而成;

货架颜色:立柱采用蓝色,牛腿采用灰色。

货架安装采用膨胀螺栓固定的方式,侧面和墙体进行部分连接进行加固。这种方式强度高,而且能够避免破坏地面建筑结构。

2)巷道堆垛机

巷道堆垛机主要用于周转箱的自动存取,是自动化立体仓库子系统的关键设备。考虑到楼层承重问题,巷道堆垛机采用铝合金型材,这样可降低堆垛机的自重,减轻楼层的承重。

(1)巷道堆垛机主要参数如下。

堆垛机尺寸:1100 mm×400 mm×2850 mm($L \times W \times H$);

额定起重重量:20 kg;

堆垛机速度参数:水平运行速度为 4~50 m/s(变频调速);

垂直运行速度:4~15 m/s(变频调速);

货叉运行速度:2~20 m/s(变频调速);

堆垛机颜色:冰灰色。

(2)巷道堆垛机结构特点如下。

巷道堆垛机主要由上部行走装置、立柱、载货台、货叉机构和提升机构五部分构成。

① 上部行走装置:是由 4 块铝弯板拼装而成的滑车机构,该机构通过四组滚轮在两根铝导轨中行走,每组滚轮为 2 个,分别可与导轨内侧的上下表面接触,通过偏心轴来调节接触的间隙。滑车机构还设置有 4 个水平轮,在安装水平轮的支架上开有调节长孔,用于调节滚轮与铝导轨接触的间隙。滑车机构的驱动是通过电机、减速器、齿形带轮,带动齿形带来驱动。电动机功率设定为 0.25 kW。为防止齿形带下垂,在货架

上部还装有数个支撑滚轮（尼龙材料），用于支撑齿形带。为减少设备运行噪音，滑车机构所有的滚轮都外包尼龙套。

② 立柱：是由 3 mm 厚的薄铝板焊接而成，立柱截面为 160 mm×140 mm。垂直运行导轨采用 20 mm 厚的铝轨。立柱上部通过连接板固定在行走滑车机构上，下部有一个辅助水平滚轮装置，在地面上安装一根与货架长度相同的槽钢，水平滚轮沿槽钢两侧行走。立柱上安装有钢丝绳，套在滑轮上，钢丝绳用以拉动载货台垂直运动。滑轮采用尼龙材料，滑轮轴为钢制。

③ 载货台：由铝合金薄板焊接而成，运行滚轮全部外包尼龙套，滚轮轴为钢制。

④ 货叉机构：板面采用铝合金材料，运行滚轮采用尼龙材料，其余部分如滚轮轴、轴承与链轮、链条部分为钢制。电机功率为 0.12 kW，采用带制动电机。

⑤ 提升机构：由电机、减速器、钢丝绳卷筒和钢丝绳组成。通过电动机减速器驱动钢丝绳卷筒，从而带动钢丝绳拉动载货台作升降运动。电动机功率为 0.55 kW，采用带制动电动机。

(3) 巷道堆垛机控制系统。

货架侧面的地面上设置一个电气控制柜，用于控制整个自动化立体仓库子系统的运行。堆垛机的控制系统采用德国西门子公司 S7-300 系列的可编程控制器及其相关模块。

3）出入库输送机

出入库输送机采用辊道输送方式。

出入库输送机处分别设置到位检测光电开关 2 个，检测货物到位与否，从而控制其他设备的运行。输送线结构形式为同一动力驱动两条滚筒线，中间的空间便于堆垛机取放托盘。

14.2.2 自动分拣子系统

1. 自动分拣子系统布局

环形轨道分拣系统由动力辊筒线、180°动力滚筒线、分拣台、机械顶升移行装置和电气控制系统五部分组成。总体布置如图 14-2 所示。

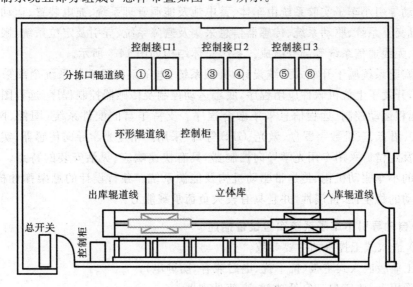

图 14-2 物流实验室总体布置图

2. 自动分拣系统实验设备描述

1) 动力滚筒线

线体侧导轨采用铝合金特种型材,滚筒为单链条积放滚筒,滚筒表面为 5 mm 挂胶。输送线支腿为 50 mm×50 mm 方钢管焊接而成。表面喷塑处理。输送速度为 0~15 m/min,变频调速。

2) 180°动力滚筒线

线体侧导轨采用铝合金特种型材,采用表面挂胶锥型滚筒。滚筒锥度为单面锥度 1.5°。输送线支腿为 50 mm×50 mm 方钢管焊接而成。表面喷塑处理。

3) 分拣台

分拣台为动力挂胶滚筒,线体侧导轨采用铝合金特种型材,输送线支腿为 50 mm×50 mm 方钢管焊接而成。表面喷塑处理。

4) 机械顶升移行装置

其顶升机构为制动电动机驱动机械凸轮式,便于凸轮式升降机构停于行程中部,从而使移行装置的上挡板将物料箱在送出前更好定位。

移行装置为电动机驱动双坦克链,可以更好地将物料箱平稳移出。当升降装置处于下位时,双坦克链隐藏于两滚筒间下方。

5) 电气控制系统

自动分拣系统的控制系统采用德国西门子公司 S7-300 系列的 315-2DP 可编程控制器及其相关模块。在各关键点设置光电检测开关,确保货物精确定位。

环形分拣输送线采用积放辊道输送方式,驱动电动机采用变频控制,速度可调。在各分拣出口采用顶升移载方式把料箱输送到各分拣台,顶升移载机前后设置停止器,保证料箱与移载机不发生干涉。

每一分拣口设置 2 个光电开关,用于保证物料精确定位在移载机上。

14.2.3 自动导引小车子系统

1. 自动导引小车子系统总体结构

自动导引小车子实验系统由车体、蓄电池及能源管理系统、充电装置、运动控制系统、人机交互系统、驱动系统、传感器信息采集及避障系统、导引及定位系统、搬运及移载机构、无线通信系统等部分组成。系统总体结构如图 14-3 所示。

本实验系统属于开放式系统设计,机械系统、电子系统及软件系统全部采用模块化设计,开发了上位机软件应用程序,底层运动控制及传感器控制程序,远程图像压缩传输、远程运动控制、远程信息采集融合程序。支持丰富的配件系统(图像、网络、超声、PSD、语音、三维数字罗盘、激光、GPS 等)。采用高精度光学导向传感器,实现高精度循迹及定位。采用专用光学导向控制器,具有快速响应、灵活安装的特点。具有稳定可靠的小车驱动机构、传送带驱动机构及能源系统。独特设计的悬架弹性机构,增强了传动的稳定性、抗震性,并且具有较大负荷承载能力。

2. 自动导引小车子系统实验设备描述

(1) 嵌入式工控板的主要参数。

- 工业级嵌入式主板(抗干扰、电磁兼容、防静电);
- 采用 Intel PM1.8G 低功耗、高速处理器;

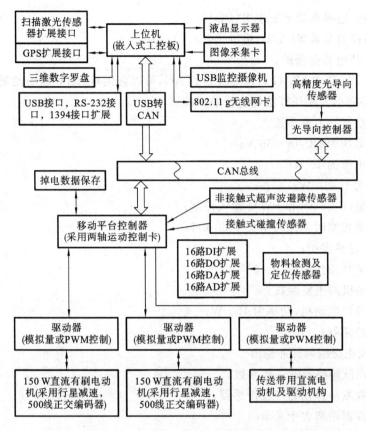

图 14-3 自动导引小车子系统总体结构

- Sata 80G 高速硬盘，DDR 512M 内存；
- 6 个独立 RS-232 串口（兼容 1 个 485 接口）；
- 8 个独立 USB 接口，PCI 插槽，PC104 接口。

(2) 802.11 g(54 Mb/s,2.4 GHz)无线网的主要参数。

- 工作方式为无线；
- 频率范围为 2.4 GHz～2.4835 GHz；
- 传输距离大于 100 m；
- 网络标准为 IEEE 802.11g/IEEE 802.11b；
- 传输速率为 54 Mb/s；
- 传输协议为 TCP/IP。

(3) 运动控制卡的主要参数。

- 采用 DSP2407 最小系统+CPLD 扩展板为核心控制器，工作频率为 40 MHz；
- 工业级抗干扰设计；
- 输出模拟量(0～5 V)和 PWM；
- 正交编码光电隔离输入；
- CAN 总线光电隔离接口；
- RS-232 光电隔离串口；
- 光电隔离超声波传感器控制接口；
- 16 路光电隔离数字量输入(DI)；

- 16 路光电隔离数字量输出(DO);
- 16 路模拟量采集(A/D)接口(0~5 V);
- 64 K 掉电数据保护;
- 开放式的 DSP JTAG 口及 CPLD JTAG,可以直接对 AGV 运动控制、传感器信息处理、网络通信及闭环算法等进行编程调试。

(4) 驱动器的主要参数。
- 输入电压为 DC 18~36 V;
- 额定电流为 10 A;
- 功率大于 240 W;
- 模拟量(0~5 V)和 PWM 输入控制;
- 模拟量控制时工作频率大于 50 kHz;
- 过流、过热保护;
- 电流采样输出接口(0~5V)。

(5) 电动机的主要参数。
- 瑞士进口电动机,功率为 150 W;
- 行星减速器;
- 500 线正交编码脉冲输出。

(6) 超声波传感器的主要参数。
- 进口收发一体化超声波传感器;
- 最大探测距离大于 7 m;
- 最小盲区小于 15 cm;
- 探测精度 1%。

(7) 碰撞传感器及碰撞环的主要参数。
- 采用高寿命、灵敏度的微型碰撞开关;
- 采用导向弹性碰撞环。

(8) 三维数字罗盘的测量参数包括航向角度、俯仰角、倾斜角、磁场强度。
- 航向测量角度为 360°;
- 航向精度为 0.3°;
- 俯仰测量角度为 ±180°;
- 俯仰角精度为 0.2°;
- 倾斜测量角度为 ±90°;
- 倾斜角精度为 0.2°;
- 重复性为 0.05°;
- 分辨率为 0.01°;
- 响应时间为 0.05 s。

(9) 四通道 PCI 图像采集卡的主要参数。
- 四通道实时采集;
- 帧率 1~30 帧/秒可选;
- 支持 Overlay 多路同时预览,CPU 占用率很低;
- PCI 总线,即插即用(PNP)。

(10) USB 接口摄像机的主要参数。
- USB2.0 高速接口；
- 130 万像素。

(11) 中转箱传送机构的主要参数。
- 工业级同步带传动；
- 空心杯直流电机为 DC 24 V,70 W；
- 行星减速器,减速比为 33∶1；
- DC 24 V,240 W 大功率驱动器驱动；
- 采用探测传感器、定位传感器等完成中转箱的传送；
- 通过运动控制卡完成调速、传感器信息采集及处理、通信等。

(12) 光学导向传感器的主要参数。
- 采用阵列式红外光反射传感器组；
- 精度可达到 ±2 mm；
- 供电电压为 DC 5 V；
- 额定电流为 230 mA。

(13) 光学导向控制器的主要参数。
- 采用 DSP 为主控制器,具有快速处理及实时响应的特点；
- 2 路专用阵列式光导引传感器组信号采集接口；
- RS-232 及 CAN 总线通信接口；
- 32K Flash 程序存储器；
- 64K RAM 数据存储器；
- 开放式的 DSP JTAG 口。

14.3 控制系统结构

物流自动化实验系统由两个子系统组成：自动化立体仓库子系统和自动分拣线子系统。各子系统既能够自成独立系统,又可以通过计算机信息管理系统对各子系统进行统一调度,从而实现信息共享。整个控制系统的网络结构如图 14-4 所示。

如图 14-4 所示,整个控制系统采用 Profibus 现场总线技术,使用以太网进行通信,可以分为硬件控制系统和软件控制系统。

硬件控制系统包括 PLC 可编程控制器、数据服务器、管理机、打印机、监控机、操作站及 AGV 小车。

PLC 可编程控制器包括一台堆垛机 PLC 和一台输送线 PLC,分别实现对堆垛机和输送线的控制。实验室选用的是 Siemens S7-300 型 PLC,S7-300 是模块化中小型 PLC 系统,能满足中等性能要求的应用,并且无排风扇的结构,易于实现分布,当任务扩大并愈加复杂时,可随时使用 I/O 扩展模块进行扩展。

数据服务器用于实验系统的数据存储。

管理机用于部署自动化立体仓库管理系统(WMS)服务器程序,完成出入库等信息管理功能。

打印机用于完成条形码打印等工作。

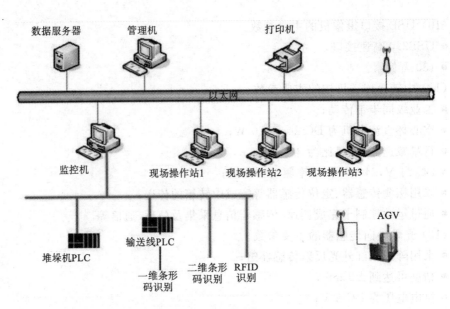

图 14-4 控制系统网络结构

监控机用于部署监控组态软件服务器程序(或单用户项目程序),实现与 PLC 通信,监视现场设备运行状态,可通过指令完成设备手动控制功能。

操作站用于部署 WMS 客户端程序和/或监控组态软件客户端程序。

AGV 小车通过无线网络控制,能够自动完成搬运任务。

软件控制系统包括基于西门子 WinCC 开发的监控系统和现场触摸屏监控系统。

14.4 实验设计

14.4.1 自动化立体仓库操作实验

1. 实验注意事项

由于现场电动机设备使用的是 380 V 交流电压,另有像堆垛机和 AGV 等较大搬运设备,故实验之前,学生必须认真学习设备安全操作规范和实验要领,不可乱摸乱碰,严格听从实验指导教师的安排,避免发生意外。实验指导教师应该布置黄色警戒线,学生应站立于黄线以外,保证安全。

2. 实验目的和任务

用控制柜或软件监控系统实现出入库等操作,掌握自动化立体仓库的操作方法,了解自动化立体仓库系统的构成和运行原理,熟悉自动化立体仓库系统的关键技术。

3. 实验内容及报告要求

结合控制柜或软件监控系统,完成堆垛机操作实验、分拣线操作实验和 AGV 操作实验。根据实验操作的作业类型,如入库或出库,将实验记录结果数据整理成物流运作流程,并画出流程图。同时完成此次实验的作业题,提交实验报告。

4. 实验步骤

两人一组,一人负责操作,一人负责记录。记录内容为操作过程、设备运行状况、故障状况等。

实验室现场有两套操作终端:一套位于PLC控制柜上,通过触摸屏操作;另一套是基于WinCC开发的监控软件,位于监控机中。两套系统均能够对实验设备进行操作,但须特别注意的是,不可在两套设备上同时对同一设备进行操作,以免出错甚至是发生危险。下面以堆垛机操作为例来简述实验过程,分拣线操作与其类似。其后,本节还将介绍AGV操作实验,以及如何与堆垛机、分拣线实现联合运作。

1) 利用控制柜操作

(1) 堆垛机自动操作。

将堆垛机作业方式选择开关拨到"自动",堆垛机即可自动完成各种作业,无需人工干预。堆垛机在自动方式下可进行如下作业。

① 自动入库:人工将托盘放到任一空闲分拣台上,然后按下该站台的确认按钮(黄色按钮),环形输送线将货物输送到入库口,堆垛机将自动运行至该入库口,将托盘取走,然后自动在货架中查找一个空货位并将托盘送入该货位。

② 入库修正:入库过程中,如果由于特殊原因,堆垛机在运行至所找到的货位后探测到其中已放有托盘,堆垛机将重新分配一个空货位将托盘放入。此过程也为自动完成。

③ 指定入库:分拣台上放置好托盘,在确认入库之前,先指定入库货位地址,则堆垛机会将托盘放入指定货位。

④ 自动出库:堆垛机将指定货位上的托盘取出送至出库口,由分拣线传送至指定的分拣台上。如果取出的托盘号与指定的不符,堆垛机会自动将托盘放回原位。

⑤ 指定出库:出库时堆垛机取出托盘后不扫描托盘号,直接出库。

⑥ 搬库:堆垛机在任一指定的货位将托盘取出并送至另一指定的空货位。

⑦ 回原点:堆垛机自动运行到1列1层。此功能可用于手动操作前,将堆垛机调回,以便操作人员使用。

⑧ 盘库:堆垛机取出货位托盘,扫描条形码后将托盘放回原位。盘库有指定货位盘库和自动盘库两种方式。指定货位盘库是由人工指定盘库货位进行盘库;自动盘库是堆垛机自动从头至尾依次将所有货位的托盘顺序盘库。本次盘库若未能盘完整个巷道,堆垛机会记忆下最后的位置,以便下次盘库时由此继续。

(2) 堆垛机手动操作。

将堆垛机作业方式选择开关打到"手动",此时堆垛机的水平、垂直和货叉伸缩均通过开关来控制。

① 水平运行。水平操作开关有"高速前进"、"低速前进"、"停止"、"低速后退"、"高速后退"五位,操作时可由"停止"位直接拨到任一位置开始运行,运行平稳后可拨到相邻的位置,禁止直接拨反向运行。假设堆垛机由某位置前进至第 N 列,应提前1~2列由高速转为低速运行,超过 $N-1$ 列后将操作开关拨到"停止"位,堆垛机将继续运行至 N 列停准;后退时与之相反。若直接将开关拨到"停止"位,则堆垛机将在到达低速运行状态后自动停止在下一列。

需要注意的是,水平高速运行时,如按下急停开关,可能会对堆垛机水平运行机构造成一定的损伤,因此,在非紧急情况时,请勿在水平高速运行时按下急停开关。

仓库巷道两端各有一组限速和限位开关(一种对射式光电传感器),当堆垛机运行到限速开关时开始减速,再向前遇到限位开关即刻停止运行,确保堆垛机安全运行。但平时操作时不要依赖限速开关,应提前手动减速,以免限速开关突然失灵造成危险。

② 载货台的垂直运行。

垂直操作开关有"高速上升"、"低速上升"、"停止"、"低速下降"、"高速下降"五位,操作时可由"停止"位直接拨到任一位置开始运行,运行平稳后可拨至相邻的位置,禁止直接拨反向运行,也禁止由"高速"位直接拨到"停止"位,以免程序记忆地址出错或损坏元器件。

垂直运行方向上每层有"高位"、"中位"和"低位"三个停准位。取货或存货时,载货台只能以低速在"高位"和"低位"之间运行,且在运动到任意一个停止位时自动停止。

③ 货叉运行。

货叉运动由"左伸"和"右伸"两个按钮控制,水平方向上有三个状态位,即"左位"、"中位"和"右位"。按下按钮,货叉运行到相应状态位即刻自动停止。

在货叉运动过程中,禁止反向运行,以免损坏变频器等元器件。

需要特别注意的是,货叉未处于"中位"状态下,禁止堆垛机水平或垂直运行。

2) 利用监控软件操作

监控系统主界面中,点击"堆垛机"就可以显示堆垛机运行状态界面,再通过点击里面的子菜单就可以进入相应的运行界面。

(1) 查询堆垛机的运行记录。

该功能用于记录选定堆垛机的使用情况,包括开机时间、运行时间、水平行驶距离、垂直行驶距离。累计记录是指该堆垛机投入使用后,以上四个统计项目的累计值,该累计值是不能改变的。本次记录是指从上次按下"清除本次记录"按钮后,到当前操作结束时,四个统计项目的累计值,如图14-5所示。

堆垛机运行统计	开机时间/min	运行时间/min	水平运行距离/m	垂直运行距离/m	清除本次记录
累计	23199	2520	25476	4607	
本次	7	1	3	2	

图 14-5 堆垛机运行记录

(2) 堆垛机运行情况的列表显示。

堆垛机运行情况的列表中,动态显示当前堆垛机的工作方式、作业类型、作业地址、托盘号、当前位置及作业运行情况,包括水平运行状态和速度、载货台运行状态和速度、货叉运行状态和速度以及作业状态(如运行、故障或空闲等)等。

(3) 堆垛机的手动监控。

当堆垛机运行状态处于手动运行时,可以在监控机上控制堆垛机的单步动作(与在控制柜面板上手动控制堆垛机相似)。

① 如图14-6所示,监控界面提供了堆垛机"手动"和"自动"的切换。按下"手动"按钮,箭头指针指向"手动",堆垛机即切换到手动状态。此时可以对堆垛机的水平、垂直和货叉伸缩进行操作。

② 让堆垛机水平运动:在堆垛机处于手动状态后,在图14-7中,用鼠标点击前进按钮,指针左偏指到前进位置,此时堆垛机会向前行驶,如果按下"停止"按钮,则指针指向停止位置,堆垛机运行到前进方向的下一个停止位后,就会停止水平方向的运行,

停稳后,"水平停准"指示灯会亮起。同理,用鼠标点击"后退"按钮,堆垛机向后行驶,待"停止"按钮按下后,堆垛机运行到后退方向的下一个停止位后,就会停止运行,停稳后,"水平停准"指示灯亮起。

 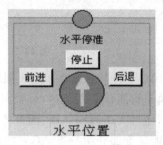

图 14-6　堆垛机手动控制面板　　　图 14-7　堆垛机水平运动控制面板

重要提示,切不可在前进(后退)运动过程中,按下"后退(前进)"按钮。

③ 让堆垛机载货台垂直运动:在堆垛机处于监控手动状态后,在图 14-8 中,用鼠标点击"上升"或"下降"按钮,载货台则作相应的上升或下降运动,待到达"垂直高位"或"垂直低位"后,相应的指示灯会亮起,则表示完成操作。在运动过程中,如果按下"停止"按钮,载货台运行到上升或下降方向的下一个停止位后,就会停止运行,相应的"垂直低位"指示灯亮起。"垂直高位"指示灯只在取出托盘的时候才亮起。

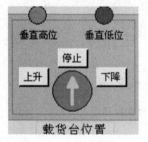 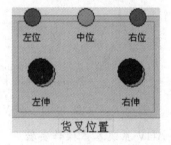

图 14-8　堆垛机垂直运动控制面板　　　图 14-9　货叉伸叉和收叉运动控制面板

同理,切忌在载货台上升(下降)过程中,按下"下降(上升)"按钮。

④ 让货叉作伸叉和收叉运动:在堆垛机处于监控手动状态后,在图 14-9 中,用鼠标点击"左伸"按钮,如果载货台上的货叉处于中间的位置,则货叉会向左伸出,当伸到位后,货叉位置的"左位"指示灯亮起;如果货叉已经向左伸出,则货叉不会动作。用鼠标点击"右伸"按钮,这时,处于"左位"的货叉会收回至中位。点击"右伸"按钮,货叉向右伸出,"右位"指示灯亮起,如果再次点击"右伸"按钮,则货叉不会动作。

同理,在货叉左伸(右伸)状态下,不可点击"右伸(左伸)"按钮。

⑤ 发生故障时进行故障复位:当堆垛机在运行过程中发生故障,监控界面上"堆垛机故障显示"按钮的背景会不停闪烁,按下此按钮可导航到故障显示界面查看故障源头,在进行安全检查后,可按下故障显示界面"复位"按钮来清除故障警报。

⑥ 回原点:在堆垛机处于监控手动状态后,按动堆垛机监控主界面"回原点"按钮,堆垛机将返回原点,原点位置位于第 1 行、第 1 列、第 1 排,如图 14-10 所示。

5. AGV 操作实验

自动导引小车作为一种搬运设备,在自动化仓库中扮演着重要的角色。此操作实验通过实际操作自动导引小车,让学生了解 AGV 搬运货物的过程。更进一步地,可

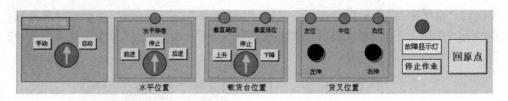

图 14-10　堆垛机监控画面

以开设多台 AGV 的调度策略和路线规划方面的实验。

AGV 属于智能机器人范畴,可脱离自动化立体仓库而独立运作。其不光可以实现货物搬运,还可实现远程调度、图像传输、物品跟踪、碰撞测试、自动循迹、定位和超声测距等功能。下面介绍一下 AGV 的自动循迹和定位功能。

AGV 自动循迹的路线为环形路线,如图 14-11 所示。环形路线上有 8 个站台,其中 6 个(station 1~station 6)分别与自动化立体仓库分拣线上的 1~6 分拣台对应,剩下两个(station 7、station 8)分别为 AGV 的空闲站点,AGV 空闲状态下,须停准在 station 7 或 station 8 上。

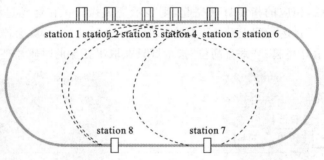

图 14-11　AGV 运行路线图(虚线为虚拟路径)

1) AGV 系统本体操作实验

本体操作实验非常简单,启动 AGV 后,打开机器上的服务器软件(AGVServer),就可以控制 AGV 的运动,如图 14-12 所示,为部分 AGVServer 界面。

图 14-12　AGVServer 界面(部分)

操作步骤如下。

(1) 设置 AGV 号码:设置为当前使用的 AGV,机器上已经标明了号码。

(2) 设置 AGV 的当前站点:如上所述,应该是 station 7 或 station 8。

(3) 设置"去目标站"点:目标站点即是分拣台站点,分别为 station 1~station 6。

正确设置完上面三步后,勾选"自动启动"复选框,此复选框的作用在于,AGV 到达指定站点后,自动启动传送带。然后,点击"去目标站"按钮,AGV 会沿着路线自动导引到指定站台,启动传送带,接收分拣台的货物或输送货物到分拣台。

2) AGV系统无线调度和控制实验

此实验需准备一台计算机,用于运行远程调度客户端。远程客户端与AGV之间通过无线局域网连接,连接使用TCP/IP协议。远程调度客户端部分界面如图14-13所示。

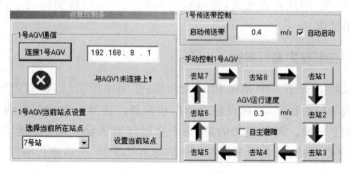

图14-13　AGV远程调度客户端

操作步骤如下。

(1) 分别将1号AGV和2号AGV放置在station 7和station 8。

(2) 启动两台AGV的服务器终端程序,并开启AGVServer,设置AGV号码、当前站点。当前站点也可以在客户端程序上设置。

(3) 开启调度客户端程序,设置对应AGV的IP地址。点击连接AGV,标志 ✕ 变成 ✓,说明连接成功。

完成上面三步后,点击图14-13右边的"去站点N",即可控制AGV前往预设第N个目标站点。例如,控制1号AGV去station 2,控制2号AGV去station 4,设定简单调度策略,让两台AGV在运行过程中相隔两条路段(每个station之间为一条路段)。

执行上述操作的运行现象是:初始时刻2号AGV向目标站station 4运行,但是此时1号AGV静止不动,等到2号AGV2运行到station 4站点后,此时1号AGV开始运行,两台AGV之间一直会保持两条路段,最后2号AGV运行到目标站station 4,1号AGV运行到station 2后停止运动。

6. 操作实验作业要求

(1) 验证实验室货架的设计是否合理？并给出理由。

(2) 自动化立体仓库的设计与哪些因素有关？并简述这些因素之间的关系。

(3) 完成表14-1所示的操作,记录堆垛机运行情况,包括运行时间、水平和垂直运行距离。

表14-1　堆垛机自动作业指令表

代码	作业方式	备注
1	入库	
2	出库	托盘号不符时,不执行出库作业(需要检测条形码)
4	搬库	
8	到指定点	空载时到起始地址/负载时到目的地址
16	指定出库	执行出库作业(无需检测条形码)

(4) 计算实验室堆垛机的平均单一作业循环时间 T_D 和堆垛机对单一作业循环时间的基准出入库能力 N_D。假设本实验系统中,堆垛机在每相邻两列之间的移动时间相等,记为 T_h;每相邻两层之间的移动时间相等,记为 T_v;叉货时间为 t_f;停机时间为 t_i。写出 T_D 和 N_D 的计算表达式,并根据(3)的记录(单程移动时间、叉货时间、停机时间),计算出结果。

14.4.2 PLC 控制程序编写实验

本实验以西门子 S7-300 系列 PLC 为样机,使用梯形图(LAD)、语句表(STL)或功能块图来编写控制程序,实现设备的动作和控制。这里只介绍前面两种语言,三种语言之间可相互转换。需要说明的是:每个实验按要求设计的控制程序既不是唯一的,也不一定是最优的;读者可根据对指令的理解和掌握,灵活进行编程。

1. 实验目的

(1) 熟悉西门子 S7-300 PLC 的基本结构、电路接线和开机步骤。

(2) 熟悉西门子 Step 7 编程软件的使用方法,包括梯形图和语句表编程、在线调试、下载程序等方法。

2. 必备知识

(1) 学习电气安全知识(可参考操作实验),这部分内容可由教师讲授,在保证学生了解到基本安全规则后继续下面的学习。

(2) 熟悉 Step 7 编程软件的使用方法,可参考《深入浅出西门子 S7-300 PLC》一书。认真阅读《堆垛机和地面站通信数据格式定义》文档,其中定义了所有实验室设备在 PLC 中的通信地址,以及相关的参数定义,在编写功能块的时候会用到相关内容。

(3) 了解梯形图编程(LAD)和语句表编程(STL)的程序编写方法,注意梯形图元素和指令语句的输入规则。具体内容可参见 Step 7 帮助信息。

3. 实验步骤

(1) 了解 S7-300 PLC 的组成和基本结构,熟悉电源模块、CPU 模块、信号模块、功能模块、接口模块、通信模块和编程接口等设备。学生在第一次实验时,教师应打开机柜,向学生展示 PLC 模块的构成,并讲解 PLC 外围的各种连接线路,以及 Run/Stop 开关和各类信号指示灯的作用,为后面的程序编制做准备。由于实验室整体系统已经完成各类电气连线,学生编程时不能再做连线操作,故此步骤很有必要。从安全角度考虑,最好在 PLC 未上电的情况下打开机柜。

(2) 无需进行接线,将 PLC 电源模块上的 Run/Stop 开关置于 Stop 后,即可接入 220 V 交流电源。

(3) 打开 Step 7 编程软件进行程序编写,完成实验内容规定的各项功能,编写完成后下载到 PLC,进行在线调试。

4. 实验内容

实验内容分为两部分,第一部分为基础训练题,旨在让学生熟悉 Step 7 软件的使用;第二部分为实训题,根据物流自动化实验系统的现有设备来编写控制程序。

第一部分内容,在设计题目时,应重点考虑与第二部分内容有所相关,这样可以承前启后,过渡平滑,不会让学生在进行第二部分程序设计时产生突兀感。并且,第一部分的模拟设计可以加强学生对"安全设计"的理解,避免在第二部分中设计出不安全的程序,造成安全隐患。因此,第一部分需要实验指导教师认真验收,对程序中出现的涉及危险动作或不合理的程序段及早提出,并督促学生更改。

第二部分内容,由教师拟定参考题目,学生选做其中部分题目。学生也可以自选题目,但要求是选做的题目能完成一套动作或功能。

实验内容设计仅供参考。

1) 基础训练题

(1) 电动机的启动、保持、停止控制。

按下"启动"按钮,电动机正常运转;按下"停止"按钮,电动机停止运转。设定I0.0、I0.1分别为"启动"、"停止"按钮;I0.2为过载保护开关;Q4.0为电动机线圈输出。程序设计如图14-14所示。

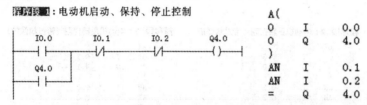

图 14-14　电动机启动、保持、停止控制(左边为梯形图,右边为STL指令)

(2) 三相异步电动机的正反转控制。

按下"正转"按钮,电动机正转;按下"反转"按钮,电动机反转。电动机控制电路如图14-15所示。

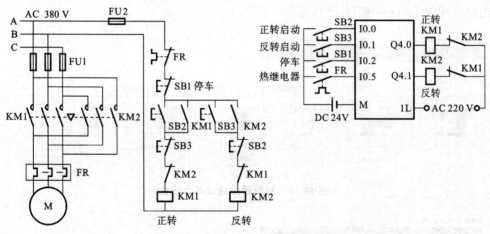

图 14-15　三相异步电动机的控制电路

图14-15中,I0.0、I0.1、I0.2、I0.5分别为"正转"按钮、"反转"按钮、"停车"按钮和"过载保护"开关;Q4.0为正转继电器输出;Q4.1为反转继电器输出。梯形图程序如图14-16所示。

对应梯形图的语句表(STL)指令如图14-17所示。

2) 实训题

(1) 堆垛机存货。

堆垛机存货作业指令由监控机发送,由PLC接收指令,并检验入库地址的有效

程序段 2：电动机正转控制（带过载保护）

```
    I0.0    I0.1    I0.2    I0.5    Q4.1    Q4.0
  ──┤├──┬──┤/├────┤/├────┤/├────┤/├──( )──
    Q4.0 │
  ──┤├──┘
```

程序段 3：电动机反转控制（带过载保护）

```
    I0.1    I0.0    I0.2    I0.5    Q4.0    Q4.1
  ──┤├──┬──┤/├────┤/├────┤/├────┤/├──( )──
    Q4.1 │
  ──┤├──┘
```

图 14-16　电动机正、反转梯形图

```
程序段 2：电动机正转控制（带过载保护）    程序段 3：电动机反转控制（带过载保护）
    A(                                      A(
    O    I    0.0                            O    I    0.1
    O    Q    4.0                            O    Q    4.1
    )                                        )
    AN   I    0.1                            AN   I    0.0
    AN   I    0.2                            AN   I    0.2
    AN   I    0.5                            AN   I    0.5
    AN   Q    4.1                            AN   Q    4.0
    =    Q    4.0                            =    Q    4.1
```

图 14-17　电动机正、反转控制 STL 指令

性，同时判断作业合法性。数据块 DB10 存储监控机向 PLC 下发的数据。部分梯形图程序如图 14-18～图 14-22 所示。

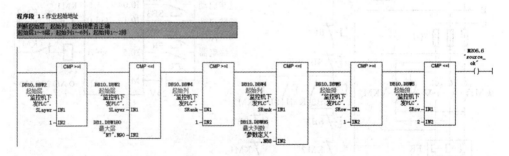

图 14-18　判断起始地址的合法性

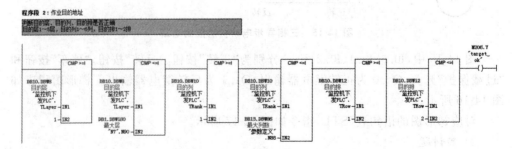

图 14-19　判断目的地址的合法性

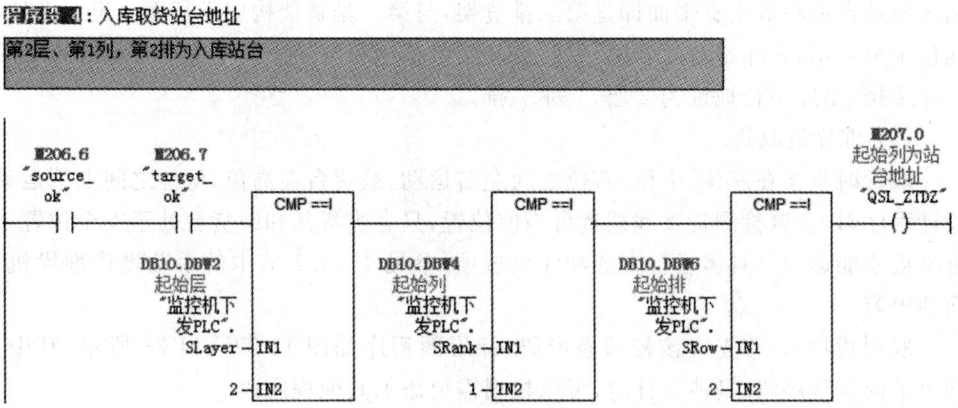

程序段 4：入库取货站台地址

第2层、第1列，第2排为入库站台

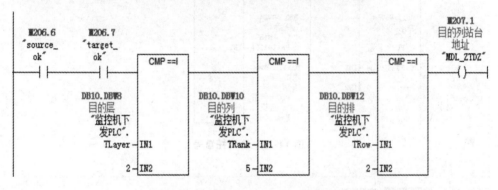

图 14-20 判断入库站台地址的合法性

程序段 5：出库出货站台地址

第2层、第5列，第2排为出库站台

图 14-21 判断出库站台地址的合法性

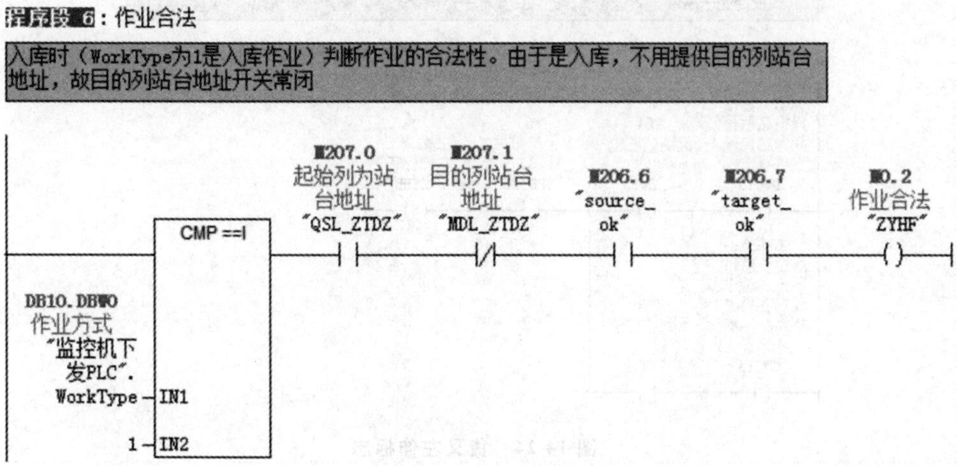

程序段 6：作业合法

入库时（WorkType为1是入库作业）判断作业的合法性。由于是入库，不用提供目的站台地址，故目的列站台地址开关常闭

图 14-22 判断作业合法性

我们虚拟了第二排货架,它并不存在,只是为了确定入库站台和出库站台的地址。出入库站台所在的垂直平面即是第二排货架,与第一排货架构成平行面。出入库站台均位于第二层,入库站台处于第一列,出库站台位于第五列。则入库站台地址为2层、1列、2排,出库站台地址为2层、5列、2排。

(2)堆垛机取货。

取货时货叉在左位、中位、右位之间左右运动,载货台在高位、低位之间上下运动,设计程序时,应该检测货叉和载货台当前位置,只有当货叉和载货台处于安全位置下,堆垛机才能运行。具体运行方式和注意事项,参见14.4.1节中的手动操作堆垛机方面的内容。

取到货物后,首先应该校验条形码,梯形图程序如图14-23～14-28所示,其中只列出了部分程序段,具体设计时,可以根据需要添加其他程序段。

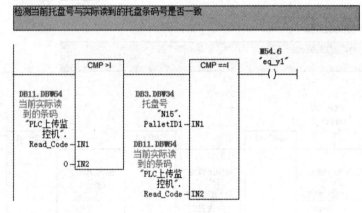

图 14-23 检测托盘号

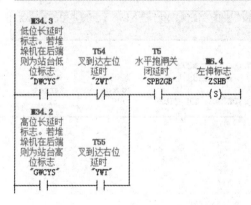

图 14-24 货叉左伸标志

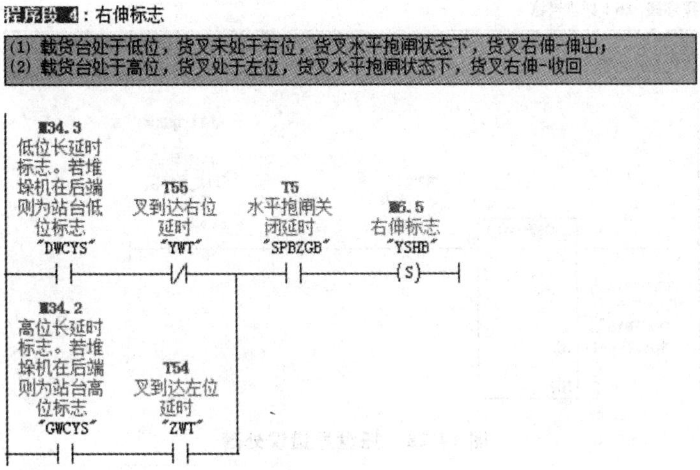

程序段 4：右伸标志

(1) 载货台处于低位，货叉未处于右位，货叉水平抱闸状态下，货叉右伸-伸出；
(2) 载货台处于高位，货叉处于左位，货叉水平抱闸状态下，货叉右伸-收回

图 14-25　货叉右伸标志

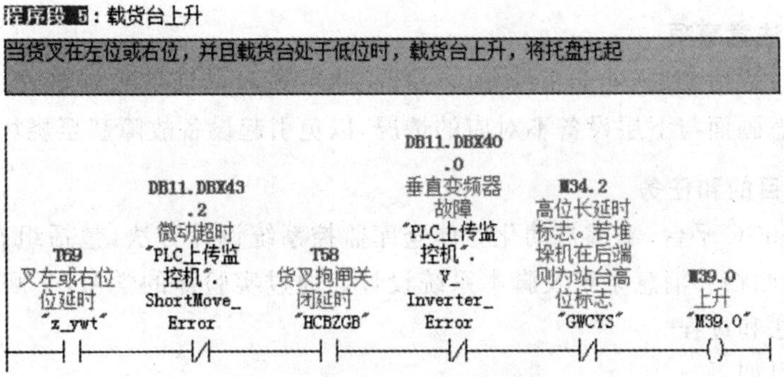

程序段 5：载货台上升

当货叉在左位或右位，并且载货台处于低位时，载货台上升，将托盘托起

图 14-26　载货台上升标志

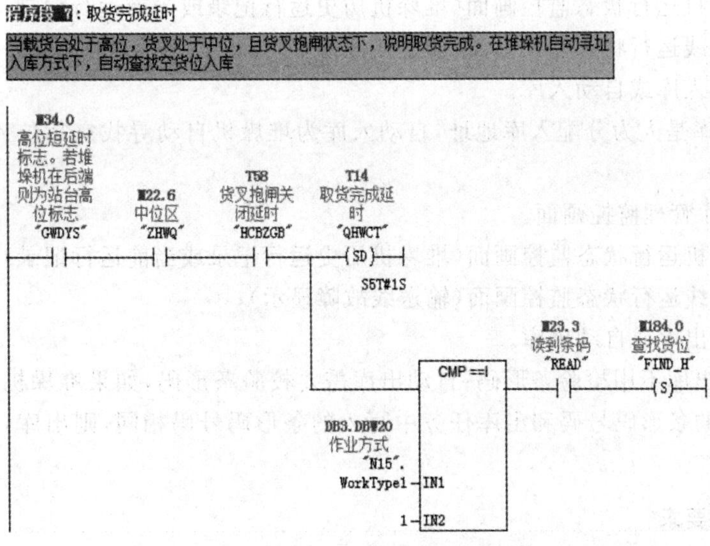

程序段 7：取货完成延时

当载货台处于高位，货叉处于中位，且货叉抱闸状态下，说明取货完成。在堆垛机自动寻址入库方式下，自动查找空货位入库

图 14-27　取货完成延时

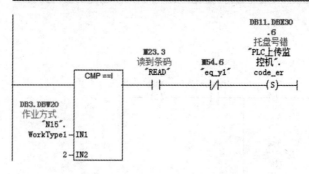

图14-28 托盘号错误处理

14.4.3 监控组态软件编写实验

1. 实验注意事项

在组态过程值变量(外部变量)时,应严格参照设备的通信数据格式定义来设计,不可出现组态画面与下层设备不对应的情况,以免引起设备故障甚至烧坏设备。

2. 实验目的和任务

基于 WinCC 平台,掌握自动化立体仓库监控系统设计方法,包括组态变量、过程画面、过程值归档和消息系统及脚本系统设计。通过实验课的学习,了解监控系统设计的基本方法和过程。

可选题目如下。

(1) 入库管理监控画面。

① 堆垛机运行状态监控画面(堆垛机历史运行记录或当前运行记录);

② 输送线运行状态监控画面(输送线故障显示);

③ 指定入库或自动入库。

指定入库是人为分配入库地址,自动入库为堆垛机自动寻找空货位入库(需要脚本程序设计)。

(2) 出库管理监控画面。

① 堆垛机运行状态监控画面(堆垛机历史运行记录或当前运行记录);

② 输送线运行状态监控画面(输送线故障显示);

③ 指定出库或自动出库。

＜指定出库不用检验条形码;自动出库需要校验条形码,如果堆垛机上的条形码阅读器读到的条形码号码和出库任务中写入的条形码号码相同,则出库,否则不予出库＞

3. 实验要求

(1) 掌握 WinCC 使用方法。

(2) 在可选题目中至少选一道题,设计并开发监控组态软件,将做出的程序先由实验指导教师检查无误后,再拿到物流自动化实验系统的监控机上进行调试。调试时应有实验指导教师在场,以处理突发状况。教师检查不合格的监控程序禁止上机调试。

（3）调试无误后，撰写实验报告，包括软件功能、监控界面、设计与实现过程、调试情况等内容。

4. 实验基本方法

监控软件组态的基本步骤如下，详细的组态方法可参见《深入浅出西门子 WinCC V6》一书。

（1）创建工程。工程项目分为单用户项目、多用户项目和客户机项目，本实验使用单用户项目即可。

（2）组态变量。组态变量之前，应首先在项目中添加逻辑连接，用以支持 WinCC 访问 PLC 系统的实时过程值，本实验系统使用的是 Simatic S7 Protocol Suite.chn，然后，在对应的通信协议下（如 MPI）建立内部和外部变量。

（3）创建过程画面。过程画面的创建应遵循简单明了、人性化、功能全面等原则，在 WinCC 内部自带的图形编辑器中开发。

（4）运行系统。指定系统运行属性后，运行系统。

参 考 文 献

[1] 朱宏辉.物流自动化系统设计及应用[M].北京:化学工业出版社,2005.
[2] 张烨,王亚良.物流自动化系统[M].杭州:浙江大学出版社,2009.
[3] 肖军,孟令书.可编程控制器原理及应用[M].北京:清华大学出版社.2008.
[4] 瞿大中.可编程控制器应用于实验[M].武汉:华中科技大学出版社,2002.
[5] 陈海霞.西门子 S7-300/400 PLC 编程技术及工程应用[M].北京:机械工业出版社,2012.
[6] 吴建强.可编程控制器原理及其应用[M].北京:高等教育出版社,2010.
[7] 刘泽祥.现场总线技术[M].北京:机械工业出版社,2011.
[8] 蒋长兵,石丽君.物流自动化识别技术[M].北京:中国物资出版社,2009.
[9] 张成海,张铎,赵守祥.条码技术与应用[M].北京:清华大学出版社,2010.
[10] 董丽华.RFID 技术与应用[M].北京:电子工业出版社,2008.
[11] 游战清,李苏剑,张益强,等.无线射频识别技术(RFID)理论与应用[M].北京:电子工业出版社,2004.
[12] 李天文.GPS 原理及应用[M].北京:科学出版社,2005.
[13] 胡友健,罗昀,曾云.全球定位系统(GPS)原理与应用[M].武汉:中国地质大学出版社,2003.
[14] 陆守一.地理信息系统[M].北京:高等教育出版社,2004.
[15] 李建伟,郭宏.监控组态软件的设计与开发[M].北京:冶金工业出版社,2007.
[16] 马国华.监控组态软件及其应用[M].北京:清华大学出版社,2001.
[17] 鲁晓春.仓储自动化[M].北京:清华大学出版社,2002.
[18] 倪志伟.现代物流技术[M].北京:中国物资出版社,2006.
[19] 吴振彪.工业机器人[M].2 版.武汉:华中科技大学出版社,2006.
[20] 郑笑红,唐道武.工业机器人技术及应用[M].北京:煤炭工业出版社,2004.
[21] 黄晓英,张剑芳.物料装卸搬运系统分析及改善措施[J].商品储运与养护,2004(3):30-32.
[22] 周跃进,陈国华,等.物流网络规划[M].北京:清华大学出版社,2008.
[23] 卢江,余戈,石红霞,等.仓库装卸搬运系统的分析及优化对策[J].物流工程与管理,2011,(2):78-79.
[24] Myer Kutz. Environmentally Conscious Materials Handling[M]. Hoboken(N. J.):J. Wiley & sons,cop. 2009,(30):1-30.
[25] 霍莹.基于 PLC 的工厂自动化生产物流控制系统研究[D].陕西:长安大学,2010.
[26] 王宜全.硬币生产物流自动化系统的研究与设计[D].南京:南京理工大学,2011.
[27] 钟耀球.现场总线控制技术在贵冶 5# 制氧空分装置上的应用[J].铜冶工程,2007(4):46-50.
[28] 刘昌祺,董良.自动化立体仓库设计[M].北京:机械工业出版社,2004.
[29] 刘志峰.工控组态软件实例教程[M].北京:电子工业出版社,2008.
[30] 刘锴.深入浅出西门子 S7-300 PLC[M].北京:北京航空航天大学出版社,2004.
[31] 苏昆哲.深入浅出西门子 WinCC V6[M].2 版.北京:北京航空航天大学出版社,2005.